野三记朝

（外四种）

明清野史丛书 第一辑

李鹏飞 编

［明］李逊之 等 著

北京出版集团
文津出版社

图书在版编目（CIP）数据

三朝野记：外四种 ／ （明）李逊之等著；李鹏飞编 . — 北京：文津出版社，2020.2

（明清野史丛书 . 第一辑）

ISBN 978-7-80554-699-5

Ⅰ . ①三… Ⅱ . ①李… ②李… Ⅲ . ①中国历史—野史—明清时代 Ⅳ . ① K248.045

中国版本图书馆 CIP 数据核字（2019）第 179407 号

出版策划：安　东　高立志
责任编辑：乔天一
责任营销：猫　娘
责任印制：陈冬梅
封面设计：吉　辰
书名题字：老　莲

明清野史丛书　第一辑

三朝野记（外四种）

SANCHAO YEJI

[明] 李逊之　等　著
　　　　李鹏飞　编

出　　　版：北京出版集团
　　　　　　文津出版社
地　　　址：北京北三环中路 6 号
邮　　　编：100120
网　　　址：www.bph.com.cn
发　　　行：北京出版集团公司
印　　　刷：河北赛文印刷有限公司
经　　　销：新华书店
开　　　本：889 毫米 ×1194 毫米　1/32
印　　　张：15.25
字　　　数：267 千字
版　　　次：2020 年 2 月第 1 版
印　　　次：2023 年 5 月第 3 次印刷
书　　　号：ISBN 978-7-80554-699-5
定　　　价：58.00 元

质量监督电话：010-58572393
如有印装质量问题，由本社负责调换

出版前言

1925年12月10日、12日、25日，鲁迅在北京的《国民新报副刊》上分三次发表了《这个与那个》（后收入《华盖集》），在第一节《读经与读史》中，鲁迅说：

> 我以为伏案还未功深的朋友，现在正不必埋头来哼线装书。倘其咿唔日久，对于旧书有些上瘾了，那么，倒不如去读史，尤其是宋朝明朝史，而且尤须是野史；或者看杂说。
>
> ……
>
> 野史和杂说自然也免不了有讹传，挟恩怨，但看往事却可以较分明，因为它究竟不像正史那样地装腔作势。

1935年2月，鲁迅在《文学》月刊第四卷第二号上又发表了《病后杂谈》（发表时被删去第二、三、四节，后全文收入《且介亭杂文》），文末也提到野史：

> ……我想在这里趁便拜托我的相识的朋友，

将来我死掉之后，即使在中国还有追悼的可能，也千万不要给我开追悼会或者出什么记念册。……

现在的意见，我以为倘有购买那些纸墨白布的闲钱，还不如选几部明人、清人或今人的野史或笔记来印印，倒是于大家很有益处的。

鲁迅一向看重野史、笔记之类非"官书"的史籍，盖因官修正史常是"里面也不敢说什么"的，而通过野史的记载，却往往能提供官书有意无意漏略不言的细节，也就是前引文中所说的"看往事却可以较分明"。而明清两代的野史记述了大量官书所不载的人物和事迹，其中还有不少是时人亲见、亲闻，乃至亲历的，其重要性不言可知。这些史料早已为学界所利用，但对大众读者来说，往往还是陌生的。编纂出版《明清野史丛书》，想来还是"于大家很有益处的"。

当然，作为史料，野史杂说也有其不足之处。鲁迅说它"免不了有讹传，挟恩怨"，这在明末清初的一些史料中尤其明显。例如，《蜀碧》等书将明末清初四川人民遭遇的兵燹之灾一概归罪于张献忠，《汴围湿襟录》将决河淹没开封的责任推在李自成头上，《三湘从事录》作者蒙正发粉饰自己和恩主章旷、李元胤的所作所为，敌视由大顺军余部改编而成的"忠贞营"等，经过现当代学者的研究，都证明是不可靠的。由于本系列主要面向大众读者，我们不可能对书中记载一一进行核实和考辩，只能提请读者注意：尽信书，则不如无书。

另外需要说明的是，明清时期的野史，成书之后多通过抄录流传，不但鲁鱼亥豕在所难免，即残损佚亡，也不在少数。我们在编辑本丛书的过程中，尽量依据不同版本进行校勘，纠正了书中一些错字，特别是错误的人名、地名。但是，有一些人物在不同历史记载中的名字、行迹甚至最终下落都有不同，无法强求一致。如南明武将陈邦傅，一些史料写作"陈邦传"，由于没有第一手史料可供确认，在编辑本系列所收野史时，也只能各从其原书写法。至于明显由于避讳改写的字，如改"丘"为"邱"、易"胤"为"允"、书"弘"为"宏"，则径自回改，以存历史原貌。

总目录

三朝野记

［明］李逊之

目　录

序

呜呼，由今日而追溯昌、启与崇祯，正如白头宫女谈天宝遗事，又如桃花源中人重话先秦，不知其在龙汉劫前，有不令人长叹而深思者哉！

况自庚申迄甲申，凡二十余年间，内有朋党之祸，外有边隅之忧。加以奄尹播虐，赤眉煽乱。下者已甘饮狂药，上者亦渐醉宿醒，相率为愚为罔而不知所底。即有志义之士，或殉忠于殿陛，或戮力于疆场，但能以身自靖，告无罪于皇天后土而已，不能挽沧海之横流，回狂澜于既倒也。呜呼！以哲皇之优柔蒙蔽，而犹幸承庥袭安；以烈皇之英明刚毅，而竟至国亡身殉。岂遭会不同耶？抑蕴毒在先，而溃败在后耶？又或治乱有时，气数有定，不可测识耶？

逊之昔为黄口幼孤，今作苍颜老叟，痛念先忠毅尽节于哲皇，蒙旌于烈皇。国恩家教，耿耿在怀。顾以才地卑微，志识黯浅，未能阐扬先业，纂述旧闻。况三朝以来，丝纶之簿，左右史起居注之籍，俱化为煨烬，而贞元朝士，草莽遗民，又皆沉沦窜伏，无可质证。于是国政乱于朱紫，俗语流为丹青。缘饰爱憎，增易闻见者有之矣；党庇奸逆，抹杀忠义者有之矣。韩退之论史官"巧造语言，凿空构立，何所承受取信"，至怵以人祸天刑，曰："若无鬼神，岂可不自心惭愧？若有鬼神，将不福人。"至哉斯言，诚为著论述事者之良规，而曲学诬世者之炯戒矣！

予故不敢僭为全书，但就邸报抄传，与耳目睹记，及诸家文集所载，摘其切要，据事直书。间或托稗官，杂缀小品。要于毋偏毋徇，勿伪勿讹。若夫传未确者，宁阙而不录，庶几窃附识小之义，存一代之轶事乎？

或曰："孔子作《春秋》，定、哀之间多微词。今立乎此日，以纪启、祯，犹未远于定、哀也，而词多指切，事无隐讳，亦不悖孔子之教否？"曰：此固野纪耳。吾但条系事件，随日杂书。语无粉饰，文无编次。但以为巷讴村谣置之，则固无褒刺之嫌，与谤书伪史之讥也。倘读之而有兴故国故君之思，怀铜驼荆棘之感者，吾且欲凭吊于断简残篇之中，相与悲歌当泣也已！

岁在重光大渊献之南吕月十有八日
江上遗民李逊之肤公氏漫序

卷一 泰昌朝纪事

（庚申八月）

光宗贞皇帝为神庙长子。母孝靖王太后。万历十年壬午八月十有一日生。二十九年十月立为皇太子。

孝靖，故宫人也。神庙一日索水盥手，孝靖奉匜以进，遂御幸焉。赏头面一副，既而讳之。孝靖有娠。神庙偶侍慈圣太后宴，言及其事，神庙讳曰："无之。"故事：圣躬有所私幸，必有赐赍。随侍文书房内阉即注明某年月日，并记所赏以为验。至是，慈圣命取《内起居注》相示，神庙面颈发赤。慈圣好言相慰，谓："我年老矣，尚未弄孙。若生男，宗社之福也。母以子贵，宁分差等耶！"

时郑贵妃有盛宠，每与神庙戏，辄呼老嬷嬷，暗行讥刺，神庙嘿然不自得。故诞生后，一应恩礼俱从其薄，仅进封孝靖为恭妃。越三年，福王生，遂进封郑为皇贵妃。给事中姜应麟疏言："恭妃诞育元子，反令居下，非所以重储贰。乞降旨首册恭妃，次册贵妃，又即降明诏册立元子为东宫。"奉旨，以应麟疑君卖直，降边方杂职。科道杨廷相等救之，俱不听。嗣后廷臣请建储者，俱得罪，降削有差。缘郑贵妃恃宠乞怜，欲立福王为太子也。

北上门之西，有大高玄殿，供真武香火，颇著灵异。神庙偕贵妃诣殿行香，要设盟誓，因御书一纸，封玉合中以为信。后迫于廷臣，而慈圣又坚主立长，神庙始割爱定立云。然直迟至二十二年始以皇长子出阁讲学；二十九年册立；次年成婚，册妃郭氏，后追谥为孝元皇后。时光庙年已二十一矣。

光庙初出阁讲学，一切典礼俱从减杀。故事：讲以巳刻，寒暑冻，传免。至是，定以寅刻，寒暑亦不传免。二十八年十一月大风，寒甚，时尚未赐谕戴暖耳。光庙方出，诸讲官入，郭正域即宣言曰："天寒如此，皇长子系宗庙神人之主，玉体固当万分珍重，即讲官忝列禁近，若中寒得疾，何成体统？宜速取火御寒！"内阉俱围炉密室，闻言，始抬火出，乃克竣讲。神庙闻之，亦不罪也。

上初出阁时，仅十三，聪颖不凡。间有问答，旁通大旨。一日，讲官焦竑叩以"维皇上帝，降衷下民，若有恒性"大义，应声曰："只是'天命之谓性'而已。"董其昌问"择可劳而劳之"，答曰："所谓'不轻用民力'也。"

每讲，则阁臣一人入直看讲。御案前有双铜鹤，故事，叩头毕，从铜鹤下转而东，西面立。一阁臣绕出其上，即语内侍："移铜鹤，可近些。"虽不明言，意已默寓。众皆叹服。

光庙在东宫，危疑特甚，有前后妖书事，皆宵小辈窥伺内意，以为神庙必有易储之举，以此构衅造间。且肆毒朝绅，各剪所忌，而门户之渐立矣。（其事具详神庙《实录》，故不具论。）至四十一年，福王之国河南，而事始定。

四十三年，又起梃击一事。时东宫侍卫萧条，有男子张差持赤梃，突入东宫殿檐下，打伤守门人。珰辈共仇之。奏闻，始下法司提问。御史刘廷元疏言"其迹涉风魔，貌似黠猾"，司官胡士相等及一二言官遂有疯癫之说。提牢王之寀详加诘问，乃有"马三道诱至庞、刘二中官处，与以枣木棍，令至东宫，逢人即打"语，多涉贵妃。之寀疏闻，科臣何士晋力言当穷其事，外议汹汹。神庙不得已，召上慰谕，因率上及皇长孙、诸王孙，诣慈宁殿圣母几筵前，行告慰礼，召见群臣，面谕曰："太子国家根本，朕岂有不爱？诸皇孙且振振众多，何外廷疑朕有他意？"时御史刘光复从班后抗声称皇上东宫慈孝，语不甚明。神宗怒，责其恣肆，命拿送法司。复谆谆理前谕，命决张差、庞保、刘成等。上从旁请无株连，以伤天和。又谕群臣："毋听流言，为不忠之臣，使本宫为不孝之子。"神宗悦，命阁臣速拟谕以进，诛张差于市，毙庞、刘二珰于内。

梃击事方起，中外惊骇，至疯癫之说倡，议者谓其意有所为，而王之寀直发逆状，刑部尚书张问达深以为然，形迹愈露。然必穷究其由来，所伤实多。神宗念大臣无足与计，不得已自行召谕。其不下二珰于理，亦有深意。又赖上仁孝，曲为周旋，法正而宫闱安，所全甚大。是时福藩尚在邸中，则事更难处。而维时主疯癫者，遂以察典罢王之寀官，且坐以削籍夺诰，何士晋亦外迁，则不平甚矣。

夏允彝曰：“梃击之事，之寀所讯张差，其言甚急，刑部各司官会鞫时，亦多相合。于是举朝喧然，以为国戚有专诸之意。贵妃亦危惧，诉于上，上命自白之太子。贵妃见太子，辩甚力。贵妃拜，太子亦拜，且拜且泣，上亦掩涕，为毙二珰以解。然东宫虽侍卫萧条，何至使外人阑入？诸臣危言，使东宫免意外之虞，国戚怀惕若之虑，断断不可少。顾事连官禁，势难结案。若必诛外戚，废亲藩，度能得之神宗乎？从古有明行之法，有必不可明行之法，则田叔烧梁狱词，亦调停不得已之术。何者？东宫固无恙，尚可以全骨肉，乃必以此为执法者罪案，是何心欤！”

万历四十八年庚申七月，神宗寝疾，不食且半月，皇太子未得见。阁中止方从哲一人，科道各官，叩阙请对。御史左光斗谓从哲："宜率百官问安。"从哲曰："上讳疾，即问，左右不敢传。"给事中杨涟曰："昔文潞公问宋仁宗疾，内侍不肯言，潞公曰：'天子起居，汝曹不令宰相知，将无他志？'下守宫者行法。今诚日三问，不必见，亦不必上知，第令宫中知廷臣在门，且公当直宿阁中。"从哲曰："无故事。"涟曰："潞公不诃史志聪乎？此何时，尚问故事！"从哲不答。

明日壬辰，九卿台省入思善门，候问。甲午召见阁部大臣，寻即出，皇太子尚踟蹰宫门外。涟、光斗语东宫伴读王安曰："上病亟，不召太子，非上意！今日已暮，明晨当力请入侍，尝药视膳，而夜毋轻出。"丙申神皇崩，次日丁酉以大行宾天告于奉仙殿，颁遗诏，罢天下矿税，谕云："先年矿税为三殿三宫未建，权宜采用，今尽行停止。各处管税内官：张烨、马堂、胡宾、潘相、丘秉云等俱撤回。其加派钱粮，以本年七月前已征者起解，余悉蠲免。"

是时，税监遍天下，小民涂炭已极，建言请撤者，月无虚牍，概行留中。辛丑冬，神宗抱病甚笃，追悔矿税事。夜半，御笔亲书片纸传免。内阁沈一贯既承旨，未即发，忽有内阉二十余辈踉跄来追。

一贯犹豫未定，阉辄自相扑，流血被面。一贯惧，随以封进。自是海内重受荼毒，又二十年。至是，首诏传免，民间欢若更生云。

令旨："又念辽东缺饷，将士劳苦可悯，遵照遗旨，特发内帑银百万两，解赴经略熊廷弼犒赏军士，务沾实惠。"又旨："发内帑银百万两，解赴九边抚按官，酌量犒劳。"并谕："二项共给脚价银五千两，沿途支费，不得骚扰驿送，其银毋入太仓，差官即发。"

给事范济世要从哲于北极门，言："大行在殡，以令旨行，非便，宜封还留中。"御史张泼曰："'留中'二字，天下方蹙额。且称奉遗命，正继述，大孝也，何不可之有？"从哲缴送司礼，司礼曰："上阅章奏，恒至夜分，某等何敢留？"遂发之。

谕礼部："遵遗旨，皇贵妃郑氏进封为皇后。"尚书孙如游执奏曰："本朝并无此例。其以配而后者，乃敌体之尊；其以妃而后者，则从子之义。先帝念皇贵妃，不在无名之位号；殿下体先帝之心，亦不在非据之尊崇。"辅臣从哲亦执奏如如游言。时郑踞乾清宫，托保视为名。知李选侍有专宠，因与请封后结欢。选侍亦请封郑太后相引重。上心知不可，未能显绝，赖阁部持之而止。贵妃始移居慈宁宫，凡朝谒尊礼，仍一如神庙于慈圣故事。

光庙此举以消谗间，以释疑城，诚为厚事，然非制也。祖制：宫中服饰器皿，惟后用黄，余皆用红。因贵妃有宠，神庙欲赐黄，慈圣不许。请之再三，乃曰："皇帝讲分上，安得不听？"传懿旨："东西宫皆赐黄。"神庙遂止，不敢用。后孝端崩，一切宫中事俱付西宫范德妃权署。家范严正如此，况王昇疏所述贵妃待孝靖者种种无礼乎？是时，穆庙刘昭妃尚在。熹庙登极，移贵妃于仁寿宫，而迎刘太妃于慈宁宫；传谕立后，俱用刘太妃令行之，礼也。

上命吏部右侍郎史继偕、南京礼部侍郎沈潅，俱加礼部尚书，俱入阁办事。二臣原系神庙亲点，批行未下。至是因辅臣方从哲催请，始下。又点何宗彦、朱国祚、刘一燝、韩爌，各升礼部尚书兼东阁大学士。又召旧辅叶向高于田间。时从哲独相多年，不协人望，廷臣言之再四，从哲亦具揭申请。同时俞旨点用，前此所未有也。惟刘、叶在京，即日到任，余各差官钦召来京。

谕礼部：封皇弟瑞王于汉中府，惠王于平阳府，桂王于东昌府。寻改惠王于荆州，桂王于衡州。差官督造府第。三王俱于天启七年某日同时出京就国。时逆阉用事，希图神器，故急遣藩封以弱根本也。

谕内阁："朕今早御门，见各官随从多执洒金大扇，及驾回至省愆居，闻散班官于会极门高声喝道。朝仪严肃，岂容亵慢？可传示大小九卿科道等官，以后凡遇临朝，俱要十分谨慎，仍前肆行违禁者，纠仪官指名参来重处。”

先是，户部主事鹿善继请发金花银济边，奉神宗旨降处，吏部为之请，方准复原官矣。科臣周朝瑞疏言慎初三要：一信任仁贤，二推广恩泽，三斥远嬖佞。又请停止金花银两。奉旨：“此项银两原系祖制进内，备犒赏诸费。朝瑞擅请停止，为大不敬。本当廷杖，念即位之初，姑从轻，降一级调用。”阁疏言：“善继方蒙恩复职，借金花者业及宽政，议金花者独蒙严谴，非一视之仁。乞免其降谪。”科道各官亦具疏救，俱不听。

吏部尚书周嘉谟疏开为国本建言得罪王德完等三十三人，又开矿税及他事诖误诸臣，请旨录用。时科臣周朝瑞有疏云：“尽人而起之，犹恐偶遗；即日而起之，犹为濡迟。就使疲癃尪羸，均宜沛之宠异，以候其自陈；又或旦暮古今，并当议其赠恤，以报诸身后。岂可令引领赐环，隐身绵上，赍恨长沙也哉？”于是废闲皆起，一寺卿贰至十余人，各寺皆满，不可胜纪矣。起升邹元标为大理寺卿，王德完为太仆寺少卿。

     邹公以万历丁丑登第，值张居正不奔父丧，上疏争者俱予廷杖。公入朝，视赵用贤、吴中行、艾穆、沈思孝四公杖毕，归寓草疏，次日诣会极门投进。值日内阁诘之，公曰："吾告假本耳。"疏入，亦予杖一百，遣戍贵州。居正没，起居谏垣，又以直言谪。再起再谪。至是，以刑部郎家居三十余年矣。世以其出处卜国运短长。命下，士论快之。王公则请笃厚中宫被杖者，一时并起。邹公已年高德劭，涵养粹然，有追论江陵者，公独曰："江陵之过在身家，功在天下。"绝不以一己嫌怨参也。或谓其前半峭直，后半宽和，至訾之为两截人，又有訾之为伪学者。善乎倪文正之言曰："自元标以伪学见驱，逆珰遂以真儒自命。学宫一席，俨然揖宣圣为平交，岂不可慨也哉！"至公再起，以疏为封疆诸臣请宽，为魏忠节所参，而周忠毅保之，一时同志，几成水火云。

礼部孙如游疏请册立东宫，言："皇上毓德青宫，元子朝夕与居。顾复之爱，实以父而兼母；训迪之严，又以父而兼师。今日有万几，即欲与元子煦育提撕，势或不能。然则册立遗诏，先帝非直为皇长子虑，亦为陛下虑也。"礼科杨涟亦疏言之，且历考册立故事，云："今皇长子年已十六矣。以皇上御极未旬余，较列圣册立之年为尚早；以皇长子历年如斯，而讲读未就，冠婚未举，较列圣青宫之日为已迟。"奉旨："皇子年尚幼，质清弱，于禫服后，择吉行。"阁臣部臣复请之，言："前四十三年先皇召群臣于慈宁宫，元孙在侧，已见丰采岐嶷，伟然有成人度，何至今日犹云清弱。服制，在民间为二十七月，在朝廷为二十七日。今择九月之吉，去释服已半月余，正与前旨今谕合，乞即赐允行。"始奉俞旨。

上大行皇帝尊谥，曰"范天合道哲肃敦简光文章武安仁至孝显皇帝"，庙号"神宗"。先是，阁议"显宗恭皇帝"，给事中魏应嘉驳之，曰："昔东晋恭帝、南宋恭帝之号，当时光景，已不堪言。追维先帝圣谟，不可殚述，持众美而效之，光昭万世，犹恐不至。乃草草举事，令盛美不彰，何心哉？"既出，公论韪之，故得改拟今谥云。

上不豫。上体素弱，虽正位东宫，供奉淡薄。登极后，日亲万几，精神劳瘁，郑贵妃复饰美女以进。一日退朝，升座内宴，以女乐承应。是夜连幸数人，圣容顿减。十一日，寿节，传免。内医崔文昇下通利之药，上一夜数十起，支离床褥间。郑贵妃日夕视疾，趣旨邀封太后。再谕内阁，下礼部具仪，礼部孙如游力言"查本朝无例"而止。

给事中杨涟疏言："臣等于十六日随大臣宫门问安，见有'头目眩晕，身体软弱，不能动履'之旨，各相惊骇。至询问所以大不安之故，知外廷所传进御不节流言，绝不相干，全是用药差误所致。臣等恨不食用药者之肉，传闻为内官崔文昇。然则外传为兴居失节，侍御蛊惑，必文昇藉口以盖其误药之奸。文昇之党肆出煽播，以掩外廷攻摘之口。既益圣躬之疾，又损圣明之名。文昇之肉，其足食乎！乞发司礼监究问处分，传示中外，并乞皇上沉心静摄，随意随时，召皇长子同众皇子承颜导喜于前，以发天性之真和。"

又言："臣署事礼科，见都督郑养性揭收回封后成命一事。此事也，祖宗典制难干。妃所称封者，尊之以嫡母乎？则于大行皇帝有碍；尊之以生母乎？则于本生皇太后有碍。故养性之请收成命，正所以善安其姑。在贵妃今后养老别宫，省心回念，更所以善安其分，善保全先帝之明德于有终，与殊恩于无已也。"

二十一日，疏上。二十三日，传召阁臣方从哲、刘一燝、韩爌，英国公张维贤，部院周嘉谟、李汝华、孙如游、黄嘉善、黄克缵、张问达，吏部范济世，河南道顾慥并兵科杨涟共十三人入乾清宫，皇长子侍立。上曰："朕在东宫，感寒症未痊，值皇考妣相继大丧，典礼殷烦，悲伤劳苦，不进药已两旬了。卿等大臣勿听小人言。"又谕册立事，从哲对曰："册储已卜吉，宜移近，早竣吉典，以慰圣怀。"上因指皇长子言："他伏侍人都有了，事都妥了！"又谕册立贵妃，礼部孙如游对曰："俟二后封谥，东宫册立诸大典既竣，当次第行。"上颔之，诸臣叩首出。

　　杨忠烈自述略曰："二十日闻帝疾甚，涟私念郑虽出宫，李在左右。前封后之谕尚在，万一弥留之际，串作遗诏，奈何？且署礼科事者何人？因在科草疏，已思不在成名，要在事济。故削去诸恶论，以进御之言并归之传闻流播，使上悦而赐览，或得停封，即事济矣。疏既上，亦分崔、方用事，李庇之，上复病，不览文书。方为崔秘契，一发票，岂有全理？只待旨下诏狱耳。

　　"廿二日，忽传宣兵科，仍传锦衣及阁部、吏科、河南道。既入朝，孙宗伯语曰：'大洪何为上昨日本？不知今宣校尉乎？恐上怒！'涟曰：'崔奸实误上，何忍不言？'既至左掖门，周太宰曰：'我前日正言，邹内官传，郑进宫人，上未御，并未说误医。'涟曰：'此中外共传，何以不知？且涟前署礼科，如封太后事谕尚在内阁，万一内阁从之，贻他日之祸，奈何？今日召对，死即死，不敢不争。'

　　"阁臣方偕新相刘、韩二公至，周太宰、孙宗伯向方言：'今日特召杨兵科，恐为昨日本事，望为开解。'方曰：'宫中事原不好言，今圣体违和，恐怒不测，须杨公认一错。'周、孙传语涟，涟曰：'上明明为奸医误坏，许世子不尝药，尚谓弑君，今明

知而不言，相公尚谓我错？且郑贵妃子非太子，何以要封后？后谕何以尚在阁中？此等事如此含糊，我不要做乱臣贼子！不错！'

"周太宰曰：'方老先生是好意。'涟曰：'岂不知是好意？只为我惜死耳！伤寒五日不汗则死，死何可怕？只"错"字说不得！'

"既进乾清，帝意甚悦，目涟者再，指今上语：'他的事妥了！伏侍人都有了！封太后事已停了！'是时台省各俟官门，恐诏杖，愿公本救。见涟出，乃共喜。

"今小人并言系内相叫进。四十岁皇帝从空叫一官进，岂先帝亦今上冲年乎？没先帝召对美事，而蒙之恶名，不知此曹子是何心肠！"

二十九日，再召从哲等十三人于乾清宫。诸臣问安毕，上顾皇长子谕群臣曰："卿等辅他为尧舜，国家事当尽心分忧！"语未既，李选侍拉皇长子入，嘈嘈语，复趣之出。皇长子含愤向上曰："要封皇后！"上色变，礼部孙如游因奏："封选侍为贵妃，臣等不敢不遵命。"又语及寿宫，诸臣以皇考山陵对。上云："是朕寿宫。"诸臣云："圣寿无疆，何遽及此。"上仍谕"要紧"者再。又问："有鸿胪官进药者何在？"从哲对："有李可灼自云仙丹，未敢轻信。"上命中使宣可灼进，诊视毕，言病源及治法。上喜，命进药，诸臣出，可灼与御医各官商榷未决。须臾，乳姬至，趣和药，诸臣复入，可灼用乳调药以进。上饮汤辄喘，进药乃受，上喜，称"忠臣"者再。诸臣出宫门外，候少顷，传："圣躬用药后，暖润舒畅，思进饮膳。"诸臣欢跃而退。可灼与御医各官留。日晚，可灼出，阁臣邀询之。可灼言："上恐药力歇，欲再进一丸，诸医言不宜骤。传趣益急，遂再进一丸。"阁臣复问："服药后何状？"言："圣躬传安如前。"诸臣退。

次日五鼓，内传宣召甚亟，诸臣趋进，而上以卯刻上宾矣。时九月乙亥朔也。盖可灼时从诸御医往来思善门，中使遍问以达于上。其传奏姓名，不得而闻。是日，以问安赐诸臣银币、烧割，可灼亦与焉。宾天后，犹奉皇长子令旨，赐可灼银五十两，彩缎二表里，则首辅从哲所拟旨也。

十日，上尊号曰"崇天契道英睿恭纯宪文景武渊仁懿孝贞皇帝"，庙号"光宗"，葬庆陵。

　　董文敏曰："贞皇临御四十日，感孚天下之人心，有在善政之外。当青宫毓德，有夔夔，无栗。内廷菀枯之形若弗知，外廷羽翼之激若弗闻。福王就国，抱持恸哭；张差发难，陛前晓谕。神宗以贵妃属帝，即跪而对曰：'儿子岂敢得罪于天地？'

遵奉遗命，盈庭之争，意不忍夺。即虞舜大孝，何以加兹？使帝之出震未及，而干蛊莫施，天下事有不可知者矣！"

卷二　天启朝纪事

（庚申九月起至甲子十二月）

熹宗哲皇帝为光庙长子。母孝和王太后。万历三十三年乙巳十一月十四日生于东宫。光宗登极，一月而崩。上犹为皇长子，时年一十六岁，群臣拥之即大位。册立张氏为皇后，崇祯年上尊号懿安皇后。后父张国纪封太康伯。光宗病亟，内旨趣召群臣至宫门，而龙驭已上宾。时庚申九月初一日也。

科臣杨涟谓冢臣周嘉谟等曰："宗社事大，嗣皇年幼，无嫡母、生母，此时宜急请见，一见即呼'万岁'，以定危疑，随拥之出宫，移住慈庆为妥。"众以为善，乃语阁臣方从哲。涟先诸臣排闼入，阉竖梃乱下，涟厉声云："皇帝召我等，今晏驾，嗣皇幼，汝等阻门不放入临，意欲何为！"阉者却，诸臣乃入。哭临毕，请见嗣皇。嗣皇为选侍阻于暖阁，不得出。青宫旧侍王安却选侍，强抱持以出。诸臣即叩首呼"万岁"，共请诣文华殿，王安拥之行，阁臣刘一燝掖左，勋臣张维贤掖右。内侍李进忠传选侍命召回，且喝诸臣曰："汝辈掖之何往？小爷害怕！"遽来牵嗣皇衣。涟

22

叱之，曰："我等皆臣子，有何怕！"共拥嗣皇登舆至文华殿，西向坐，群臣礼见毕，请即日登极。嗣皇不允。复拥入慈庆宫。一爆奏曰："今乾清宫未净，殿下请暂居此。"嘉谟曰："今日殿下之身，是社稷神人托重之身，不可轻易。即诣乾清宫，亦须臣等到乃发。"嗣皇首肯，诸臣退。有议即日登极者，以诸大典礼未行，于义未协，令礼部具仪礼，择日行。

吏部等衙门周嘉谟等公疏，请安梓宫于仁寿殿，移选侍于后殿。御史左光斗疏言："内廷之有乾清，犹外廷之有皇极。惟皇帝御天得居之，惟皇后配天得共居之。今选侍既非嫡母，又非生母，俨然居正宫，殿下乃居慈庆，不得守几筵，行大礼，典制乖舛，名分倒置。即先皇贵妃之请，亦在弥留之际，其意可知！且行于先皇，则伉俪之名犹可；行于殿下，则尊卑之称，断断不可。倘不早决，将借抚养之名，行专制之实。武氏之祸，立见于今，有不忍言者！"疏入，选侍用李进忠谋，邀嗣皇以母子同宫，王安忿然，因宣言于外。杨涟遇进忠于宫门，问以移宫何日。进忠摇手曰："莫说！李娘娘大恼，今母子一宫，正欲究左御史'武氏'之说云。"杨涟诧曰："误矣，幸遇我！谚云：'吃饭莫忤大头。'皇长子今非昨比。选侍好好移宫，异日封号故在。且嗣皇年长矣，即无奈选侍，若属能无惧乎？"进忠默然去。

至初五，选侍尚未有移宫意，杨涟语方从哲曰："明日上登极矣，尚可缓乎？"从哲便曰："待初九，十二也罢！"涟曰："天子无返东宫之理，今日不移，亦未有移之日，此不可顷刻缓者！"内侍皆曰："独不念先皇旧宠乎？何遽迫也！"涟叱曰："国家事不宜姑容！且汝辈食何家饭？敢云如是！"声彻大内，立候上批。得旨："即日移宫。"王安等从中恐吓，选侍遂不及待侍从，手抱八公主徒步以行，凡簪珥衾裯之属，俱为群阉掠夺，踉跄奔至哕鸾宫。选侍泣下。内侍李进忠、刘朝、田诏等乘机窃盗内帑，王安发其事，命立行追究。

御史王安舜疏言："先帝病虽经旬，未应太速。突闻宾天之事，众论纷纷，咸谓不知谁荐李可灼，进红铅一丸，服之不豫。忽接邸报，奉令旨：赏可灼银五十两，彩段二表里。果酬其药价乎？抑酬其经验良方，起死回生乎？不过借此一举，以塞外廷议论也。盖轻用药之罪固大，而轻荐庸医之罪亦不小。不知其为谬，犹可言也；知其为谬而故荐之，故尝之，不可言也！"奉令旨："李可灼进药不效，殊失敬慎，但亦臣爱君之意，姑从罚俸二年。"

文文肃公曰："三案是非，平心乃见。梃击事干宫闱，岂可推究，掩过亦自不错。红丸一案，多在一赏。譬如富家翁疾，延医时，翁面许谢而遂没。其子如父命酬之，人有不笑其愚，且疑其逆哉？至移宫，自是间不容发之事，宁可移而臣子受抗言之罪，无使隐忍不移，开僭处之祸。观日后客氏光景，则此日之急移，有功无罪矣。"

御史贾继春上书政府，谓："先帝宾天，肉尚未寒，宜调护挽回，使选侍得终天年，皇女无虞意外。"左光斗疏言："选侍移宫，其理明白易见。移宫之后，存以大体，宽以小过，特恩在圣衷，调和在宰相。"给事中周朝瑞疏驳继春："喜树旌旗，三生题目。"继春疏辩，谓保全选侍，亦人情之理，非诧眼旌旗、惊心题目。朝瑞曰："安选侍者，犹谓之是；则安宗社者，顾谓之非乎？"继春曰："立刻驱逐，群阉打抢。革其已进仪法之贵妃，因其无端罗织之老父。伶仃之皇八妹，入井谁怜？孀寡之未亡人，雉经莫诉！"云云。奉旨："'雉经''入井'等语，有何凭据，着令回话！"继春以风闻对。有旨："削籍为民。"自此遂成葛藤矣。

杨涟疏叙移宫始末云："臣当日即语诸大臣：移宫自移宫，隆礼自隆礼，必两者相济，而后二祖列宗之大宝始安，先帝在天之灵始安。即本日缉获罪珰，只宜歼厥一魁，无滋蔓引。大抵宸居未定，先帝之社稷付托为重，平日之宠爱为轻。及宸居既安，既尽臣子防危之

25

忠，即当体皇帝如天之度。今言犹在耳，臣之所以议移宫者，始终如此。乃后来忽有蜚语，传选侍徒跣踉跄，欲自裁处，皇妹至于投井者；或传治罪踣过甚者；或称内外交通者。使风闻叹息之言，作此日不决之案。九庙神灵，鉴此热血！乞皇上于皇弟皇妹时勤召见慰安，曲及选侍，酌加恩数，仰体先帝遗言。"云云。

疏入，次日，特谕晓示廷臣，曰："朕幼冲登极，开诚布公，不意外廷乃有谤语，轻听盗犯讹传，酿成他日实录，诚有如杨涟所奏者。朕不得不再申谕以释群疑。九月初一日，皇考宾天，诸臣入临毕，请朝见朕。李选侍阻朕于暖阁。司礼官固请，选侍许而复悔，又使李进忠请回者，至再至三。朕至乾清宫丹陛上，大臣扈从前导，选侍又使李进忠牵朕衣。卿等亲见。当日景象，安乎危乎？当避宫乎？不当避宫乎？是日，朕自慈庆之乾清，躬视皇考入殓，选侍又阻朕于暖阁，司礼官王体乾固请得出。初一日，朕至乾清宫朝见选侍毕，躬送梓宫于仁智殿。选侍差人传朕，必欲朝见方回，各官皆所亲见。明是威挟朕躬、垂帘听政之意。朕蒙皇考命依选侍，朕不住彼宫，饮食衣服皆皇考所赐，每日仅往彼一见。因之怀恨，凌虐不堪。若避宫不早，彼爪牙成列，盈虚在手，朕今不知如何矣！

"彼既殴崩圣母，每使宫眷王寿花等时来探听，不许朕与圣母旧人通问语。朕苦衷，外廷不能尽知。今停封以慰圣母之灵，奉养以遵皇考之意。该部亦可仰体朕心矣。臣工私于李党，不顾大义，谕卿等知之。"

此即《要典》中移宫一案。当时杨、左何尝不请加恩选侍，而"殴崩圣母，威挟朕躬"等句，皆谕中之语，乃复尽举为杨、左等罪案，逆贤辈不足责，前后诏谕矛盾，不知熹庙亦有知否？

命议改元，以今年八月初一日起至十二月终，称"泰昌元年"，明年正月始称"天启"。

左忠毅曰："天下事，情与理而已。泰昌虽一月，亦君也。一月中，而万历四十八年之美厚其终，天启亿万年之祥开其始。自古逾年不改元之非，尤甚于不逾年改元之非。既已成先帝不改元之是，而又不贻今上逾年不改元之非，所谓礼随义起者也。"

陕西抚臣报黄河清。八月十五日，临巩兰州之间，巳时见河流上泛白，至申时，彻底澄清，上下数十里，一望无际。至十七日未时仍白，浊流其清三日矣。

河清世称瑞应，然历考前代无一善者。汉桓帝延嘉八年河清，明年帝晏驾；灵帝建宁四年河清，未几黄巾贼起；隋炀帝大业三年武阳郡河清数里，十二年龙门河水清，后两年唐兴而隋亡；唐高祖武德九年河清蒲州，是年太子建成欲杀秦王，秦王杀建成、元吉；太宗贞观十四年陕西秦州河清，高昌反；十六年怀州河清，突厥入寇；二十三年灵州河清，帝崩；玄宗开元二十五年淄州河清，是年废太子瑛；肃宗宝应元年陕州河清，河东绛州等处将士作乱；金世宗大定二年乾宁河清，是时专政。或曰："河者臣道，宜浊而反清，下不恭之罚也。"此皆见于前代彰彰者。至我明正德年间，黄河清，逆瑾乱政，官车游幸无度，致有宁藩之变。是时魏忠贤肆恶，杀戮忠良，几移国祚，故亦先有河清之兆云。

科臣魏应嘉、张修德、冯三元各疏弹经略熊廷弼，廷弼屡辩不已，且具疏请勘。即命三臣勘之。杨涟疏言："使风闻言事之人，即作原事勘问之人，实为非体。"乃改命兵科朱童蒙往。已，童蒙上廷弼功罪，奉旨，"廷弼力保危城，功不可泯，听其回籍，仍许及时起用。改用袁应泰代廷弼经略任。"

高汝栻曰："廷弼任事才十余日，辽阳之颓城如新，丧胆之人心复定。至奉集、沈阳二空城，俨然重镇，伊谁力也？重复入辽，官民士庶，遮道而代之鸣,谓:'数万生灵,皆廷弼一人所留,其功不小。'第其性甚急,刻期鸠工,乡绅青衿,役无得免。又捆打各弁,斥逐游客。是以流言载道,形容过甚。若胜心所激,屡疏肆辩,几成骂詈,实乖大臣之体。'功在存辽,罪在任性。'噫!两言蔽之矣!"

初,廷弼在辽,凡自边外来奔,称回乡者,悉置之废城闲住,而不用为兵;私出者,即杀之。有贾得功,自称生员回乡者,携四人来,内有八岁小儿。廷弼取置亲近,啖以果饵,诱之,言:"家安然在彼中,携小儿行,使人不疑。"穷之,乃知故先在开原作内应者,立磔以徇。贺世贤久有异志,廷弼疑之。使自为一军,备调遣,不使定驻。时馈遗劳苦之,称其忠勇。尝宴集诸将,勉以同心,出血共歃。已而诸将有密启其异者,廷弼私语之曰:"吾向者歃血正为此,第各自慎可耳。"及袁应泰代任,尽反其严,而以宽收人誉,委任世贤不疑。且悬招抚令,来投即纳。诸帅童仲揆泣谏,应泰曰:"我自收不战之功,何不可而强阻为?"令世贤与尤世功并驻沈阳。世功所将一万五千人,世贤报纳降夷六万。世功密启曰:"实十万也!城决不能守。愿以所统卒自归辽阳。"应泰始大骇,然已无可奈何,姑以军令令世功曰:"敢移一步者斩!"意欲留世功牵制之,势已不能矣。盖廷弼用权诈，恩威不测，故间不行。应泰左右皆间，宜其败也。

　　　　许重熙曰："降丁内应，一愚应泰于辽，再愚元化于莱。书生之误国两见。戚将军所谓'必我元气盛而后可以用毒'，奈何轻言受降也！"

　　虏兵率众渡河，既陷沈阳，乘胜直抵辽阳城下，时二月十八日也。应泰自出城督战，我兵不支，复退入城，相持四昼夜。至二十三日，城楼大起，降丁内应，城门遂开。应泰与按臣张铨、分守道何廷魁三人坐城东楼。应泰知事不可为，身佩剑印，引刀自裁。廷魁返署，沉二女二妾于井，而后自溺。监军崔儒秀、都指挥徐国全并缢于都司，同知冒日乾亦自缢。

　　铨自城头回署，李永芳入见，诉不得已故。铨曰："汝对我言，我对谁言？"拥之出，见虏，责以拜，铨大呼曰："我天子宪臣，岂为拜汝？"虏谓："从我则生！"铨骂曰："我岂从虏？何不速杀我？"虏怒，令人持之去；已，又以好言慰之，终不屈。虏曰："送汝归何如？"铨谓："力不能杀敌，无颜归，速死为幸！"虏知不可夺，送还署中。铨至署，望阙五拜，又望家四拜，别其亲，遂自缢死。虏谓李永芳曰："中国忠臣也！"棺而葬之，复立庙以祀。

张公，沁水人，先任江西巡按时，先忠毅为南康司理，最被知遇，引为同心。辽事棘，从按部时，上方略，极言经略杨镐等不可用，人争以谙边事推之，遂改按辽东。抵任，极与经臣争受降事，不能得，竟同及于难。先忠毅尝言其形貌魁杰，望而知为伟人。好议论，喜读书。在官著《春秋补传》，曾付先公较正，宜其大节皎然如此。

先公有诗吊公云：

三晋古多忠义士，只今正气凌青霄。

青霄白石悬烈胆，我公之魂其可招。

魂兮惨淡朔风怒，草碧沙黄霜满路。

孤臣画策不见收，书生愦计招降误。

铁甲凭陵胡马嘶，烟合城头腹心蠹。

臣非守土可无死，鼠狗偷生尽如此。

冲冠裂眦折骄虏，苏武不降李陵耻。

呜呼！衣冠拜阙何从容，前有睢阳后有公。

时无许远谁与守？公得死所死何有。

忆公持斧西江上，烽急群推肉食将。

彼人是哉公曰吁，戟髯笔剑锷相向。

多公先见用公晚，浩气犹为本朝壮。

丈夫磊落斗中寒，羞杀槛车责军状。

从公殉难崔与何，皎皎三节汾之阿。

圣主报忠原不薄，志士闻之应枕戈。

自公殁后谁男子？西平亦有将军罗。

呜呼，边事不可说，安得尚方剑，斩辱国之妖魔！

公初司理保定，有两是亭祀杨公继宗、许公逵。公梦二公前揖曰："待公而三也！"至是果符其言。事闻，赠恤有加，谥曰"忠烈"。

何公，大同人，谥"忠愍"；崔公，陕州人，谥"忠贞"，又命合建祠，名曰"昭忠祠"。

姚文毅曰："袁应泰前任永平，募兵训练，关外需粮糒火药，随呼而集。廷弼在辽阳，颇赖焉，故举以自代。既受事，于廷弼所建置微有更张。受降一事，尤不厌人心。然誓于神，言：'宦辽即以身委辽。病，医于斯；死，葬于斯。弃辽去者，神明殛之！'城破之日，拜阙拜亲，从容自缢。内侄姚居秀从缢。仆唐明恸哭，纵火焚楼而死。后之携手入关者，视之怍死矣！应泰本循吏才，即置之边徼，当属之以转输供亿之寄，乃使之婴危城、冲劲敌，岂其任哉？此亦官人者之过也！"

辽阳败报至，举朝惊恐。上谕吏部曰："熊廷弼守辽一载，未有大失，换过袁应泰，一败涂地。当时倡议何人，若不严核，何以警后？"部议覆，上谕："冯三元、张修德、魏应嘉扶同排挤，致误封疆，各降三级调外；姚宗文阴险倾陷，实为祸始，革职为民。起廷弼为尚书，仍经略，命抚按敦趋就道，刻期视事。"

时福清叶向高被召未至，皆次辅南昌刘一爆主议也。有间刘于叶者，谓欲阻其入朝，向高信之。而给事霍维华、孙杰皆叶之门人也，方以通内事为冢宰周嘉谟所恶，例转外藩，遂鼓其党与新辽抚王化贞比，争献谀福清曰："麟阁功勋，当垂手以待老师，不使南昌与经略得志也。"于是福清入而南昌不安其位，南昌去而经抚之祖分。举朝终日聚讼，卒至并逆河西，且起朋党之狱，尽以大权归之中珰矣！

封乳媪客氏为"奉圣夫人"，移居咸安宫，衣服饮食与三宫埒。时科道侯震旸、王心一、朱钦相、倪思等皆有疏论之，奉严旨各降谪有差。

魏忠贤时已入宫中。客氏与内阉王国臣有私，国臣原名魏朝，后改今名；既又私于忠贤。王安方掌司礼监印，客与魏协力拥戴安。时内阉李进忠、刘朝等俱以盗帑下狱。魏初入，原名进忠。杨涟曾疏参及忠贤，忠贤乞怜于安，安委罪于李进忠以饰外廷，忠贤得无恙。既，国臣与忠贤争客而哄，直叩之御榻前。上询客意所向，为逐臣而留贤。安心不平其事，深加诮责，客、魏遂大恨安。安适循例告病，拟邀温旨，即出。

有阉陆荩臣者，霍维华戚也，通信维华，谓："安与贤正相水火，有隙可乘。"华遂出疏参安，贤尚犹未决。王体乾心图掌印，力怂恿客氏激贤怒，矫旨予告，遂降谪南海子，缢杀之。其名下曹化淳、王裕民、马应辰俱降责一空。安死，忠贤用事，以维华之疏攻安也，深德华。华因引孙杰与通，线索渐密。冢宰周嘉谟以年例黜维华于外，杰遂疏攻嘉谟。嘉谟引疾，贤矫旨放归。次年，杰亦以例外转。

礼部主事刘宗周疏言："奉圣夫人客氏于陛下有保养之恩，不忍其遽出，致出而复入。夫以大内森严，恣一宫人出入不禁，非所以间内外也。而陛下方以人言，一举逐谏臣三人，罚者一人，至阁部以下举朝争之不得，陛下又以一宫人成拒谏之名矣！臣于是有感于宦官用事之祸也！朝逐一谏臣，中旨也；暮逐一谏臣，中旨也。此中旨者，陛下方用之以快一时之喜怒，左右前后之人，又乘陛下之喜怒以快其私。方且日调狗马鹰犬以荡陛下之心，日进声色货利以蛊陛下之念。人主方以为德我而爱之，益视法家弼士如仇，而后得以指鹿为马，盗陛下之威福。生杀予夺，惟所自出，国家之天命随之：此宦官必致之祸也。试问今日得时用事，亲幸于陛下如左右手者，非魏进忠耶？则导陛下逐谏官者进忠也；并导陛下以优人杂击走马者，亦进忠也；不然，亦进忠之党也。陛下清明在躬，如蒙泉初出，乃竟为进忠约所误，岂不深可恨哉！"疏入，逆阉欲票旨廷杖，首辅叶福清力持之，仅罚俸一年。

廷弼既拜命赴召，特赐尚方剑，得便宜行事。又令九卿祖饯都门外，以宠其行。时王化贞以巡抚驻广宁，上令廷弼守关。先是化贞主战，欲用西制东，而密招叛将李永芳为内应。廷弼欲阻险守备，画关而守。议既相左，台省各以意见佐之，遂成水火，交章构争不已。于是谕兵部集群臣会议经抚去留，言人人殊，即政府亦为两可之言，不能断决也。

二年正月，虏骑巡行至辽阳、广宁，居民讹言虏欲渡河，纷纷南奔。左营参将孙得功、旗鼓游击某拟缚化贞以献，化贞大惧，踉跄而逃。廷弼在前屯遇之，快化贞之主战而逃也，幸画关之说为有当也，以有守关之前旨在，亦并辔而南。言者具以私逃论列，奉旨逮化贞，革廷弼职，听勘。廷弼亦自诣法司。咸谓廷弼奉守关之旨，不可谓逃，又不当与化贞同律。已而法司会审，俱坐以大辟，末微引入议谳，语属刑部主事顾大章，而御史杨维垣遂疏参大章鬻狱。大章辩："封疆之事，诛心则廷弼难末减，论事则化贞乃罪魁。颇自谓持平，今皆论辟矣。业已辟之，又何鬻焉？"维垣又参："大章受廷弼贿四万金，代为营脱。"大章又辩："尔时会审者二十八人，人各有单。始而各出己见，终而画一成招。盖三法司共议而定此辟，臣曷尝释廷弼哉？廷弼行贿，不应行于定辟之人。"奉旨："奏剖既明，仍旧供职。"后逆贤借廷弼封疆之案，追杨、左诸人之赃，而骈杀六命，实本维垣之疏云。

广宁之败，监军道高邦佐在松山，同事皆讽以西走，不听，谓其仆高永、高厚曰："我受国恩，义不偷生，誓以死报矣！好收吾骨归报吾母，即葬吾父墓侧，使知有死事儿，不愧也！"遂沐浴衣冠，西向再拜，而自缢。高永曰："吾不忍主人无伴。"亦缢于侧。高厚曰："我若再缢，谁为归其骨乎？"徒步入京，为佐侄世彦道之，同往扶榇归。又有祁秉忠扶病力战，中箭而殁；刘渠杀虏甚雄，落马而死；罗一贵炮打虏伤，三进三却，卒以自刎，皆武臣中之铮铮者。

礼部尚书孙慎行疏论："旧辅方从哲引李可灼进红丸，致损圣躬。昔许世子不尝药，《春秋》谓之弑君。从哲纵无弑之心，却有弑之事；欲辞弑之名，难免弑之实。至贵妃欲封皇后，礼部与科道执争之，哲漫无主持。又议上尊谥称'恭皇帝'，同亡国之君，如晋恭帝、隋恭帝、周恭帝，如此谬庚，实咒诅君国。选侍欲垂帘听政，以顾命元臣，曾不闻慷慨一言。若非九卿言官急请移宫，选侍一旦得志，皇上几无驻足。以此三事，例彼进药，一切苟且泄泄，干犯天下之大名义，酿成社稷之大祸患。乞速下九卿科道详议，将从哲速正两观之诛，并将可灼严加诘问。"奉旨："下部据实会议。"

左都御史邹元标亦疏言："从哲未申讨贼之义，反行赏奸之典，即谓无其心，无以解人之疑也。况秉政

三朝野记

七年，未闻其辅相何道，但闻一日马上三书催战，断送百万生灵，血染黄沙；但闻其以祖宗栉风沐雨一片辽东地土，尽属虏人。"又曰："臣读学士公鼐疏言：'六七年间，以言及东宫者为小人，不言东宫者为君子，此何等景象？是谁使之尽除天下之清流，阴剪元良之羽翼！'此真实录也。惟皇上熟思当日之景象，勿忘当日之艰危。"

科道亦交章论之。部院集廷臣会议云："不重处可灼，无以慰皇考，服中外，而正大法。旧辅自疏认罪，乞削夺以明其心，以释中外之疑，此亦大臣引罪之道，宜尔也。"奉旨："可灼法司究问。崔文昇发南京充净军。旧辅事关国体，不必深求。"是时，举朝附和同声，其持异论庇从哲者，黄克缵、王志道、徐景濂、汪庆百六七人而已。

次辅韩爌亦具疏述当日进药始末，云："方先帝召见群臣，皇上焦颜侍侧，臣等环跪彷徨，操药而前，吁天以祷，恨不身代。凡今之所谓宜慎宜止者，岂不虑于心，实未出于口。迨龙驭上升，臣民惨痛。凡今之所为致疑致愤者，不惟不忍出于口，抑且不以萌于心。即礼臣忠愤之激谈，与远近惊疑之纷议，不知谓当日何如情境。若不详明剖悉，直将举殒身非命之凶称，加诸好德考终之令主。臣拱所谓不忍肃皇抱不白之冤于天上，留不美之名于人间，直使古今大变又再见于今已。至进药

37

之轻率不效，议止不力，传封虽寝，而以查例属礼部；移宫虽奏，而独具揭后廷臣；赏金虽成命，而胡追夺不亟请；尊谥虽考定，而何始议不参稽？从哲自应引咎，臣亦何辞罪愆？"云云。

> 按：当日议此案者，总以门户分异同，遂激成他日《要典》一书，与梃击、移宫共为三案，且起大狱也。惟蒲州本属正人，又身在事中，具疏据实直陈，议论持平，可谓有大臣之节也。善乎王葱岳之论也："坐以弑逆，则深；责以不慎，则浅。"此何事，而可不慎哉？他日熹皇以淫药蕴毒，驯至圣体浮肿，卒以不救，谁则为之？则此番之正论，未必无当也。

御史周宗建疏言："大臣名节宜重，小臣忠告宜宽，内臣窥伺宜防，外臣附和宜化。"中"窥伺"一款云："近见处分一二章奏，外廷啧啧，咸谓与窍之中，莫可测识；论旨之下，有物凭焉。如魏进忠目既不识一丁，心复不明大义，竭其智虑，有何远谋？"又曰："耳目颦笑之暇，渐与相亲，一切用人行政，堕于其说。必且东西易面而不知，邪正颠倒而不觉。"云云。

疏入，珰于文华讲读后，指"不识一丁"语，唬哓诉辩，赖阁臣解救乃已。已复疏论科臣部辈"入幕呈身，昏夜乞哀"诸状，郭巩亦连疏诬构，于是内外渐相通，而逆珰之势张矣。

刑部员外徐大化疏参熊廷弼，因及周朝瑞等。尚书王纪参大化不废职业，日事旁嚣，因言："今有人焉，巧能移夺人主之视听，力足颠倒天下之是非。同文馆狱将兴，黄台瓜词已赋，为今之蔡京者，何不出袖中之弹文以击之？"御史杨维垣疏责纪半吞半吐，纪因具疏攻辅臣沈潅云："潅内结奥援，外连金壬，欺君罔上，招权纳贿。试取惠世扬、周朝瑞、魏大中、董羽宸等前后诸疏，一一玩味，则京之为京，已统括于此矣。其交结魏进忠，与京之契合童贯同；乞哀董羽宸，与京之恳款陈瓘同；蓄养死党邵辅忠、孙杰，与京之固结吴居厚、王汉之同。顾命元臣刘一燝、周嘉谟之逐，与安置吕大防、苏辙何异？持正言官江秉谦、熊德阳、侯震旸之斥，与贬谪常安民何异？尤可怵者，贿交妇寺，窃弄威福，中旨频传，朝柄阴握，此又潅、京误国罔上，怙宠弄权之要诀，旷百世若合符节者也。"

是时，廷臣之攻潅者，不下一百余疏，诟骂尽情，始得旨放归。纪亦即以审奸细杜茂、刘一瓛事，中旨责其迟误，革职为民。则逆珰显然为潅报怨也。

蔡士顺曰："宋之蔡京，生前造祸；今之蔡京，死后道行。乌程遄死，而死后二三年，使生前所欲为者，人无不为之矣。王公之疏，不特乌程小像，亦时事小像也。"

潍为乌程之南浔人，其乡十里之中，而出三阁老，皆在启、祯数年间。沈后为朱国祯，朱后为温体仁。惟朱持身稍正，世无贬词。沈、温二人皆奸险深刻，人比之杞、桧一流，岂彼乡之地灵人杰，固如是耶！

礼部尚书孙慎行予告回籍。慎行既抗疏参方从哲，已为宵小侧目。至是，又有秦王存枢请封其次子郡王事。（祖制：亲王次子封郡王，若原系郡王嗣爵袭亲王者，其次子仍降等封将军，不得进郡王。欲封其次子为郡王，非祖制也。）已行贿内廷，邀有俞旨，下部。部议执争不得，遂乞身去。自孙、王二尚书去，而总宪、副院继之，朝局又一变矣。

左都邹元标与副都冯从吾建书院于长安西街，与同志立舍，日讲学。兵科朱童蒙论其不急罢，恐开门户之渐。工科郭允厚、郭兴治复论之。元标上疏言："天下治乱，系于人心；人心邪正，系于学术。臣等所讲习讨论者，惟是销反侧以归正直，会有极以归皇极。若分门别户，则名教所不容也。若以讲学惟宜废弃之，曰此浇其磊块，消其抑郁无聊之气，则'如切如磋'道学一语，端为济穷救苦良方，非尽性至命妙剂，亦视斯道太轻，视林下臣太浅矣！"

首辅叶向高亦疏言："童蒙以讲学论元标，犹止论其事，允厚遂并其人而訾之，其意似不在讲学，在于前岁之考察，恐有所左右其祖也。年来门户哗兴，互相胜负，人情多端，过生猜疑，臣未不尝叹息于前事之过当。夫讲学之禁，从来未有。二科臣之疏，频奉内传，屡更票拟，至谓宋室祸败，由于讲学。谁为此言以告皇上？独不思宋方盛时，止以濂洛关闽讲学术。比维韩侂胄、陈贾辈加立伪学题目，构陷朱熹诸贤，而宋祚遂终。我二祖立纲陈纪，设科取士，一本宋儒。二百五六十年，一切裂防决维之事，有所忌惮不敢为，皆系于此，奈何轻听二科臣之言乎？日来言官条陈，率多咈而少俞，乃二科臣独当于圣心若是，诚不知其解矣！"元标复连疏乞休，封印出城，始得旨予告。从吾亦相继去。

阁臣票拟，即可处言官之无状，何为亦具疏纠弹？非二臣内侍得力，即丝纶之地亦无可为乎？如是光景，福清已不可为矣，安得不抽身也？

先是，辽阳新破，广宁至三岔河几三百里无人烟。御史方震孺泣争于朝曰："将遂弃河西耶？若以其地为荒野危险，臣请自往犒师。臣本柔脆书生，当此炎天烈日之中，犹有热血黄河之想。凡以激天下忠臣义士，使其心东向耳！"既得犒师之旨，遂有巡按之命。至壬戌正月已差满，回前屯卫，按册议代，而虏兵至，巡抚弃广宁走，大帅祖大寿拥败兵驻觉华岛观望。震孺曰："天下安危，在此一着。若彼借大寿之兵以攻榆关，岂有幸哉？"即日帅都司张国卿往招之，握手以语曰："将军归否耶？归则相保以富贵，不归，请即杀我！"大寿泣，始与俱归。所得兵以数万计，火器粮豆以万计，而视师者不以闻。主事吴淳夫、徐大化疏论其攘差，下部院议。总宪邹元标曰："御史保全山海，有功无过。大化是何肺肠，偏欲中伤善类？"劾罢之。未几，给事中郭兴治等借道学攻总宪。总宪去，而方罢归。至乙丑，兴治再疏追论河西赃私，遂与杨、左辈相继逮问矣。

修撰文震孟疏言："常人之情：震发，则富贵之士皆可为功名；颓靡，则道德之士未免流于迂腐。皇上昧爽临朝，鸿胪引奏，第如傀儡登场，了无生意。窃意祖宗朝设有科道部院，必当以次白事，献可替否，皇上与辅臣商决焉。不维圣智日练，即诸臣亦可试其职守。若仅周旋进退，衹毕朝仪，何为也？经筵进讲，铺叙文词，第如蒙师诵说，一无开悟。窃意祖宗朝，君臣相当，如家人父子，间阎无不咨询。故虽深居九重，而情形毕照。左右近习，无缘蒙蔽。若仅尊严若神祇，成故事，何为也？神情既与群臣不相洽，必与天下不相照。耳目所触发，自不越于中涓之口。夫宏远规模，岂若辈能解？于是无名滥予，而藩封逾制，屡来中旨传宣，典范尽蔑为弁髦；有罪不诛，而失机成案，更来众议纷纭，宪章悉付于葛藤。更可异者，总宪二臣以讲学之故，使不得安于其位。空人国以营私窟，罾道学以逐名贤。去者为荣，则仕者不贵。顷王纪削籍归农，策蹇出都，人谓快于驰驿；破帽蒙头，人谓荣于蟒玉。此岂清平之世所宜有哉？"疏入，留中不下。庶吉士郑鄤疏言："留中乃壅遏之渐、窃弄之机也。"遂奉中旨，俱降三级调用。

　　闻中珰见此疏，于上前设傀儡戏，指疏中语，以为此讥侮朝廷也，遂触上怒。阁臣揭救，不听。

命降提督内操太监刘朝于南京。朝以盗宝罪珰，夤缘脱狱。亡何，以戎政内宣。刑科毛士龙严为抄参，士龙以此得罪去，朝竟以内操提督三千禁旅。至是，又与魏珰忤，发其罪而屏逐。御史宋师襄言："朝虽去，而朝所蓄之三千虎旅安在？此皆朝之腹心亲兵也。况三千之外，所私养死士亡命，又不下数千也。皇上但知去一刘朝，其害已除；不知未去之刘朝，其忧方大。世岂有以蓄怨藏怒之人，潜布亲信腹心于左右，能保其不终为患也？聚之，则内宦即为内兵；散之，则内兵还为内宦。脱介胄而珥珰，卷旗车而陛戟。明示以圣明不复用，且令反侧得自安，不亦可乎？至于平日手窃乾衡，口衔天宪，谁为教猱翼虎？若不点破，朝即被罪，尚不服辜。毛士龙严为抄参，旨几中寝，非朝所窃弄乎？邵辅忠秉机陷之，而削籍矣。皇上未授以太阿，而朝鼠窃之，以至小人蚁附。是以削者削，谪者谪，朝皆语于人曰："我怒之，我逐之也！"甚至署尾之阁臣坐试，陪推之司空径点，朝语于人曰："我用之也！'"

本兵张鹤鸣以熊、王之败，自请视师。复命疏，明分左右之祖，且起奸细一狱，欲开缙绅之祸。廷臣交章论劾，谓："丧师失地，本兵之罪，当与熊、王同论。"且历数其种种奸欺。鹤鸣始罢去。以大学士孙承宗署兵部。时经略未得人，承宗因疏请亲诣关门，相度商议。奉谕旨，赐蟒玉银币，又发帑金三十万军前给用，以兵部郎鹿善继随行赞画。承宗得旨，亲下教场考选将材，越一日，即陛辞行。未几，即奉留镇之旨。自承宗出镇，而关门息警，中朝晏然，不复以边事为虑矣。

夏允彝曰："承宗练而材，凡军中利弊，每发言辄中，能令诸帅心服。且部伍器用，兵亦精娴。但其所推毂大帅马世龙，貌甚伟而无将略，独以为韩、白复出，人亦讶之。两镇关门，俱无事。归居里中，以戊寅之变，城陷合家被难，伤哉！"

又曰："辽人守辽，策之得也，而廷弼以为辽人必不可用。尔时辽俗富而奢，莫肯力战，故云然。然数战之后，辽人实可用，如浙兵、秦兵、川兵皆可用，但问用之者如何耳。督抚莫得胜任，将士莫能敌忾，政府中枢尤皆庸庸，辽事所以坏也。当江陵柄国，九边事如指诸掌，如某将、某地、某边，有事必先知之，戒谕无失，后鲜有继者矣。一边抚尝云：'叶台山固不可及，每边臣上疏，必手书答之。此后止发一名帖而已，中外不相应，安望成功哉？'"

命中使颁赏边关将士，督师孙承宗奏曰："中使关涉兵柄，自古有戒。皇上不遣廷臣，而遣内臣，且多至四十余人，念兵不可玩，使不可尝。典或以美而成骇，例或以暂而为久。愿皇上严饬使臣，无以此行为尝试，以观兵为威福。"先是，已有遣太监刘朝率内操诸珰巡视榆关之命。周宗建疏言："内臣非行边之官，禁兵无轻试之理。"因列上九害、三不可，而以汉中常侍妄干朝柄，毒流缙绅，唐鱼朝恩，宋童贯，本朝王振、刘瑾为戒。

内官张守仁等索取冬衣银两，群集工部堂上喧嚷，尚书钟羽正奏闻。盖内官冬衣银两，系工部职掌，今岁领去岁之银，此定额也。是时内珰横肆，欲破格先领，以致喧嚷。奉旨：银两自当措解，部堂不宜喧嚷，下司礼监议处。科道复疏论之，始有严查责降之旨，并责司官招事起衅。于是羽正亦不安其位，杜门求去矣。先是，已有内官赵进忠等殴辱兵科赖良佐于午门前事。旨下，反诘责良佐。御史吴甡因言："侮科臣者，侮尚书之渐也。群阉无法已极，犹究处司官。罪司官，与罪尚书何异？羽正义不受辱以去，恐内外争胜，而兆汉十常侍之乱，是则可忧也。"

三年癸亥京察，吏部尚书张问达、左都御史赵南星同主察典，考功郎则程正己也。故给事中亓诗教、赵兴邦、官应震、吴亮嗣，即向齐、楚中之持局者，时目为"四凶"，招权纳贿，乱政有据，而吏科都魏应嘉欲庇之。总宪因作《四凶议》，示同事，考功郎复力持之，始俱坐以不谨黜退，诸有议者亦俱从褫革，不少假借。先是，邹吉水为总宪，群小惮其丰裁，故嗾朱童蒙等借讲学事攻去之，不知继者为高邑，其嫉恶更严、作手更辣也。

　　赵公《四凶议》略云："唐虞御治以宽，独严于四凶。此时文明未改，比屋可封，乍见四子之德，不胜骇异，故投之四裔耳。万历末年，皇祖深居，政不在上，而在台省。强有力者，操六卿宰相之权，以作威福、总货宝。封疆大吏、关外将军，皆其荐引无籍之徒，致丧师陷城，焉得无罪？皇祖尧也，已容之矣。皇上舜也，今当考绩，宜用重典，而古法不可行于今。其辈且走使长安，挟求宽政。不思丁巳之察，所阱皆名士。以不满一隅之人，易如干名士，犹未足泄忿，更以黜为过乎？且以某某之罪，较之共工等，彼未为凶也。此宜镌秩，彼但宜夺俸耳。此其人名满天下，即宽之，天下必不能容，不待余之沸词矣。"逆珰用事后，亓、赵复起显官，崇祯初定逆案，始正法云。官、吴二人，则幸先亡，不及于事。

升余懋衡南京吏部尚书、曾于汴吏部右侍郎。时会推南铨，以李三才为正，懋衡为陪；吏侍则冯从吾为正，于汴为陪。内旨以三才尚未起用，从吾回籍未久，故俱点陪。二臣具疏辞。盖正推既不用，得旨者不免有交通之义，故皆不自安而去矣。是时正人尚多在外，宵小通内者欲构之使去，故嗾内廷用点，得潜为拨弄机关。未用者既不得赴，在朝者不容复留。一箭双雕，其计甚巧。阁部与科道屡疏争之，又增一番聚讼云。

南京吏部尚书何熊祥主南计事，多不合舆论，科道劾之，遂发愤求去。其去国一疏，肆言横詈，尤为狡毒。复嗾曹郎范得志疏诘南台王允成、李希孔，以二人皆以持正相忤也。就中阴谋交构，为南总宪王永光。南北交章论列其事，独未有显指永光者。

是时，先忠毅初入西台，即抗章参之，略云："范得志突犯公恶，南北交参。夫得志一走狗耳，即何熊祥与有发纵之功，不免猖狂去后。然其明明直认，尤是显恶可攻。独有不畏人言，阴窥密伺，如得志所云，新宪臣欲问豺狼而掣其肘者，固王永光是也。生平不必具论。就其两三年来，以指摘之身，混登庸之列。方借径而南，巧占风于廷尉；俄营迁以北，躐赏功之尚书。既心雄于主察，则自北改南；又志短于热中，则借差营北。乍去乍来，望左望右。此种行藏，宜为得志臭味。且堂堂宪长，澄汰百僚，使果有豺狼而掣肘不问，是庸软也；使谬以鸣凤为豺狼，而挟私颠倒，是邪诬也；使原无豺狼，本无掣肘，而坐受恶孽曹郎之余唾，至今默默无言，是尤耳聩也。三者，永光何居焉？识者谓其援北道咨访之例，实为下石之谋；又欲开内转管计之端，将为年例之地。伎俩虽巧，明旨不行，可谓心劳日拙矣。半年来，讥刺纷纷，佯若不知；挑激逢迎，任人笑骂。既不敢张胆以自明，又不知息机以引避。邪谋已破，犹巧闪于半阴半阳之间；众矢共攒，尚匿影于若远若近之地。"云云。奉旨："不得指摘伤刻。"

永光有疏申辩，先忠毅再疏驳之，云："永光认聋聩而不及邪诬，卸巧营而谬附公论。如云'王允成饶有物议，先欲察处，议论不一。继开年例，北部不行'。若得志所谓掣肘，真掣肘也，此种密谋，惟永光与熊祥知之。得志今局曹郎，使非中宵入幕，何能窥其肺肝，代之发愤哉？且使其事真也，正察明参，不宜暗揭；其事非也，例转何名？所执而是也，岂可听行止于人？所执而非也，己方有嗫嚅不欲上闻之心，何以欲人慷慨代行杀人之事？若允成、希孔，建白铮铮，号称贤者。岂永光所谓'不肖'，正以其建白之铮铮耶？"奉旨："永光已准告病，不必深求。"

先公自出此疏，遂为北人侧目。然永光之恶，至崇祯时秉铨而益著，故蒋公泽垒序先公疏，备言之，并其庇护逆党、诛锄善类种种罪状，俱详崇祯记中。

吏部尚书赵南星上"再剖良心"疏，曰："万历十七年，臣为文选员外时，士习不端，民生日蹙，陈'剖良心'一疏，于在位者多所讥切。而时天下方太平，臣言似为过计。因循至今日，士风大坏，吏治随之。臣老矣，幸而良心尚在，所为竭智力于陛下者，不过与大小臣工各以良心为社稷苍生而已。今天下之最可患者，莫甚于民之作乱，治之莫急于惩贪。有司之贪已成风，长安之书帕日多，安得不贪？贪则多酷，既朘其脂膏，又加之毒痛，安得不乱？如是而但论罢之，如行商而得素封，有歌舞而为耳。谓宜以后秽迹昭彰者，必追赃正法，以抵兵饷，庶贪风渐息，而乱萌可消矣。"

　　赵公于万历癸巳，司计清严，遭忌废弃。在锢籍三十余年，至是，荐起今官。继泾阳张公秉铨，奋力仔肩，以澄清为己任。此疏与三十年前一疏自相唱答，不知世界汩没已甚，其不醒良心二字，较前愈甚也。

　　先是，逆阉知公望重，以同乡故，倾意皈往。一日，嘱其甥傅应星介用事某中翰贽于公，公麾去。又尝同坐弘政门，选通参，公正告曰："主上冲年，内外臣子，各宜努力为善！"珰默然，怒形于色，不久遂得罪去任矣。

甲子正月初一日，盗杀长兴知县石有恒、主簿徐可行，随获盗首吴野樵、徐山、施立甫及窝盗许画匠等。时白莲余党未尽，有司捕之急，遂于元旦五鼓乘县令拜牌，执而杀之，并杀主簿。天明兵民渐集，贼无所往，俱就擒正法。事闻，有恒等赠恤有差。

　　高忠宪祭石公文，略云："长兴之变，非始于长兴；甲子元日之变，非始于元旦，其所从来者久。官真，则盗畏也。官真，必为国家安地方，除盗贼，盗安得不畏，安得不思除之，以便行事？彼以为得令无不得志焉，不意劫狱，狱囚无从叛者，曰：'宁死不背石爷！'士民且动地起。于是思挟令出城，又不意公视死如归也。杀一簿，持首示之，公恬然曰：'吾为令乃护盗，何颜见长兴父老！'于是盗知事不成，杀公矣。与其死而成盗之事，孰若使盗事不成而死，而盗亦遂堕公计中。夫杀贪吏者，或可倡乱；公则民之天也，胡可杀？杀贪吏，或可遒窜；公之死，则为明神者也，胡可免？甚矣盗之愚也。"

苏州同知杨姜抗忤织监李实，因参其克减袍段料价钱粮，奉旨：革职，下抚按究问。应天巡抚周起元疏言："姜无罪被诬，钱粮款项自明。究所以被妾菲之故，不过不善求容，与李实争照各监旧规，不肯倡行属礼而已。姜一小吏，呵之谴之，亦何足惜？独惜贤奸混淆，法纪倒置，凡有求不遂者，皆得挟礼怀忿，中人以不测之祸，甚非圣世所宜有也。职尸素经手，不能徇织监以满其欲，而鳃鳃焉讲明料价，致其诬参。葛藤难断，并请罢斥。"奉旨切责，仍削杨姜籍，为民当差。工科周士祺等公疏言："织监偏词难听，抚臣大体当全。"吏科许誉卿言："纪纲日紊。"俱不听。

蔡士顺曰："姜虽小吏，颇能洁己爱民，巡抚屡疏争之，不特能伸强项也。东南民力，一李实使有百李实，若非周公力遏其焰，则民力之竭，先于士大夫被逮之祸矣。"

周公此疏本为地方，而已与内阁树敌矣，后终以此被祸。李实一疏而构陷七人，先忠毅其一也。痛哉！事在丙寅年。

吏科都程注于二月中俸满当升，其缺，序当数刘弘化，次阮大铖，次魏大中。阮方告假省亲，刘亦奉差在外，且传丁艰矣。阮因不待假满，先期入京以待。时工科周士朴亦当升任，部先推之。而阮疑以工科缺待彼，遂通于内，格升士朴疏，不下，盖亦方以疏参织监取忌中珰也。吏部既循次推阮补吏垣矣，朝论多沸然不平，阮因请告归。阮归，始补魏，而阮疑魏有意逐之，遂因刑科傅櫆通逆贤甥傅继教，入逆幕矣（櫆，故与继教通谱，称兄弟）。值逆贤往涿州祠元君，于途次献百官图，燃香拜结傅櫆，即借汪文言事疏参大中与金院左光斗比昵匪人。内旨下文言诏狱。左、魏各具疏辩，既奉"各安心供职"之旨，忽于报名诘朝，议谓："互参事情未结，不得到任。"举朝又复哄然。时福清尚在事，婉解之而定。

大铖初亦皈依正人，在锢籍中，与魏忠节、先忠毅俱相善也。至是，以争吏垣之故，与忠节公构怨。先忠毅犹以旧好，欲为之调剂，特贻书讽之。略云："昔伊川、子瞻，一生树敌，到底同镌党锢之碑。若使蔡确之徒，欲分救一人以去，二君子必不愿也。可和可争，而必不受小人之攀援，君子之品乃见。"

魏公亦有感事诗云：

日落客还去，萧然独闭关。

鬼窥灯闪闪，雷挟雨潺潺。

本以龙酣战，因之鸟倦还。

冥冥千古意，予亦欲追攀。

乃大铖竟投珰幕，自绝于诸君子矣。

先忠毅于槛车中曾赋诗云：

细数知交在，逍遥各一方。

魏齐方睥睨，阮籍一猖狂。

形影悲相吊，音书梦已荒。

古人不可作，搔首问苍苍！

盖犹感怀此时事也。

崇祯初，毛羽健一疏参之，最快，后定入逆案，问徒。至南渡时，附贵阳，起官司马。力导之诛锄正人，重翻三案。置疆事于度外，而社稷因之以墟矣！小人之祸，至是乃益验云。

汪文言者，歙人也。因黄正宾以交于诸君子。后游长安，与光庙伴读王安善，因为安指说当世人品某邪某正，安信之。丙辰、丁巳间，正人尽退，局中诸大有力者，亦渐相携贰，文言策之曰："浙，主兵也，齐、楚，客兵也，成功之后，主欲逐客矣。然柄素在客，未易逐，可构也。"遂多方用间，齐、浙果大构，卒以及败，而楚乃归正。庚申岁，鼎湖再泣，拥护冲主，鼎新朝政。刘南昌与王安同心共济，文言实绸缪之。诸君子争嘉文言之功，忌者亦日益众。

壬戌，被弹下法司，幸从末减，人谓宜少休矣。乃文言益游公卿间，夤缘题内阁中书，器小易盈，颇肆招摇。至是为樀疏参，下诏狱，卒无可坐者，乃突出中旨，廷杖一百。后珰党欲借文言口杀杨、左诸公，复令御史梁梦环疏参逮问，卒死诏狱。然至死不肯屈服以赃诬杨、左，其人故有足多者。

吏部尚书赵南星疏陈铨政变通之宜，言："吏部四司，惟稽勋司主事一人，余司皆二人。司官额设十五人，今仅有八人。且代庖数易，迁转太骤，事多废弛。不若就近推补司官，不拘资例，一省不妨二人。"引陆光祖等之调吏部，吕坤、黄克念之同邑同司为言。上从之，遂不缪咨访，破格调职方司员外邹维琏为稽勋司。维琏，江西人，主事吴羽文，亦江西人，现在任，遂拘例杜门求去。同乡科臣傅櫆、章允儒、陈良训互有烦言，上疏刺之。维琏因上疏力辞，语复过激，揭辩纷纷。有旨催督维琏到任。御史张讷疏内，遂有"跃治之铨郎，屡烦巽命之招呼"语，冢臣再疏申理，御史袁化中疏解之，福清票旨："各安心供职，不得争辩求胜。"

　　二省两铨，事属破例。赵公此举，直谓江右素称道学名邦，皈依正论，邹、吴二公，又皆贤者，不妨并用耳。不意谋之弗协，致起参商，先忠毅向官江右，与诸公俱素交也，颇为调解于中。寄蒋公泽垒书云："云中（傅櫆号）自是一种意见。鲁斋（允儒号）、岵月（良训号），吾辈人也。乃愤愤生疑，中细人之挑激，至使正人（谓邹、吴二公）无端蒙其毒。阋墙召侮，岂不可为痛哭哉！"

　　时江右先达，则惟李公懋明极力解谕章、陈二公，卒化异为同。傅则倾心为难，且借此事而波及左、魏二公，参汪文言以逢迎珰意。他日逆案注曰"通内开祸"，夫岂诬哉！

左副御史杨涟疏参东厂太监魏忠贤二十四大罪，奉旨："政事皆朕亲裁，无从旁落。'毒害中宫'等语，凭臆结祸，贵以寻端，无庸沽直。"且戒谕各官不得随声附和，凡数百言。忠贤亦具疏辩，奉优旨褒答，反先杨疏下。于是科道公疏、单疏，及大小九卿，南京各部科道等官，俱上疏论列，凡七十余章，概置不听。方杨疏初上，忠贤亦颇惧。客氏与王体乾日在上前软语乞怜，巧庇法护，李永贞等复帮助之，遂得瓦全，保持上眷。益复放手为恶，无所忌惮云。

当杨公在寓草疏，先忠毅过之，即携手微语，忾然于官府之际，且示以草疏。先忠毅曰："一击不中，将铤而走险，张口噬人。公顾命大臣，岂可使朝廷多此一番错举？某言官也，请以身当之！"即趋寓草成十六大罪疏，将上，而杨公疏已报闻，因上"罪珰巧于护身"一疏，实先诸公而继杨公之后云。

缪文贞自序云："应山疏上，余适过福唐，湘州李公先在坐。福唐曰：'应山这疏亦太容易。彼其人于上前，时有匡正。一日有飞鸟入宫，上乘楼梯，手乏，其人挽上衣，不得上。有小珰赐绯，叱曰："此非汝分！虽赐不许穿！"其认真如此。恐大洪疏行，难再得此小心谨慎之人在上左右！'余曰：'谁为此言以欺老师？可斩也！'福唐色变。余先起而出，其语闻于应山，意不胜愤。福唐知，而书抵李公，辩未尝诋大洪之短。应山益愤，欲发钞。余力止之。

"先是，言者响合，福唐亦密具一揭讽上：'准其退归私寓，过加优渥，比于大臣勋臣者然。上不失恩意，下明其退让，两得之道也。'揭入，大拂内意。乃扬言此揭非出我，门生所逼也，且谓应山之疏，尽出吾手。而忌者附会其说，益不可解矣。"

蔡士顺曰："应山此疏诛珰，取祸甚烈，无识者乃谓焚林之祸，疏实召之。不知此疏为诸正人之宝筏也。不然，玄黄相攻，门户已耳，孰为攻珰，孰为媚珰，而别白若此。削夺诛戮，苦海波涛中，有此疏在，则斗杓可依，其功大矣。又或谓逆珰后此之恶，皆此疏激成之，然则缢裕妃、害皇子、危中宫诸大事，在此疏之前者，又谁激之，谁成之耶？"

是时举朝响应，参疏盈廷。锦衣佥事陈居恭，固杨疏中所参为"鼓舌摇唇"者也，亦慑于众议，具疏参珰。御史黄尊素疏末云："居恭固宪臣参疏中人，同事反戈，改头易面。不知为优孟之衣冠，黎丘之假子！戏场傀儡，迭施线索。夫表里声援，么魔结队，此尤可据者。而异忠贤者攻忠贤，同忠贤者亦攻忠贤。无惑乎朝端之上，正人指邪人为邪，邪人亦指正人为邪。是是非非，其孰定之？"

杖屯田司郎中万燝于午门外，寻卒。燝初任营缮司主事，转屯田，先管宝源局，而陵工其职掌也。目击铜匠匮用，因问局中曰："有何术得铜入局？"咸言："有内官监破废铜器，堆积朽烂，不下数百万。一移文，旦夕可至。"燝因移文请发，数月不复。询之，知忠贤怒外边擅查内边之铜，故不报也。燝遂具疏请查发废铜铸钱，协济陵工。忠贤益怒，旋出中旨诘责，遂至寝阁。

先是，燝任事数日，苦积补称钱，得银五百七十余两，报助陵工，亦付之阁闻。燝于是当盈廷请剑日，独上"陵寝工费用甚紧，权珰造意故迟"疏，略言："忠贤原名'进忠'，今改名'忠贤'，当亦顾名而思'忠贤'之义乎？以忠贤珠玉盈筍，金银满屋，何欲不遂？如此破废铜器，宜无足入其目，而亦必一手拿定者，其设心以为不若是，无以操天下之利权；既操天下之利权，何难揽天下之政权？奸雄用意最深，蓄谋甚毒，臣有以窥其微矣！"并列所造坟墓碑石，仿佛陵寝，祠宇佛堂，璇题耀目等事。疏入，值有皇子女之变。忠贤乘上哀而激之怒，以为借事渎扰，命于午门前杖一百，革为民。时六月十七日也。

巳刻旨下，随有内侍数十辈蜂拥燝寓，将燝捽发牵衣而去。自寓至午门三四里，一路拳踢棍殴，至午门，已气息奄奄矣。及行杖，又痛加箠楚。杖毕，畀归寓。殴毒并作，至七月初七日犹赋诗一章而卒。

先忠毅上"恳念死谏之臣"疏，略云："今燝死矣。未报国恩，先填沟壑。六尺之孤绕膝，八旬之母倚间，旅榇无归，游魂恋阙。臣僚饮泣，道路咨嗟。然无不共谅，非出于皇上之心也。彼时群珰横击，血乱神飞；监杖张威，伤痕甚重。兼以倒拖逆曳，蹴踏摧残，种种不支，以至于此！今皇上损好生之德，负杀谏臣之名，臣故不暇为万燝冤，深为皇上冤也。

"夫士所以激昂发愤，不能自已者，独念祖宗养士二百余年，祸在萧墙，且在旦夕，故感恩图报耳。一言触忤，褫辱身死，岂所以作忠劝士哉。

"夫缄口待迁，厚利也；危言招戮，实祸也；身死而天下悲其忠，虚名也。舍荣妻子，肥身家之计，而削影编户，取侮于乡里小儿。区区传此虚名，饥不可食，寒不可衣，将焉用之？况乎伤残父母之遗体，备诸楚毒，以从龙比于九京也？人非奴隶，法非讯囚，罪非死刑，命非草芥。廷杖重典，殊失士心。动杖一百，尤不经见。且以杖轻之故，杖行刑之人，是必欲卫士畏威，立毙朝士于杖下而后快心也！直俟天心悔悟而后罪左右，恤死录孤，嗟何及矣！"

时台臣黄尊素与科臣刘廷佐、杜三策，部臣王守履，皆有疏申论，俱奉旨，以"不得渎扰"责之。

当时忤珰被祸惨死者，先后凡十七人，而万公首蒙其毒，盖珰先借此以示威也。先公疏中语，皆若一一自他日写照者，悲夫！先公又尝云："万公

气骨清峙，先年有疾不死，而竟死于权挡，殆天有
意成其忠义也！"

命锦衣卫逮御史林汝翥廷杖。汝翥巡视北城，有
曹大兴、郝大争殴毁屋事。翥审，供出内侍曹进、傅国
兴等五人，法应参奏，进求免奏甘责，翥即答之十五而
去。次日有穷珰邀翥马首而詈者，翥命拘之，不知即国
兴也。自愿伏罪，亦答之如曹进例。数日间，见万燝以
忤珰杖毙，遂肤愬于王体乾，体乾以闻。中旨票命廷杖
如燝例。翥见燝毕命凶拳，因逾墙而逃，偃卧邻屋一昼
夜。潜出都门，投顺天巡抚邓汉处，自请系狱，恳其
具奏。事闻，仍杖之阙下，削籍为民。翥，故首辅叶之
甥也。方未获时，群珰数十围叶寓，直入内室，喧哗搜
捉。具疏以闻，始撤回内官。叶自此益不安席矣。

时总宪孙玮已告病，伏枕谓"此事关纪纲"，命
先忠毅代草参疏，略言："汝翥未为强项之董宣，先学
逋逃之张俭，致玉阶无碎首之节，而西台有畏死之官。
损国威而弃君命，非法也。"林既就狱俟命，先忠毅
谓："伏法之累臣在，即朝廷之法度在，纪纲在。且
反复汝翥揭帖，不过欲得代理之门，明其义不死于群珰
手，而归命朝廷耳。杖御史一百，以谢中官十五之答，
法未称平。"复代总宪具疏救之，虽未奉俞旨，然杖而
不死，不至为万之续者，则此疏力也。

左都御史孙玮病卒于任，具遗疏以当忠谏，言："内而城社可忧，外而牖户未固。"末归"退欲以保圣躬，勤学以进圣德，优容以广言路，明断以揽大权"。语皆中逆珰之忌，原奉优旨褒答，终于殁后，中旨削夺矣。

万历之季，党论甚炽，而秦人尤树赤帜，为天下指目。惟孙公矫矫风节，中正不倚。天启中，以三朝老臣，继雪水、高邑二公后，再任宪院，举朝争仰重焉。先忠毅以后进事公，公引为知己，略堂属之分，而笃道义之好。时先公将出就巡方差，公欲留为左右辅，特请复管理章奏一差，以畀先公。是差实清苦，公以为惟先公能辞喧就清也。迨党论初翻，遂有以攘差诬先公者。噫！小人之论，亦何所不至哉！

首辅叶向高予告回籍，奉旨加太傅，赐银蟒、路费，差行人护送，恩礼有加。叶以辛酉起家再相，凡四年，初犹展布一二，自逆珰专权，夺其票拟，同事者复希意阿旨，遂强半注籍，请告疏凡三十三上，而后得去云。

福清初起时，值经抚之议，未免以门墙私昵，稍分左右袒。至于事败，而悔之晚矣。逆珰用事，福清竭其才智，与之周旋，亦能挽回一二。迨杨公之言入，举朝望之主持。乃既不能得于内，又无以解于外，惟有一去以谢责而已。噫！身为元老，委蛇中立，而欲收无咎无誉之功，得乎哉？故先忠毅于劾珰疏末有云："不欲为刘健、谢迁，恐并不能为李东阳。"所以规之者至矣！至于"画策投欢，几与焦芳同传"，则其指南乐一人，非轻诋福清也。

升刑部侍郎高攀龙为都察院左都御史。方总宪缺，众议杨副院署事，内不允。部推南宪臣冯从吾，旨以大计在迩，令推现任。众以兵部军国重任，司寇朝审期迫，司农、司空皆被人言，又皆非人望所属，推攀龙，即蒙钦点。高公为赵公门人，赵公方为冢宰，故高公力辞曰："师生分掌部院，攻门户者藉口，何以自解？"掌垣魏忠节曰："此番人多内营，推之自外，或不下，将廷争焉。须为天下、为一人争耳。"掌道袁忠愍公亦曰："此天下事，高老先生可引嫌乎！"议遂定。

朱文肃曰："余见内外所忌惟先生，命未必下，旧例送票而后发，计期三日。至是，次日即发，众皆欣欣，余独怪谓非佳意。方福清在事，谓余曰：'梁谿内所甚恶，外尤侧目。又太宰门生，子之年友。

于道交为凑泊，于俗情为眼钉，尤须善处。'余皆心识，不敢言也。"

掌院疏劾贪污御史崔呈秀。疏略曰："呈秀巡按维扬，盗以贿释，犯以贿免。出巡有节省之费，到处透支，至一万四千余两。各县赔补，不胜其苦。其荐运司谭天相，则盐臣刘大受且胪其赃私入告矣；又荐下邳知县郑延祚，则吏科魏大中发其馈遗提问矣。是贿荐之实证也。摇山撼岳之威，只供其御货攫金之用；墙间垄断之贱，且冒居触奸指佞之官。当重处，以一洗巡方之辱。"奉旨："下部看议。"部议："呈秀秽迹有据。透支银数，行抚按勘明，追赃遣戍。"

时高公初入院，呈秀适回道考察，先忠毅司章奏，故属令具草。呈秀知之，昏夜过门，长跪求解。先忠毅拒之，翌日而劾疏上矣。呈秀以是恨先公尤甚云。

督辅孙承宗疏请宥杨镐、熊廷弼、王化贞等，立功赎罪，奉有"待以不死"之旨。法司会审，咸议俟旨开释。吏科魏大中独曰："赦罪即有特旨，会审自是明刑。封疆事重，议赦非时。"因合科道具公疏言："皇上之封疆重，斯臣僚之情面轻；朝廷之犯法严，斯臣子之功名显。河东之失，人尚知有死城死绥之义。自高出、胡嘉栋逃，熊廷弼、王化贞与之俱逃，而死事仅高邦佐一人。武功士气，荡焉如扫。恭绎明旨，谓'用兵军纪宜肃，不得不为封疆深念'，则无如一旦缚杨镐、熊廷弼、王化贞、李维翰、高出、胡嘉栋、李如桢等戮于市。且皇上奉社稷以从枢辅，阃外事一以听之。中朝之生杀予夺，太阿自握，廷论自不当以此分枢辅之念。"得旨："仍监候，议决。"

　　魏公当日之持论如此，乃逆党辈竟以受贿冤狱，一网诸公，其冤诬较甚于岳武穆之"莫须有"矣！瞿公稼轩有云："是时王法固不可问矣，独不畏鬼神之在前乎？千百年后，读其书，有不拔剑起舞者，岂人哉！"

　　光庙选侍有赵氏者，尚未封有位号，素与客、魏忤。客、魏矫旨，勒令自尽。赵将光庙所赐金珠等项，罗列桌上，沐浴礼佛，西向再拜，然后投缳，仅以宫人礼殓之。迄崇祯时，无有声其冤者。

　　张裕妃有娠，铺宫册礼已毕。忽得罪客、魏，矫旨将宫人摈逐，绝食而死。革封，如宫人例焚化。崇祯初，始复其位号。

　　范慧妃偶失宠，李成妃侍上寝，代范乞怜。客、魏侦知之，矫旨革封，绝食，一如裕妃。先是李妃有鉴于张，预为之备，幸得苟延。又值客、魏怒少解，得出为宫人。崇祯初，复封号，给禄如旧。有旧阉留良相者，曾为上伴读。孝和遗言云"与西李有仇"者，良相执笔也。逆贤矫旨谪凤阳，杀之。

上性好走马，又好水戏，好盖房屋，自操斧锯凿削，巧匠不能及，又好油漆。凡手使器具，皆内官监、御用监办进，日与亲近之臣涂文辅、葛九思辈朝夕营造。造成而喜，不久而弃，弃而又成，不厌倦也。当其斤斫刀削，解衣盘礴，非素昵近者，不得窥视。王体乾等每伺其经营鄙事时，即从旁传奏文书。奏听毕，即曰："尔们用心行去，我知道了！"所以太阿下移，忠贤辈操纵如意，而呈秀、广微辈通内者，亦如枹鼓之捷应也。

河南临漳县务本庄，去磁州八里，漳河曲畔，有土忽自坟起。耕民发之，得玉玺一枚。其大如斗，晶洁异常，龙纽龟形，方四寸，厚三寸余，重一百十余两，有篆文曰："受命于天，既寿永昌。"巡抚程绍具疏以闻，因奏曰："秦玺之不足征，久矣。况此玺玉洁精光，应是数百年内物。臣以纪传所载，昔王孙圉不宝白珩，齐威王不宝照乘。彼叔季之王，得其宝，犹能名显列国，今圣主惜才拔滞，大臣如邹元标、冯从吾、王纪、盛以宏、孙慎行、曹于汴等，沉沦丘壑，咏赋白驹。又有一斥不起之词林，久锢不起之台谏，皆王国祯祥。臣不能叩于天听，致之明廷，徒执一古灵光，贡符献瑞，臣窃羞之。惟是玉玺之出，实在臣疆。道路喧传，疏闻禁内。既不应还瘗地下，又不敢移秘人间。欲遣官恭进，迹涉献媚，亦非臣谊。谨恭候进止。"复劝上"怡神寡欲，亲贤纳谏；在朝忠直，勿事虚拘；遗弃名贤，急为登进。虽谓虞舜之黄玺、夏禹之玄珪至今存，可也"。时阉方侈言符命，得疏，颇不悦，特命遣官赍进。进玺之日，上亲御文华门，贮玺御前。阉平捧之，颁示群臣，传制受贺而退。阉当宸而立，指挥下上，明示人以魁柄在手矣。

先忠毅曰："宋元符元年，得玉玺于咸阳，其文亦曰：'受命于天，既寿永昌。'明年，有同文之狱，与时事暗合，岂气运使然耶！程公进玺疏，独著徽诚之词，大破贡谀之习，可谓得其正矣。"

十月朔，上御殿，颁历已，复享太庙。群臣咸集，独阁臣魏广微，颁历则不至，享庙则礼且告毕，始踉跄而至。吏科魏大中等公疏劾其无礼，曰："皇上以是日颁来岁之历，四方万国，九夷八蛮，谁不敬谨奉行？其矫命雄行，独建酉、奢安耳！广微执政近臣，何以骜焉不拜正朔也？皇上于一日行三大礼，而广微之无礼皆如此！"广微疏辩，语多悻悻。先忠毅因再疏劾之，略曰："广微因科臣之言，猖狂叫号，若抚剑疾视以恐吓诸臣，而关其口者。所翘然自负，不过曰：'罪止失仪耳！'夫行礼差错，始为失仪。按律，失误朝贺，笞四十；祭享失误，笞一百。广微宜何居焉？国家设言官，称耳目近臣。言及乘舆，则天子改容；事关廊庙，则宰相待罪。广微之父，曾为言官，公正发愤，得罪阉臣以去。声施至今，广微独不念乎？奈何比之路马，斥为'此辈'？不与此辈为位，必另有一辈作缘。广微有何疚心之事，清夜抱惭，微见指摘，辄自张皇若十手十目之暴其隐也？广微当退读父书，保其家声，毋倚三窟与言官为难，庶上可以对圣明，下可以对士大夫，异日亦可以见乃父于地下也！"奉旨以"借端轻侮，着罚俸一年"。

广微于逆阉，以同乡同姓，故通内最先，遂以陪推得点用入阁，杨忠烈参阉疏中有"门生阁老"语，先忠毅疏有"焦芳同传"语，已显然指及矣。其与阉通，凡有书札，皆亲笔行书，外题曰"内阁家报"，订封，钤文曰"魏广微印"，差心腹家人送入阁直房，付李朝钦收掌。

广微之父允贞，万历中建言著节，与赵忠毅、邹忠介诸公素称同志，道义交也。广微既贵，独疾视其父所交名节之士，而倾心于内阁。邹公每对人叹"见泉无儿"。赵公则每见必以父执谊规之，不为加礼。以是益相忤，决意借珰逞宿憾云。

先公自疏入，广微读至末一段，益恨入刺骨，谋之阁，欲予廷杖。赖首辅蒲州韩公具揭力救，始准罚俸，而韩公亦不安其位矣。

吏部推太常少卿谢应祥为都察院佥都御史，巡抚山西，已奉谕旨矣。御史陈九畴疏参应祥"昏耄不堪任，缘吏科魏大中以师生谊，私嘱文选夏嘉遇滥推"云云。大中、嘉遇各具疏辩。九畴再疏攻讦，此亦再疏应之，纷争不已。俱奉旨下部院参看。

部议疏云："应祥甚清真恬淡。其推也，实发自臣南星之心，出自南星之口，于大中、嘉遇无与。且大中品高如山，诬之曰'私门墙'；嘉遇心清若水，诬之曰'徇情面'。将令君子不得同道为朋，而吏科选司不得荐贤为国乎？臣等会官廷推大臣，岂敢轻为改易？应祥被参，必不肯留，不若遂成其孤高。九畴无风生波，为一网善类计，本当议处。念皇上于言官每见优容，所言虽谬，似宜置之，以作敢言之气。"

奉旨："魏大中欺朕幼冲，把持会推，以朝廷封疆为师报德。夏嘉遇、陈九畴奏渎纷纭，成何政体？各降三级调外任。"又责部院含糊偏庇，会看不公，南星遂以毫辞。奉旨："御史初上疏，当即出一言，何至纷嚣？有旨会看，卿自不公忠，为人调弄。既引咎，着回籍。"总宪高攀龙亦自劾失职，奉旨："卿既无私，何乃师生偏庇？既求罢，着回籍！"

首辅韩爌具疏申救，且言："御批径发，不由阁票，有骇听闻。"不听。又揭请："秉铨、总宪俱系大臣，请赐驰驿。"亦不报。

> 魏忠节曰："晋中缺巡抚，尹同皋、潘云翼欲推其座主郭尚友。郭先以贿入程芸阁，程辞之，而复至。颇有闻冢宰坚执不许，自与夏绳北定一清恬之谢凤高。谢旧令予邑，诸弗得者咸以为出于予，嫉予甚。九畹为人所用，初求显，攻予。及予疏参南乐，而九畹其乡人也，因列疏攻予矣。"

给事中沈惟炳奏曰："部堂据事处分，乃曰'朋谋结党'，'党'之一字，小人所以祸人国也。"奉旨责其说"党"字，妄生猜人，降二级调外任。给事许誉卿复疏言："皇上从来礼貌大臣，优容言官，不意今日雷霆之怒，叠见摧折，取一二老成人，世所望为岁寒松柏、百尺无枝者，速速去国乃尔！至于惟炳承乏首垣，又以公疏获罪，将令后之言者且为着树之萝，谁肯为生庭之轶？且为伏篱之吠，谁肯为立杖之鸣？其势必至结舌相戒，不敢深言，而天下事乃可虑矣！”亦奉旨降三级，调外任。文选郎中张光前入署甫二旬，因冢臣辈后先奉旨去，乃上疏曰："臣若暗中躲闪，缄默不言，以为苟免计。卖友之人，即是欺君之上。臣岂敢欺君卖友，令皇甫规笑人于千载之上？"奉旨亦降调云。盖是时内外合谋，已安排手段，为一网计。陈九畴之疏原是埋定脚跟，然后令之做者。未几即以京堂起用，以乙榜而浉历秋卿矣。

铨宪二臣既去，铨部以侍郎陈于廷代署，都院以副都杨涟代署，俱留中。及会推，以乔允升、冯从吾、汪应蛟等名上。奉旨："吏部、都察院浊乱已久，何此次会推，仍是赵南星之私人？显是陈于廷、杨涟、左光斗钳制众正，抗旨徇私。又会推职名，都察院不全列，杨涟佯为不知注籍，躲闪人前，与高攀龙会看事，党比不公。子不引咎，欺朕幼冲。真老奸巨猾，顽钝无耻！袁化中亦不无扶同情弊。于廷、涟、光斗俱恣肆欺瞒，大不敬，无人臣礼，都予革职为民，追夺诰命。"化中具疏引罪，亦降级调外。

谕内阁："朕览李鲁生本内会推武臣一节，因思文臣拟票，不知只应元辅注思耶，抑次辅等与闻协赞一二也？前鸿胪寺数起批行，外廷以嘖。近日巡视科道本，止乞严行相视，遽逢领埋。且乞讨肩舆者，乞进侯爵者，概应之如响，平章之谓何？今后元辅还当同寅协恭，集思广益；次辅等亦勿袖手坐视，伴食依违。大家殚力抒忠，以副眷注！"（此欲逐蒲州也。）

爌因出疏求斥曰："臣以谫劣，备员中书。诘戎宜先营卫，而观兵肘腋，无能纾宵旰之忧；忠直尚稽召还，而榜掠朝堂，无能回雷霆之怒。以至后先多官之斥，谕旨中出之变。在圣明祗肃纪纲，乃中外俱兴党祸。臣既不能先时深念，有调剂之方；又不能临事挺持，为封疆之蠹。此罪状之大且著者。皇上释此不问，微示诘责。礼谕款列诸事，前辅无此谬戾，同官不相救正，总属罪端，曷容深辩？皇上责臣以协恭，责同官以协赞，臣且欲补过无由矣。糠秕在前，极知非据；薙除耳及，尚昧妨贤。臣之愚，亦臣之罪也。"

疏入，忠贤益恶之，传旨曰："卿亲承顾命，当矢忠尽职，乃归非于上，退有后言。今复悻悻求去，着驰驿回籍。"内阁上疏，请如故事，稍加礼貌，无失待辅臣体，不听。后竟以杨维垣言削夺，且捕家奴究赃，几罹大祸。

　　韩公既得旨，以幼孙患痘在寓，未即启行。魏广微过询，告之故。广微曰："此岂章惇之罪哉。"勇以惇自居，亦奇！

大学士朱国祯为李、茹、留三疏参劾，具疏引疾，得旨："驰驿回。加少傅，赐银币，荫子，差官护送，岁给廪米、舆夫如例。"忠贤语人云："此老也是邪人，然却不作恶事，故礼独优。"云。

韩公既去，顾秉谦急欲居首辅，嗾人又论去朱公。闻秉谦率其子叩首逆阉曰："本欲拜依膝下，恐不喜此白须儿，故令稚子认孙。"珰颔之。时其子方乳臭，即授之以尚宝丞。

督师大学士孙承宗疏称："臣奉违天颜三年，当此普天嵩呼之日，不胜瞻德。今阅历蓟辽，去京数千里。拟于十二日入都门，十三日随班早朝，十四日与同官恭贺万寿，另日面奏机宜，与文武各官商榷可否，事毕回任。"云云。上谕传兵部："督师辅臣，既膺重任，未奉明旨，亲历蓟辽。以朕寿节为名，欲入京随班申贺。擅离汛地，非祖宗法度所容。倘中途有意外之变，关门有仓卒之虞，相机调度，将属谁乎？兵部即速马上差人传谕枢辅，马首即东。有真秘计，何妨便宜封进？朕志以灭虏为期，必不从中牵制。"

孙公才望素为内廷严惮，熹庙于孙公献替，每多嘉纳。时朝政一新，贤奸倒置，孙公拟陛见一陈是非，冀以悟上，实非晋阳比也。广微嫉之，急告忠贤曰："枢辅拥关兵数万，清君侧。兵部侍郎李邦华为内应。"忠贤悸甚，绕御床哭，上亦心动，趣内阁拟谕谕之。韩公已请告，次辅顾秉谦奋笔曰"无旨擅离"云云，凡百言，半夜开大明门，召大司马入，分三道飞骑止公。且矫谕守门诸阍曰："孙阁老若入齐化门，便缚来杀了！"公闻报，即刻归关，具疏自明。广微又嗾徐大化、李萧等连疏攻公，比之王敦、李怀光。因命九卿议去留，一时难其代，次年始解任。李公亦即引疾回。未几，分遣内使各边，夺诸大吏之权矣。

鹿善继曰："高、左二公，皆特疏荐公，而会推旨从高疏出。故二公既得罪崔、魏，二人去，人皆侧目公。广微与公同乡同年，实阴忌公。当其初入纶扉，知为世所不与，尝欲借公以自明。御史李应昇以广微不祀太庙，弹之切。御史，公门人也，广微遂特疏言公劳，欲加异典，而藉公解于御史。公驳其疏曰：'此为臣干泽也！'广微大恨，首欲杀公以泄忿。时中外喧传两魏欲杀公，而忠贤有校事者在公左右，知公实不携一兵随行，将吏惟善继从，疑稍释。广微遂借主上震怒以胁公，既直以忠贤怒胁公矣。公亦置之，惟杜门求去而已。广微又疏起高第为大司马。第本欲借公以媚两魏，用广微策，拟以王之臣代公，而忠贤以第有口，谓可任也，令第自任。第大惧，叩头乞免。不听，乃日夜忧泣，怨主事徐日久平日佐之哗，题以为赞画。日久惧，疏论马世龙，激上怒，削籍去，以免，而以田吉为赞画。吉故以殿试怀挟谪，后为兵部，即以逆珰同群，附珰以合第，故倚之以通中人焉。"

卷三　天启朝纪事

（乙丑正月起至丁卯九月）

苏松兵备朱童蒙前在省垣以讲学参邹元标，癸亥年例外转，在任复多不法，心不自安，引疾求退。巡抚周起元疏劾童蒙："未习簿书吏事，又乏斟酌虚衷。闾阎虽咨楚雨，似胡越之罔闻；绳束之如秋荼，每刑罚之不中。疏于检押，而左右委誉不收；滥于搜括，而赎锾征输过急。乞敕下吏部，量行调处。"奉旨："周起元排陷正人，削职为民。朱童蒙不准告病，同前例推郭允厚、李春烨俱升京堂用。"

是时童蒙已通内矣，故以巡抚参司署，反削巡抚之职，而被参以弹章为启事。当时乱政如此，此后益不可问矣！

周忠介《赠周公罢归序》略云："先是，杨丞以强项开隙织珰，李欲中丞以危法，公曰：'黜陟之柄，可容若辈操耶？'力持之，而珰已攻公矣。无何，兵使者恣睢以逞，一夫冤死，万姓愤激。公亦知其多内援，未可击，而公弗顾也。特疏上闻，蒙天子督过，而公削职归矣。以察吏安民之故，被谴以去，即夺公以官，未尝不予公以名。公去而郡邑有所恃，不肯以身徇珰；监司有所畏，不敢以刑快意。继公抚吴者终不能趋炎附势，翻一成之案。且使彼之曲径而入，媚灶而来，因以得美官者，亦心沮心怀，负世大诟。而海内秉钺之臣，犹或能以察吏安民之责，挺持于震风凌雨之中也。"

继周公抚吴者，为毛一鹭，故珰之私人。读此文，负惭无地，遂构成丙寅之狱，先忠毅亦罗入其中云。

左副都乔应甲在道陈言，凡十疏，言赵南星之迷、李三才之横，力攻高攀龙、孙玮、曹于汴，并攻魏大中等，末言："东林得淮抚，则暗有所持；淮抚得东林，则两有所挟。意在剖分门户，力持党局耳。"又言："三才托汪文言贿谋起升，房可壮特疏举荐，乞取各官保疏、参疏，俱付史馆记载。"

应甲素有狂疾，故出语颠悖不伦，即彼党亦厌之，以为不便佐宪，旋出之为秦抚。时王绍徽为冢宰矣。应甲至秦，以银五钱送冯恭定（从吾），托之备酒请一乡绅，冯因治具，自亦出陪。酒半，忽语冯曰："王太宰屡托伺公处公，今看起来，公家居好，无可下手。然太宰命奈何？姑用家童一二人塞责，可乎？"因于廷中杖其一二家人而去。其狂肆之状如此。

降福建、湖广、江西、山东四省考官顾锡畴、董承业、方逢年、章允儒、丁乾学、郝土膏、熊奋渭、李继贞各三级，调外任，并将中式举人艾南英等罚科有差。内旨云："各试录策问，诋毁朝政，讥刺朕躬。是非颠倒，诬蔑罔顾。皆因大臣纳贿主持于中，故各官顺旨依附于外。"云云。御史刘廷佐疏救各官，奉旨以其党护，亦着降三级调用。未几又奉"试录止用士子原文，不得另撰"之旨，盖会试两主考顾秉谦、魏广微原不解属文，故借此以逢迎内意，免触忌讳也。此旨固即两人所拟云耳。

工部主事曹钦程疏参御史周宗建、张慎言、李应昇、黄尊素。言："宗建令仁和，赃私狼藉，恐人发之，调其亲吴焕以继其后。其入台也，荐熊廷弼、刘时俊，且私庇沈萃祯。慎言荐赵南星，避贵州差，归之安伸。伸辩，复遭辣手。又盗曹县库银三千，恨后任石三畏查追，柬同乡同年张光前捏单劣处。李应昇专为东林护法，排王永光等，援高攀龙等，又攘北直学差，黄尊素以附汪文言入台，力荐其座师邹维琏。"末云："诸奸所为，同于白莲之倡乱；借题讲学，反愚一世以沽名。所谓在一乡则乱一乡，在天下则乱天下者也。至竭

忠尽节，无忝傅槛之骨鲠者，仅陈九畴、李鲁生、张
讷、李蕃、周昌晋、李恒茂、梁梦环、张惟一数臣而
已。"奉旨："四臣俱削夺。宗建、慎言，行抚按追赃
具奏。沈萃祯、吴焕降三级。安伸原官起用。"霍维华
即疏赞云："钦程一疏而劾四御史，如承蜩然，真可谓
发蒙振落矣！"

  钦程本涿州门生，初令吴江，以贪秽被纠，夤
缘起官，引入珰幕。李鲁生辈为之代草是疏，以效
首功。实由涿州恨张公曾参其父盛明，故借此报怨，
而以先忠毅与周、黄二公俱为内外魏之切齿，故并
入一网云。钦程因语于人曰："我做此好事，选君
范质公尚不升我，何也？"范去，而冯始令吏部超
加以太仆卿。钦程益恃宠恣肆，颠狂无状，珰亦闻
而厌之。涿州恐累己也，复令其门生潘士闻疏劾斥
归，崇祯初，逮问论辟。

  黄公戏柬先公曰："'在乡乱乡'数语，惟曹
孟德足以当之，吾辈不情之誉，自愧良多矣！"

给事中李恒茂疏申理崔呈秀等，奉旨："崔呈秀事
情，显系诬蔑，不必行勘，着回道管事。知县石三畏既
经多荐，暂拟部衔，仍候考选。其荐主今听降。陈九畴
即升京堂用。"呈秀亦上疏自理，言"曾疏纠陶朗先，

为东林诬陷"云云。呈秀以居停内阉许秉彝，通于忠贤，忠贤亦欲结于外廷，资呈秀为耳目，而广微和之。内外表里，杀人媚人，无所不至矣。

忠贤窃柄，动出中旨行事。兵科李鲁生阿忠贤意，上疏曰："诸奸倾陷正人，必先假借名号。近者起用，动曰'中旨'。夫旨不自中出，而何出哉？'执中者帝，宅中者王'，而旨不得称中，必由汪文言、许念敬之过付关说，王安之交通接引，部阁之雷同响应，而后为旨，则旨真外矣。皇上乌能有其旨哉？"

> 或戏云："中旨之'中'若如此讲，则'南方之强''北方之强'，二'强'字，是强盗之'强'矣。"崇祯初，汪始亨有疏参鲁生，驳中旨字，甚透快。鲁生在珰门下，称四李中一李。逆案问徒，后降清，复为显官。（四李者，鲁生、蕃、恒茂、春烨也。）

鲁生又疏论枚卜不得拘资序，云："试取明旨'老成干济'语绎之，盖'成'即为老，必其屹然为坚凝宁静之器，老于识而非老于年；'济'乃称干，必其卓然抱安内攘外之猷，济于民而又济于国。"盖为拥戴冯铨也。又御史张枢疏亦有"少年学士，黑头相公，英妙未可少"之语。

铨始入广微幕，广微极相推引，铨复结欢魏良卿、傅应星，为之延誉。又逆贤未阉时，有妻冯氏，亦涿州人，疑与同宗，颇注意焉。铨因与霍维华、崔呈秀、杨维垣辈，时缉外廷事，密报阉，逆阉教以当如何罗织，密封付良卿，转送内廷行之。深中阉欢心，遂得大拜云。

御史梁梦环疏论计典，参汪文言宜重处，奉旨："汪文言着锦衣卫差的当官旗扭解来京究问。"初，傅櫆参文言，已逮问廷杖矣。至是因逆贤恨杨、左辈未已，冯铨与霍维华、杨维垣、李鲁生等密谋，遂说贤兴大狱，欲借汪文言口以杀杨、左，特令梦环出疏。从此缇骑之遣，无虚日矣！御史杨维垣疏论刑部侍郎王之寀，以张差一事，幸功躐跻。诬皇祖，负先帝，不惟无功，抑且有罪。奉旨："着削籍，仍追夺诰命。"大理寺寺丞徐大化疏参："杨涟，左光斗，党同伐异，招权纳贿。"又谓："正人皆为涟等摧折，亟宜起用。"有旨："涟、光斗俟文言逮至，审明追赃。摧折诸臣俱起用。"

自中旨以会推一事逐部院，此后削夺日行。始但驱除处已，继则蔓引株连，最后则同类相残。或始合中离，或争权构祸。特疏纠弹者，外论是非固不足凭；特旨处分者，内廷好恶亦无足据。记之不胜记，但择其人与事之有关系者，闲录一二，以见大端云。

汪文言逮至，奉旨："拿送镇抚司，好生打问。"镇抚许显纯打问，文言招出甘肃巡抚李若星用银五千两，谋升此缺。奉旨："若星削夺一切，赃私还严行究问，务要指出何人收受，确招具奏。"该司复究问，词连杨涟、左光斗、魏大中、周朝瑞、袁化中、顾大章、赵南星、惠世扬、李若星、徐良彦、黄龙光、邓渼、缪昌期、邹维琏、施天德、王之寀、毛士龙、熊明遇、钱士晋、卢化鳌、黄正宾。招言："以移宫建议者，为立不蹝等之资；整顿铨政者，为偏听招议之籍。布买命之金，而杨、熊之刑弛；启贿赂之门，而升迁之法滥。总归之文言得力于父事王安，结纳权要，浊乱朝政。"奉旨："杨镐、熊廷弼，既失封疆，又贿买图脱。杨涟、左光斗、魏大中、袁化中、周朝瑞、顾大章，俱差官扭解来京究问。赵南星等俱抚按提问，追赃。"

刑科霍维华疏论"梃击""红丸""移宫"三案，娓娓数千言，奉旨："本内说张差疯疾逼真，进药、移宫，尤朕所目睹。刘一燝党邪害正，韩爌庇护元凶，孙慎行借题修怨，张问达、周嘉谟朋比为奸，俱当削籍。王之寀待杨涟等逮到，一体治罪。范济世、王志道、汪庆百、刘廷元、宋景濂、郭如楚、张捷分别升用。唐嗣美、岳骏声、曾道唯即与推用。李可灼免成，闲住。此本宣付史馆，从实纪载。杨惟休私刻追毁，仍改正皇考实录。"

> 此疏乃一部《三朝要典》也，奉旨亦甚长。节录数语，已见其概矣。

七月，逮杨涟、左光斗、周朝瑞、袁化中、魏大中、顾大章先后到京，俱下镇抚司打问。初，狱上，拟以移宫为案，苦于无赃，徐大化倡为封疆之说。盖移宫止属杨、左，与顾大章无预；封疆止周朝瑞荐熊廷弼，顾大章与杨维垣争辩，与杨、左四人又无预。合移宫、封疆为一局，以定杀六人之谋者，大化也；又献串通王安之说，俾杀之有名者，贾继春也。

先是拷掠文言，欲据之以成招，酷刑备加，文言终不屈。最后不能堪，始仰视许显纯曰："吾口终不肖汝心，任巧为之，吾承焉可也！"显纯欲诬诸人赃，至魏、杨二人，文言曰："以此蔑清廉之士，有死不承！"复加一夹。至是，先毙文言以灭口，使无所对质。拷问日，皆辩论不屈。左公曰："彼杀我有两法：乘我不服，而亟鞫以毙之；又或阴害于狱中，徐以病闻。若鞫即服，即送法司，或有见天日乎？"于是靡焉，承顺招出，仍发镇抚司，五日一比，则从来未有之法也。比时累累跪阶前，裸体辱之。弛杻则受拶，弛镣则受夹，弛拶与夹则受棍。创痛未平，不再宿，复加拷掠。至二十五日报杨、左亡，二十六日报魏亡，袁、周至八月中相继亡。有旨："发顾大章刑部，定爱书，示天下。定限十日，仍送镇抚监追。"顾至刑部，亦自缢死。

大学士魏广微揭言："今日文书房传旨：'镇抚司打问过杨涟等，着票拟，逐日严刑追比，五日一回奏。'臣等不胜骇愕！念涟等今日虽为有罪之人，前日实为圣明之佐。即赃私是真，转发刑部，犹议减免，逐日严刑，就死直须臾耳。以理刑之职，遽责追刑，无论违背祖制，朝政日乱，与古帝王大不相侔矣！"

揭入，降谕切责，略曰："朕自去岁屏逐凶邪，励精图治，秉轴大臣无有为朕分忧共念者。即如杨涟、左光斗移宫一案，背先帝深恩，陷朕躬不孝。又熊廷弼丧辽辱国一案，寸斩尚有余辜。涟等受其重贿，巧为出脱。此皆天地不容，神人共愤，而在朝文武，持禄养优，徇私避祸，但顾子孙之计，不图社稷之安。朕方率循旧章，而曰'朝政日乱'；朕方祖述尧舜，而曰'大不相侔'。以致言官承望风旨，缄口结舌，无敢直明其罪者。今宜改过自新，共维国事。敢有阴怀观望，暗弄机关；或巧借题目，代人报复；或捏造飞言，希图翻案，朕按祖宗红牌之律，俱治以罔上欺君之罪。其杨涟等生为贪婪贼臣，死为不忠逆鬼，虽毙狱中，而故残害忠良，恶类尚存。俟追赃完日，明具爰书，暴其罪状，布告远迩，垂示将来，为人臣不忠之戒！"

"南乐此揭因冢宰崔景荣强之而出，遂有此谕，内'朝政日乱'等语，皆揭中语也。拟此谕者，涿州也，随令门克新疏参广微："误听景荣，不觉识见潜移，脚跟不稳。"并参景荣："倡调停之说，以媚奸邪，邀后福。"广微大惧，出崔书为征，挟顾秉谦委曲求哀，逆贤怒稍解，广微引疾回，景荣竟削夺去。

《酌中志略》云："凡造谋杀命、秘递线索害人者，魏广微、崔呈秀也。一切削夺勒限追赃诸严旨，皆顾秉谦票拟，阁中簿籍中书官可证也。挤蒲州、乌程、聊城者南乐，为涿州先路。挤南乐者，即涿州也。挤涿州者，崔呈秀也。诏狱锻炼，承旨下手者，田尔耕、许显纯也。谋兴大狱，私图报复者，涿州、蓟州、徐大化、霍维华等也。杀义仆韩三，欲构成贿案，牵连蒲州者，杨维垣也。维垣虽以中旨起官，因为座师徐绍吉攘户部侍郎缺，为南乐谮之逆贤，故卒未大用云。"

《志略》为罪监刘若愚著，为李永贞名下秉笔，其言当不妄。

三法司会审戚臣李承恩，引盗乘舆服御物律，斩，诏报可。承恩父李和为世庙宁安大长公主驸马，承恩袭左都督，世庙嫡外孙也。招内以僭用团龙服，及龙凤女衫、金面寿喜龙盒，三事乃世庙所赐也。打死使女三名、家人一名，家人则别案以他事自缢者。乃拟以盗乘舆服御物律，斩，末略引及八议。旨云："既当重辟，如何又引八议？"承恩之坐死者如此。忠贤以此事缉护有功，赏羊酒，赐敕奖谕。

谕内阁："我皇祖特起熊廷弼于田间，授以经略，赐之尚方，赐之蟒玉。宠极人臣，义当尽瘁。乃廷弼欺朕即位，托病卸担，荐袁应泰而辽东亡。既刚愎不仁，望风先逃，而河西复失。不知费国家几百万金钱，丧军民几百万性命。征兵西蜀则西蜀变，风闻山东则山东乱。至今黔中尚岌岌未宁。其罪难以擢发数。迨三尺莫逃，百计钻求。最甚者，有周朝瑞十日四疏申救，有顾大章妄为罪属可矜，又托奸徒汪文言内探消息，外入杨涟、左光斗之幕，嘱令遗书求解。诸奸受贿，动以万千，安问祖宗疆土法度哉？朕深痛恨！已将涟等置之于理。顷八月二十一日文华殿讲读毕，卿等五人面献刊行《绣像辽东传》一册，出诸袖中，合词奏曰：'此熊廷弼所以掩饰夸功，希图脱罪。'朕亲览之，竖发切齿。况屡经言官郭兴治、门克新、石三畏等形于章奏，宜即加两观之诛，庶大快万民之愤！卿等拟谕来，即传示刑部等衙门，着便会官处决了，以为辱国偷生，罔上不忠之戒！"

　　辽难之发，涿州父方任辽阳布政，鼠窜南奔，书肆中有刻小说者，内列"冯布政奔逃"一回，涿州耻之。先令卓迈上"廷弼宜急斩"疏，遂于讲筵袖出此传，奏请正法，拟谕以进。王体乾曰："此明系小冯欲杀熊家，与皇爷何预？请御笔增入'卿等面奏，出诸袖中'。云云。"熊既奉旨，从容更衣以出，胸中盛一小袋，内具辩冤疏，提牢主事张时雍问曰："袋中何物？"熊曰："辩冤疏也。"张曰："公未读《李斯传》乎？囚安得上书？"熊曰："君亦未读《李斯传》，此赵高语也！"以疏稿授张。受刑后，传首九边，尸弃漏泽园，疏卒不果上。嗟乎，当时失封疆者，不独一熊也，杨镐、王化贞，安坐福堂，而独杀一熊。熊不死于法，而死于局，所以人多惜之。崇祯初，阁揭请之，始许归葬。揭中叙述颠末亦最详尽。

　　命锦衣卫差官逮原任御史方震孺法司究问，以自任监军，望风奔窜，失陷封疆也。先坐赃六千追比，法司议：以监军无封疆责，难与廷弼同论。狱屡持未决，至次年，以扬州知府刘铎狱词牵连拟辟。崇祯初，释放复官。

　　先是，既杀杨、左诸臣，内旨又以惠世扬同恶相济，亦命拿解究问。镇抚司谳上，付法司，坐以交结王安、倡议移宫诸罪，拟斩。会审时，掌道徐扬先问曰："尔说邵尚老（邵辅忠）是小人，今果是小人否？"对曰："诸公见他高明，以为君子；世扬愚昧，故以为小人。"众恶其言，遂责三十板，爰书中故称为"扞网之冥顽"云。其以交内拟大辟也，曰："青衣小帽入直房，谋定策也。"鼎湖未泣，谋定何策？龙驭既升，普天缟素矣，青衣入直，有是理是事否？

　　　　当时逮入诏狱者，先后凡十七人，独方、惠二公幸得不死，重见天日。至崇祯末，始登启事。方公任粤西巡抚，闻甲申之变，悲愤而亡。惠公于易代后，犹靦颜出仕，异哉！

　　崔呈秀疏荐张鹤鸣，又荐孙杰、吴淳夫等十四人才品，宜亟擢用，劾徐良彦宜罢斥。又一疏谀魏忠贤修城之功，参肃宁令刘贲卿，削夺去职，此谀珰之始也。至次年二月，又疏云："臣荐魏忠贤修城一疏，不知者以为行媚中官，非臣与人为善之素心也。伏祈敕令部院，察朝野臣民公言。若事事得实，不但史官书之，垂于万世，见中官出类拔萃，且见臣称人之善，以坚其末路。

目前千讥万骂，臣固安之。"

> 自此疏出，而后之称功颂德者，遍朝野矣。呈秀之肉，固犬豕不食！此亦不足记，特记之以见作俑之自耳。

提督九门太监金良辅劾御史倪文焕擅责门军，奉严旨查究。文焕急求解于呈秀，呈秀引入珰幕，青衣叩头，求为义子，珰额之。阅数日，即具疏劾："李邦华东林高足，与侄李日宣及赵南星、魏大中，毒肠辣手，扫空善类。周顺昌与大中结党，倾朱童蒙。汪文言廷杖南还，扁舟与顺昌会于姑苏门外。近日又邀大中过姑苏，为十日饮。大中以孙托，顺昌以女许焉。至于给假回日，坐三大船，资货充盈，压沉一舟，狼藉河干，白镪暴露，通人掩口。林枝桥奥援署选，惟贿是闻，宜究处。邹元标讲院碑，宜行毁碎。"有旨："李邦华等俱削夺，内有赃私狼藉者，抚按提问。书院碑即时碎毁。"

> 自古未有贪财至压沉一舟者，当时宵小肆口横诋，不顾事理，大约如此，不止文焕此疏也。余不能尽载，姑记此，以见一斑云。

御史贾继春疏言："王安以修隙之故，倡移宫之说，杨涟、左光斗希宠助虐，逼辱康妃，亏损圣德。傅櫆参汪文言、左光斗、魏大中，涟在其中矣，于是先发遮饰之计，而参内之疏出。参内者，借题也，不过为自免之计。今日不可不明其所以当死之罪，以破其借题之奸。闻若辈从前倡惑之说，久播之外，且撰为传记，淆乱听闻，不可不禁也。"奉旨："杨涟、左光斗，妄希定策，串通王安，倡为移宫之事，又与魏大中、周朝瑞、袁化中深盟固结，党护熊廷弼，伙坏封疆，铁案既定，犹贪其重贿，使汪文言内探消息，暗弄机关。及文言事发，乃巧借题目，以掩其罪，信口装诬，毫无影响。朕深切痛恨。已将廷弼处决，传首九边。杨涟等虽追赃身故，顾大章限十日内结案。爰书既成，就依这本说，将诸奸罪状及守正诸臣向日疏揭，并近日中旨，着史官纂集成书，颁行天下。"

继春请优待选侍，是也，然是第一截。后卸过范济世，疏未上而揭发抄，众正收之，见张慎言荐牍，是第二截。此疏以杨涟参内为借题，几刊党碑，是第三截。珰败后，又疏以杨涟参内为正题，是第四截。此旨内称"毫无影响"，正从"借题"二字起也。裕妃之死，成妃之革，是有影响否？他可知已。国是明而借题破，前后翻覆，肺肝如见。谅哉圣谕所云："惟其翻覆，所以为真小人也！"嗟嗟！

继春前美不足数矣，后美不足赎矣！

御史周维持疏：“请将诸奸情状，奉有明旨处分者，逐一胪列，颁示中外，并将旧日倡建书院，立时拆毁。”御史张讷疏言：“京师书院原系官房，为邹元标、冯从吾聚徒讲学，占作书院。若东林书院，乃李三才敛东南财赋，竭小民膏血所建，孙慎行、高攀龙窟穴其中。关中书院，为冯从吾占据。岳州书院，余懋衡主管，郑三俊、毕懋良拾级而登，皆于此得力。江右书院，邹元标既潦倒，刘一燝复误国，党亦少散。诸臣居乡，种种不法。”因及盐臣入省会讲之非。奉旨：“书院俱拆毁，元标诸臣俱削夺，盐臣都察院核惩。”

讷所指盐臣为前任李日宣。时刘徽正巡盐河东，大惧，急出疏自明，因倒身事珰，遂大获宠幸云。

御史卢承钦疏，历举东林“自顾宪成、李三才、赵南星而外，如王图、高攀龙等，谓之副帅，曹于汴、汤兆京、史记事、魏大中、袁化中等，谓之前锋，李朴、贺烺、沈正宗、丁元荐，谓之敢死军人，孙丕扬、邹元标，谓之土木魔神。宜将一切党人姓名罪状，榜示海内。”有旨：“一切党人，不论曾否处分，俱将姓名罪状刊刻成书，榜示。”

时谓此举大似元祐党碑。宋之石工乞免镌姓名，承钦石工不若矣。闻承钦不解文义，宜其未知宋事也。

时有《东林点将录》，计百余人，以《水浒传》天罡、地煞姓名配之。又有《同志录》，人益众，皆王绍徽撰造，魏广微等为之宣布。传入禁中，魏忠贤揭于御屏，以次渐除焉。承钦之疏本此。

御史吴裕中疏参次辅丁绍轼："纶扉重地，不宜弄舌鼓唇。过则归君，善则归己，自失大节。"奉旨："次辅于皇祖初起熊廷弼时，即首参论，今廷弼伏辜，神人共欢。吴裕中以乡戚儿女之情，乘机报复，显与廷弼一样心肠。着拿午门前着实杖一百棍，削夺为民。"杖毕，畀至寓死。

绍轼在阁，偶失珰意。是疏入，绍轼惧，求救于崔呈秀。会珰至工所，呈秀随至中极殿西隅，密语移时，珰颔之而去，次日遂奉严旨逮杖。盖吴公实熊之姻家，呈秀以此激珰怒也。

下谕敕房中书吴怀贤于镇抚司，拷掠死。怀贤每阅邸报，见论珰疏，辄批其旁曰："当照任守忠例，即时安置。"等语。适其族工部吴昌期以忤珰罢官，怀贤遗书称之，有"事极必反，反正不远"语，语颇流闻。同官傅应星，珰甥也，据以入告，又阴诱其仆程德远出所评疏及书稿，送于珰。珰大怒，径差校尉百余人至寓绑缚，并及其子道升、妾丘氏，送东厂，非刑拷问，串入东林一案。坐以妄谈朝政，下诏狱。旬余，竟死杖下。

吴为徽之休宁人，同时汪文言则歙县人，皆同郡同官也。一则以护善罹罪，一则以嫉恶遭殃，其阶祸略同。虽未免犯出位之戒，然视彼称功颂德者，至今使人羞道其姓字，不相去径庭哉！

保定抚按郭尚友、马逢皋问赵南星一案，追赃完日遣戍，南星年老收赎。有旨："赵南星不准收赎，依此律戍遣山西代州，子清衡戍庄浪卫，甥王钟庞戍永昌卫。"

先是，赵公掌铨日，尚友营求巡抚，赵公以其行贿有据，力拒之，至是，珰党即擢尚友为保定抚，穷治其狱。立限比赃，辱及子弟，宅鬻无归，移住寺庙，夫人即日愤死。赵公至戍所，逾年，坐一斗室，题曰"味檗斋"。惟弄笔为适，著有小论十首。崇祯登极，已奉赦诏，抚臣牟志夔故留滞不听归，竟卒于戍所。姚文毅曰："此固小人流毒，然不如是，则杨、左诸公魂游北寺者，公不得翱翔其间，负生前领袖矣。"

时群小立意折辱诸君子，以逢迎内意，程公正己以掌察开罪，下抚按提问，赃狱上，有旨："程正己着亲身摆站，不准收赎。"刑部覆：李若星遣戍，有旨："李若星着抚按官重责一百板，发遣。"时抚为郭增光，按为鲍奇谟，奉行惟谨。山西抚柯昷、按安伸，问张公慎言永戍，竟刺其臂。其他但奉文行事，不加苛责者，又不足论矣。

谕内阁："朕惟君臣父子，人道之大纲；慈孝忠敬，古今之通义。我皇祖神宗早建元良，式端国本，父慈子孝，原无间然，而奸臣王之寀、翟凤翀、何士晋、魏光叙、魏大中、张鹏云等，仍借梃击以邀首功。皇考光宗一月御天，千秋称圣，因哀得疾，纯孝弥彰，而奸人孙慎行、张问达、薛文周、张慎言、周希令、沈惟炳等，乃借红丸以快私憾。迨皇考宾天，朕躬缵绪，父子承继，正统相传，而奸人杨涟、左光斗、惠世扬、袁化中、周朝瑞、周嘉谟、高攀龙等，又借移宫以贪定策之勋，希非望之福。将凭几遗言，委诸草莽；以待封宫眷，视若寇仇。臣子之谊谓何，敬忠之义安在？幸天牖朕衷，仰承先志，康妃皇妹，恩礼有加。而守正之臣，凡因三案被诬者，皆次第赐环，布列在位。特允部院科道诸臣之请，将节次明旨，诸臣正论，命史臣编辑成书，颁行天下。即于新春开馆纂修，特命辅臣顾秉谦、丁绍轼、黄立极、冯铨为总裁官；施凤来、孟绍虞、杨景辰、姜逢元、曾楚卿为副总裁官；徐绍吉、谢启光、余煌、朱继祚、张翀、华琪芳、吴孔嘉、吴士元、杨世芳为纂修官。凡系公论，一切订存。其群党邪说，亦量行摘录，后加史官断案，以昭是非之实。务在早完。功成之日，名曰《三朝要典》，以仰慰皇祖皇考在天之灵，用副朕觐光扬烈之意。"

此谕出，而伪史为政，正史去籍矣。凡于持正论者，不特杀其身，并欲污其名矣。三案是非，后有倪文正一疏，其言极平极确，不必具论。诸臣袒分左右，始犹起于意见之偏，既则深中蛊毒，极意挤排。岂特不顾事理，抑且全昧本心，所为自无足怪。独惜哲皇，先既亲传孝和与选侍有仇之手谕矣，后又以此谕为诬捏。斯时已非幼冲，而前后异词乃尔，岂圣性善忘耶？抑指授由人，不克自主耶？哲皇既如此矣，于逆贤何尤！于诸臣又何尤！

一时人品邪正，亦不必深辩，但观从未有附内阁之君子与损身殉难之小人，则议论可别白于此矣。

夏允彝曰："东林操论，不失爱君，而太直太激，使人难堪。攻东林者，不失调停，而以此罪诸贤，加以一网，不亦误乎！当东林盛时，其重处惟一继春，余不过年例降处而已，受者即以为不堪。崔、魏之时，诸贤重者备受酷刑死，谪戍远配者累累，至轻者亦必削夺诰命，日甚一日，则攻东林者之罪，不可言也！"

内旨："命差太监刘应坤等分镇山海关等处一应事务，与文武将吏计议而行，不时以密封走报。"吏部等衙门具公疏谏止。奉旨："既称永乐、宣德间差内使颇多，明是祖制。朕念封疆恢复无期，故特遣内臣查核兵饷，原谕并无掣肘。卿等大臣，当思仰体。着遵前旨行！"

票内阁出镇并此旨者，顾秉谦也。阁臣中惟丁绍轼特疏谏止，不听。

凡内阁奉差关防，篆文曰"某处内官关防"，惟东厂则曰"钦差总督东厂官校办事太监关防"，其饬谕最为严重，盖永乐十八年所定也。熹庙即位，避御讳，改曰"官旗"。逆贤擅政，内阁纷纷出镇，秉谦献媚，俱票注"太监"二字，遂以为例。先朝内阁上疏称"万岁爷"，自称"奴婢"。逆贤时尽废此礼，曰"皇上"，曰"陛下"，曰"臣"，竟与外廷等矣。

敕谕东厂太监魏忠贤："我祖宗建都于燕，赖东南漕运以给军饷。若北新仓主事李柱明幸滥甲料，潜怀穿窬。心如厕中硕鼠，形如梁上鹪鹏。不思粒粒皆万民膏脂，竟以汶汶润一家囊橐。偷盗之米，已盈二千九百石之多；入己之赃，已有一千八百两之数。赖尔忠贤，甘劳怨而如饴，发台谏所未纠。去贪剔蠹，严勒还仓。一举而上关国计，下儆官邪。茂绩如斯，褒嘉何靳？除赐银币羊酒外，仍增荫奖励。"

此赐敕奖励之始。嗣后连篇累牍，封伯爵，晋国公，赐铁券，有过于九锡文者，不胜概录矣！李柱明，云南人，为惠世扬门人，惠逮入都，周旋不避形迹，故及于祸。

逮御史夏之令，下镇抚司，打问追赃，寻以二月某日毙于狱。初，御史以天启初年巡视中城，疏劾内草厂，与群珰哄，遂至批珰之颊。珰有疏送阁，传旨重治。阁持之，谓："御史劾草场事而内持之，两相击，何得偏责？"其事始寝。至是忠贤用事，理向来之伤其类者，遂借劾毛文龙言边事，令其党倪文焕、卓迈疏劾，逮问而死。

锦衣卫百户高守谦殴死翰林院检讨丁乾学。乾学于甲子年典试江西，策问中有触忤魏忠贤语，奉旨降调矣。已又因御史徐复阳参同典试官郝土膏，复传旨将乾学削夺。乾学籍居京城，守谦先时故与有隙，至是，已夤缘珰门下为锦衣官，知乾学方以触珰惧祸，拥集二十余人，突入其家，称奉驾帖拿问。乾学方俯伏听旨，诸奸将棍石乱击，又倾抢财物，一哄而散。乾学竟以殴伤郁愤死。时又吏部郎苏继欧家居河南□县，同里孙副使因杨忠烈被逮过苏，周旋之于槛车中。旋有以其事入告者，将遣骑逮问，先使人恐吓之，苏因惧祸自缢云。

山西巡抚柯昹、巡按安伸问张慎言遣戍，回奏，奉旨："张慎言党邪害正，钻差避差，罪难枚举。今以监守自盗律永戍，姑依议。其周宗建赃私，久不回奏，听其逍遥无忌，成何法纪？缪昌期已经削夺，仍绣衣黄盖，开馆招宾，更见纵肆。即着锦衣卫差的当官旗，将宗建、昌期扭解来京，究问。"

　　周公初入台，即有疏参逆阉与客氏。时阉犹未改名，所谓魏进忠是也。阉已深恨之。其私人郭巩交通乱政，公复再疏排击，不遗余力。忠贤既专政，巩力修旧怨，故及于祸。

　　缪公与高邑、应山诸公，素以声气相往来，门户黝陟，预参末议。然抑扬过当，又牵以爱憎，故多不满人意。杨公劾珰被逐后，珰拘其长班入内拷问，长班对以"惟缪翰林来寓商量三日"，故遂有代草之疑，深中珰怨。然代草实无是事，缪公自序中辩之甚详矣。

织造太监李实奏"欺君蔑旨"等事，奉旨："周起元背违明旨，擅减原题袍料数目。又揞勒袍价，致连年误运。且托名道学，引类呼朋，各立门户。一时逢迎附和，有周宗建、周顺昌、高攀龙、李应昇、黄尊素，尽是东林邪党，与起元臭味亲密，干请说事，大肆贪婪，吴民恨深切齿。除宗建、昌期已径逮解外，其周起元等五人，都着锦衣卫差的当官旗，扭解来京究问，李实仍安心供职，该部知道。"

李实龌龊不识字，在苏杭日，惟以参论府佐杨姜事，与巡抚周公为难，然未有杀人意也。适有他事，偶失欢于逆珰。实司房在京，求解于李永贞，永贞语以必参处某人等可以免咎，遂为代草此疏。或云勒取空印本入京，令李朝钦等串谋同写，故后得减死，未知确否。

直隶巡抚毛一鹭以民变闻，奉有"本日解散，姑不深究"之旨，已再疏、三疏，直云："周顺昌植党附邪，藉口起衅。周作招摇，号召伙众。拥挤鼓噪，几无天日。已密擒首发大难之渠魁，与胁从附和之余党。以颜佩韦等，请速正典刑。"又以吴时信等同恶相济，分别遣配，并黜诸生王节等五人。于是复奉有"漏网渠魁"之旨，将并罗入废籍诸臣云。

浙江抚按亦疏奏官旗失落驾帖事，奉旨："黄尊素着抚按差官解京。"自此后奉旨拿解，皆下抚按，不复遣缇骑矣。

黄煜《人变述略》曰："人变者，述姑苏义民杀校尉之变也。天启子丑间，逆珰专政，屠毒缙绅，所仇怨多在江南。乙丑，六君子逮，常熟顾宪副大章与焉。丙寅，逮江阴缪宫谕昌期，吴江周侍御宗建。俄又逮无锡高中丞、吴县周吏部、江阴李侍御。吏部直节抗爽，遇事敢言。初传有点将等录，皆逆党所造，罗列诸正人，斥为党，独未及吏部名。吏部慨然有皇甫威明之耻，益奋无顾忌。巡抚周公起元以争织造，削夺归，吏部为文送之，所指斥内外甚具。毛一鹭继抚吴，固珰义子也。莅任日，吏部即以送起元之文示之，鹭恨甚。先喉倪文焕疏参与魏给谏连姻事，削夺矣。至是复以李实疏构及之而逮。

"逮者至，邑令陈文瑞叩见曰：'公稍了家事。'吏部曰：'吾无家事可了。'顾左右曰：'有前僧求书庵额，此当了却。'因命笔书'小云栖'三字，毕，曰：'此外无一事矣！'遂同令君宿县署，缇

骑大索金钱，亦即开读。士民闻之，无不洒泣，欲
为请命。开读日，巡抚毛一鹭、巡按徐吉至，观者
蜂拥不下数十万人。诸生杨枢、王节等前述士民意。
抚按战栗不语。一尉厉声曰：'今日事与秀才何预！'
诸尉各举械将击诸生，忽一人从人肩上跃出，拽拳
奔堂上，急持尉之挺械者。复有四人继出，一跃登堂，
遂与诸尉殴，士民喧从之。首一人即颜佩韦，余四人，
马杰、沈扬、杨念如、周文元也。五人持问尉：'此
旨从何来？'尉曰：'实魏上公命我来！'于是五
人大呼：'共杀伪旨者！'一尉匿梁上，惊坠而死。
是日，开读不成礼。众还，过姑苏驿，遇尉之往浙
逮黄侍御者骚驿，遂复聚殴之。沉其舟，毁及驾帖。
事闻，珰颇惊，曰：'财赋尽在江南，奈何！'乃
勒令抚按搜捕渠魁，五人挺身自任，谳成，大辟处决，
五人颜色不改。

　　"珰颇衔李实疏为激变，实乃命浙江巡抚潘汝
桢请建生祠以自解免。相望成风，生祠遂遍天下矣！
天祚圣明，逆珰授首，苏州祠成而即废，苏人即其
下葬五人，题曰'五人之墓'。

　　"五人奋义日，江阴李侍御就逮，常州郡城士
民聚观者亦数万人，各挟短棍直呼：'入宪署，杀
魏忠贤校尉！'太守曾公樱素惠民，抚之而定，故
义民之名逸不传。"

蔡士顺《纪略》曰："熹宗朝，逆珰害正，缇骑四出。丙寅三月十五日，逮及周蓼洲吏部。次早，余亟往省，已在公廨矣。诸友至者数百人。蓼洲神情意气，不异平时。见余，即问：'兄知李仲达否？'因出李实疏旨相视，则仲达暨高景逸总宪、周绵贞抚台、黄白安侍御，俱在逮中。姚现闻太史时在金泾，寄言冯杜陵，促余亟宜往常州视仲达。十七日，遂别蓼洲，解维行。十八，抵无锡，闻高总宪已自裁。

"十九晨，抵常州，谒吴峦稚，知仲达方抵城下。仲达乡居闻逮，束身待罪。候邑令至，即携手登舟，如长空孤鹤，形影相吊，情事绝苦！余望其神情意气，与蓼洲无异也。曾二云府尊过舟中谈良久，年谊甚笃。后江阴岑令公来，同余见官旗于南察院，议所以酬之者。仲达虽为司理，入践台端，而清介绝尘，即常俸所入，俱为尊人见复公佐酒费，囊无私钱。时见复在家设处，未得即至。

"廿一日，见曾公，闻有苏州筆毙旗校事，曾公私语：'此信上闻朝端，或从宽政，可望生还！'忽报，南察院前有数千人怂激如雷，言：'李官忠臣，何忍见其就逮！'与姑苏不约而同，奋臂大呼，欲杀旗校。府尊即往晓谕，嘱余促仲达至。余翊捍同行，填街塞巷，马不能前。仲达下马拜求，众方解散。因迁官旗于东察院，陈兵卫之。

"廿二日，开读，尚虑民情汹汹，或生变如苏，防御严肃，不许一人随入。独余周旋其间，得观驾帖。仲达拜阙毕，遂留院署。官旗亦知仲达居家孝友，人共称冤，未尝绳以法也。是夕父子同宿署中。

"廿三日，遂行。仲达慷慨就道，真有百折不回之气。同行者其兄伯发，及友人陆养素、陶自然。临别托余谢府尊，余不胜呜咽，府尊亦泪下。嗣后，委曲周旋，不遗余力。若曾公者，当于古人中求之矣！苏城激变一事，抚按具题，密缉当日诸人，而二三同志，皆入网罗。赖寇礼亭府尊曲加保全，得免钩党之祸。曾、寇二公为德于吴，至今棠荫两地。曾名樱，江西峡江人；寇名慎，陕西同官人。"

成明义《记遗事》略云："丙寅春，仲达被逮，舟至毗陵。吴峦稚先生逆之于道，憩之家，饮食慰劳如平生欢。仲达篝灯阅先生两郎文，叹曰：'两君皆远到器，惜吾不及见！'先生怆然，命两郎辍读，侍左右。仲达曰：'论此等时，果可以无读书，后亦弗令吾儿读书！'先生曰：'书何必不读？但勿学汝真正读书！'仲达曰：'还须勿令从好先生始得！'忽不觉相视而笑。

"翌日，徐子元修自江上来，相对悲愤欲恸，仲达止之曰：'元修何必然！但他年史笔借重数言，便堪不朽耳！'先生曰：'昔蔡元定窜道州，晦庵饯之萧寺，坐客有泣下者。晦庵微视元定，不异平时，叹曰："友朋相爱之情，季通不挫之志，两得之矣！"不图今日亲见此一番光景！真一夕千古！'遂共命酒呼卢，仲达浮大白自赏，曰：'饮酒恨不足，今宵足矣！'

"越日，缇骑促行，仲达遂入就公署宿，先生复入署相存。仲达索先生素所读《易》袖珍本者自携，先生喜授之，曰：'吾祝汝为薛文清乎！'遂洒然登舟而别。

"先是，仲达从先生学时，曾假馆此署者数月。署中亭曰'清风亭'，仲达恍然畴昔。先生曰：'此行可谓不负所学。'仲达曰：'差不令此亭笑人耳！'嗟乎！廉顽立懦，仲达真足风千秋矣！"

邹嘉生《序端友集》略曰："逆珰陷杀诸君子，独于吾友仲达不能措一词，盖仲达所谓真忠孝人也。诵其诗，读其书，友其人，问其官，问其乡，而忽杀之者，非人也。而崔贼忍杀之，且必杀之。

"仲达就槛车之日，倾城号踊，而仲达引满自如。其师吴峦稚以一读书秀才馆之饮之，不少变色，缇骑环集其舍不为动。呜呼！此岂寻常师友哉！

"余犹忆夜分过峦稚，叩仲达：'此时胸次什么生？'仲达笑言：'吾亦有解！吾前生当是蔡京、章惇，受用太过，须此轮回耳！'微讽以高总宪之义，辄泣然曰：'昇有老亲在！'呜呼！仲达乃所谓真忠孝人也！"

　　吴先生讳钟峦，武进人，以宿儒教授里中。先忠毅少从先生学，以道义相砥砺。先忠毅殉难后，先生简当年往还尺牍、诗文，汇编曰《端友集》行世。同志题序甚多，仅录一二，以见其概。后先生以崇祯甲戌登第，国亡殉难，去先忠毅之变已二十余年。端人端友，始终一揆，故并志之于此。若大节别有记载，兹不具述。

　　高公先一夕闻逮信，即作遗表，曰："臣虽削夺，旧系大臣，大臣受辱则辱国。谨北向叩头，从屈平之遗则。君恩未报，结愿来生。乞使者执此报皇上！"书毕，自沉园池中，北面捧心，屹立不动，水仅濡下体。家人奔救之，已气绝矣。盖公生平学问得力，故去来之际，脱然无碍如此。县令欲执其子付缇骑，赖曾郡公释之。已奉旨追究漏泄根因，仍坐以配赎，亦赖曾公保持，得免大累。

　　诸公先后逮到，皆奉旨送镇抚司打问。许显纯掌司事，而崔应元副之。到即一夹一拶，敲八十，笞四十棍，谓之一比。拷掠时，有名为听记者，倨堂中，指挥如意；又有打事件者，络绎道路，必取内意发落，各坐赃四五千不等。复奉严旨，五日一比，每比必酷刑交加。至五月中，因天变停刑，始少缓须臾，而缪公则先以四月二十九日毕命矣。六月中，仍开严刑比，周忠毅公、周忠介公俱以十七日报亡。黄忠端公以二十九日，先忠毅公以闰六月初三日，相继亡。所以致死之状，不能详，亦不忍详。其未完赃银，仍行原籍勒限，拘家属追比，周忠惠公以闰六月十六日下狱，即奉旨照李实原参，坐赃十万，勒限严比，至九月初十日报亡。

五月初六日巳时，天色方皎洁，忽有声如吼，从东北方渐至京城西南角，灰气涌起，屋宇动荡。须臾大震一声，天崩地塌，昏黑如夜。东自顺城大街，北至刑部街，长三四里，周围十三里，尽为齑粉。屋以数万计，人以万计。王恭厂一带糜烂尤甚，僵尸荡叠，秽气薰天。瓦砾盈尺，飞舞街道，门户毁裂一空。城中即不被害者，屋宇无不震荡，狂奔肆行之状，举国若狂。象房震倒，群象亦俱逸出。遥望云气，有如乱丝者，有五色者，有如灵芝黑色者，冲天而起，历时方散，长安街一带，时从空飞堕人头，或眉毛和鼻，或连一额，纷纷而下，大木直飞至密云，石驸马街五千斤大石狮子飞出顺城门外。所伤男妇俱赤体，寸丝不挂，衣服俱飘在西山，挂于树梢。昌平州教场中衣服成堆，人家器皿首饰银钱俱有，士绅在途打伤者甚多，至压死家眷妇女者，又难枚举矣。

朝天宫三殿两廊灾，焚房屋一百三十一间，宫中兽头冲下，打死内官二人，有诏下廷臣修省。兵部尚书王永光疏言：“诸臣条上封事，有停刑罢税外，卒未能宽恤何人，恩免何项，概以‘知道了’三字答之。委之不知，犹俟悔悟之日；知而不改，何时是苏息之期？”奉旨，以危言激眊责之。

　　永光先有疏颂珰矣。至是因司属王陞、张履端强之，疏救大狱，因天变请修省宽刑，大拂内意，未几放归。崇祯初，遂借忤珰名起位冢宰，肆恶种种，事详后纪。

刑部尚书薛贞审成扬州知府刘铎狱词，上之，命斩于市。初，锦衣卫缉得游僧本福，指为东林渊薮，乘机造谤，以铎诗扇为证。既下狱，以前诗为欧阳晖所假，事白得释，在京候补。复为张体乾缉获，诬与方震孺同谋，为在狱李承恩、李柱明用贿求宽，下镇抚司提问。又诬以与假官曾云龙，倩道士方景阳咒诅厂臣，发刑部定罪，始拟戍，既拟绞。忠贤矫旨令重拟，尚书薛贞遂阿内意，参司官卖法，削职；方震孺加绞罪一等，斩；刘铎咒诅重臣，决不待时。疏入，允之。铎与曾云龙、家人刘福等即日骈斩于市。方贞再鞫时，语铎曰：“当今之时，以己功名为重，他人生死，何与己事？”

铎曰："一时功名有限，千秋清议难逃！"贞大恨，扑之二十。崇祯初，定逆案，贞与张体乾俱拟斩。

命逮歙县民吴养春、王君实、程梦庚等解京究问。养春与养泽兄弟分财，构讼有年。至是买成吴荣至东厂，首养春侵占黄山，种种罪状，遂遣缇骑逮问，悬坐赃银六十余万不止。又坐追山场木植银三十余万，差工部主事吕下问刻期追解。下问携仆妾三十余人至，骚扰愈甚。搜通邑富户科派之，于三十万外，更增二万余。纵放白役，逼辱妇女，民不堪命，群起鼓噪。下问惧，挈仆妾而逃，焚弃敕书。事闻，复遣大理寺副许忠吉代下问。吉本歙人，至则以上官体自豪，滥诈乡人，纳贿作奸。士民复哄然起，赖知县倪元琪委曲调停之，始定。

> 编修吴孔嘉与养春有世仇，时以纂修《要典》入珰幕，故引吴荣构成此狱，波累合邑，惨斩多人，后坐逆案问徒。

御史梁梦环先以查关饷，严旨责令回话，至是奏上。奉旨："梁梦环姑不究，熊廷弼虽正典刑，家资巨富。其取发关外军前银十七万二千两，并无开销。着彼处抚按提家属追赃变产，敕限解部，以助大工。徇情隐饰，责有所归。"左都周应秋亦疏言："抚按追赃当严，犯官杨涟、左光斗等赃私巨万。奉旨追助大工，迄今绝无消息。各犯其家不贫，其局易结。请置循环簿二扇，远者四月一缴，近者二月一缴。庶无沉阁等弊。"奉旨："这奏深裨宪纲，杨涟、左光斗等赃私，限刻期奏销。"

　　杨公居官廉洁，被逮日至不能具官旗费，士民置募簿于四门，醵金助之。追赃令急，宅居尽鬻。母妻栖止城楼，乃言家私巨万，应秋良心死尽矣！

　　大狱既兴，凡可杀人媚人者，无所不至。漳浦知县楚烟，追比肆毒于周忠惠公子彦升；江夏知县王玺，逼死熊公子兆珪；黄州推官王万金，于梅公之焕之狱，锻炼周密。惟吾郡郡侯曾公樱护持先忠毅与高忠宪二家，不遗余力。至捐金以应缇骑，宽限以比冤赃，种种厚德，不尽述也。又若应山知县夏之彦，立簿募金，以助杨公；苏州知府寇慎，吴县知县陈文瑞，庇护周忠介家；武昌推官邓来鸾，委曲周旋熊公，皆一时之卓然者。

升周应秋为吏部尚书，崔呈秀为工部尚书。应秋素极鄙秽，先年求司空缺于赵高邑前，屈膝不已。赵鄙之，常语人曰："吾入山三十年，不意士风扫地至此。"至以媚珰升冢宰，秤官索价，每日勒足万金，都门有"周日万"之目。手复狠辣，凡门户中纠本参及者，辄借推升题目以供诛求。为之同心行事者，文选郎李夔龙也，遂至削夺无虚日。后定逆案，评云："颂美三十九本，题请公侯伯诰改武荫为文荫，借推人以处人。拟戍遣。"李夔龙则以"附奸媚逆，望风承旨，引交结近侍律斩"。以两人较之，应秋之罪实未蔽其辜也。

虞大复，应秋之婿也。素以狂逸自负，致书应秋云："挟泰山以超北海，在婿固不敢望；入宝山而空回，想岳亦不能忘情也。"盛为时传颂，竟由南郎升江西提学副使。后亦入逆案。

崔呈秀母死，当丁艰，奉旨夺情，不准守制，遂绯袍视事如故。礼部尚书来宗道为之题覆恤典，直曰"在天之灵"。奏文书时，读至此，上亦艴然变色，用御笔圈出此四字。已，又命兼左都御史，列衔都察院，盖欲钳制诸御史，此又从来官制所无。至七年八月，不由会推，内旨改任兵部尚书，既握天下之兵权矣。祖制：任本兵者，亲族俱不许掌管兵事。呈秀意用其弟凝秀为浙江总兵，不特背祖制，直显著无将之心云。

谕内阁："朕昔在青宫，闻皇祖年间，有逆犯皭生光捏造妖书，谋危社稷，离间皇祖，诬害大臣，朕深为痛恨切齿。自朕冲龄践祚之际，值东林邪党盈朝。或陷朕于不孝，或弃祖宗封疆不顾。幸荷上天默佑，宝玺呈祥，牖朕憬然，群奸败露。其元恶大憝，虽复芟除，而胁从宵壬，不无漏网。前已屡屡特谕，开晓再三，欲令易面改心，咸与更始。不谓宏纪凌替之后，人心迷锢已深，乃尚有等未尽奸徒，怙恶不悛，密弄线索。或巧布流言蜚语，或捏写匿名文书。害正党邪，荧惑视听。卿等可传示厂卫都察院，五城巡捕缉事衙门，广布军番，严加体访。如有前项奸徒，仍蹈前愆，确有的据，即先将正身拿住具奏。细细研审，必要穷究到底。根鞠造谋主使之人，明政典刑，以息邪说。昭朕一代文明之治。"

时有匿名榜揭后宰门，列忠贤反状。忠贤怒，疑中宫父张国纪及被斥诸臣为之。因增逻卒数百人，欲以此兴大狱，尽杀林下疑似诸贤，而由国纪以摇动中宫。事成，则以魏良卿女进。府丞刘志选侦知之，遂疏参："张国纪罪状，罄竹难书。"有"谋宫婢韦氏作妾，鬻狱辄称懿旨"等语。内訾"丹山之穴，蓝田之种"，指斥中宫，氛祲甚恶。末复云"肘腋重臣，殚忠弼亮，协赞中兴。闻有伏莽之奸，藏头露尾，投闲抵隙，为一网打尽之计。前之谤书，今之蜚语，望叮咛缉事衙门，严拿究治"。盖匿名榜所指忠贤佐命七十余人，故志选有"一网打尽"之语。

御史梁梦环继疏参国纪罪状，引志选"丹山之穴"

等语以倾中宫。有旨："张国纪着革去爵禄，回籍省愆。"中宫性鲠直，数于上前以颠倒旧章为言，盖指客、魏也。

又上一日幸后宫，见几上书一卷，问："何书？"后曰："赵高传。"上默然。忠贤闻之益怒。次日伏武士数人于便殿。上御殿，搜得之，身怀利刃。上大惊，送厂卫。逆阉欲诬后父国纪谋立信王为不轨，以兴大狱。谋之王体乾，体乾曰："主上凡事愦愦，独于夫妇兄弟间不薄。脱有变，吾辈无噍类矣！"忠贤惧，乃亟杀之以灭口。

中宫为秉笔刘克敬所选，忠贤因迁怒克敬，并其照管老阉马鉴俱降发凤阳，缢杀之。既殁，复苏。众人俱闻棺中格格有声，畏逆贤故，遂埋之。崇祯初，听归改葬。志选、梦环，崇祯年俱以倾摇母后，逼逐戚臣，拟大辟斩决。

先是，中宫之立，上决之于穆庙赵贵妃，妃云："此女端重。"遂立之。其客氏欲立者，宸妃王氏也。以此客、魏相结，布计摇动中宫云。

蒋允仪谳语曰："逆焰方张，举国若狂。大率操戈矛于侪辈，开罗网于缙绅耳！未有敢发大难，窥伺宫闱，借搏击贵戚之名，行离间国母之实，如二臣者哉！今天子不得庇其外戚，国母不能全其生父，即寸斩二奸，亦不足赎。乃志选泼口凶锋，胁持问官，曰：'薛贞枉杀刘铎，致有今日之反坐，前车可鉴！'此无论盈廷讨贼，与密告罗织者不同，而以讥刺逆珰者，因谗谤国母相提而论，其不道无人臣礼，莫此为甚矣！以奸邪兼之悖逆，罪在十恶之条，应从骂母之律。"

浙江巡抚潘汝桢首疏："请建魏忠贤生祠，用致祝釐。"奉旨："据魏忠贤心勤体国，念切恤民。悯两浙连岁灾伤，革百年相沿铺垫。宜从众请，用建生祠，祠名与做'永恩'。"

织造太监李实奏："厂臣祠宇已建，乞授杭州百户沈尚文等，永守祠宇，世为祝釐崇报。"上允之。祠建于西湖之麓，居关壮缪、岳武穆之中，备极壮丽。时有原任提学副使黄汝亨过其地，微发诧叹语，守祠之竖丛殴之，立毙。地方不敢问。

　　此建祠之始。从此效尤成风，总由汝桢作俑也。疏语皆扬诩赞叹，几同劝进。旨亦骈语相答，称颂惟恐不至。旨中必以"朕与厂臣"并称而不名。疏与旨俱不全录者，不胜录，亦不屑录。但录陆万龄一疏者，侮及先圣，尤为亘古异事，以见人之无良，有非思议所及也。

时内阁票旨者，为顾秉谦、黄立极、冯铨。未几顾、冯去位，又增施凤来、张瑞图、李国樗。诸人中惟李稍能以礼自持，而保救张戚畹，尤多其力。

应天巡抚毛一鹭疏请为厂臣建祠虎丘。蓟辽总督阎鸣泰疏请建祠蓟州，顺天巡抚刘诏，巡按倪文焕、梁梦环疏同。鸣泰又请祠额。疏内云："人心之依归，即天心之向顺。恭照厂臣魏忠贤，安内攘外，举贤任能。非但学识纲常之际，独萃其全；且于兵农礼乐之司，共济其盛。治平绩著，覆载量宏。亟请祠名，用志功德。"有旨褒美，祠额与做"广恩"。祠成，迎逆贤喜容至，巡抚刘诏等俱行五拜三叩头礼，兵备副使耿如杞，见其像冕旒执玉，恶之，止一揖不拜。诏遂疏参如杞，立遣缇骑逮下诏狱，打问追赃，送刑部拟罪。尚书薛贞当以大辟论斩。珰败后，得复官。

鸣泰铺张功德，足示拥戴矣。"人心依归，天心向顺"，尸祝之疏，几同劝进之文。像安得不冕旒，礼安得不五拜三叩头也？"照"曰"恭照"，心不胜诛矣。

鸣泰又疏建祠密云，祠名"崇德"。刘诏、倪文焕、梁梦环疏同。鸣泰又请建祠昌平、通州，昌平名"崇仁"，通州名"彰德"。刘诏等疏同。鸣泰又请建祠涿州，祠名"宏爱"，巡抚刘诏，巡按卓迈、梁梦环疏同。鸣泰又请建祠河间，祠名"仰德"，保定巡抚张凤翼、巡按倪文焕疏同。鸣泰又请建祠保定，祠名"旌功"，凤翼与巡按卢承钦疏同。宁远巡抚袁崇焕疏请建祠辽东，祠名"德芳"，总督阎鸣泰、巡按梁梦环疏同。天津巡抚黄运泰疏请建祠天津，祠名"威仁"，鸣泰、卓迈疏同。提学御史李蕃疏请守祠官。

运泰迎喜容于郊，五拜三叩头，乘马前导，如迎诏议。像至祠所，安置讫，运泰列班丹墀，率文武诸官五拜三叩头，已，至像前万福。口称"某名某事，蒙九千岁扶植"，叩头谢。又"某年某日蒙九千岁升拔"，又叩头谢。致祠毕，就班，仍五拜三叩头。旁观皆汗下，运泰洋洋甚得意焉。

宣大总督张朴疏请建祠宣府，祠名"隆勋"，巡抚秦士文，巡按汪裕、张养素疏同。张朴又疏请建祠大同，祠名"嘉猷"，巡抚王点等疏同。中书郭希禹疏请将自置山地二百亩敬捐，以祝厂臣乔松之寿。大同新任巡抚张翼明疏请为厂臣建坊，以示华夷，有旨名"一代崇功"。

大同祠成，上梁之日，王点托病不出，故急逐之，而用翼明。翼明至，无可献媚，乃请建坊，愈奇而愈下矣。

山西巡抚曹尔桢疏请建祠五台，祠名"报功"，总督张朴、巡按刘弘光疏同。登莱巡抚李嵩疏请建祠，有旨："准于府城、水城各建一祠。宁海院名'景仁'，蓬莱阁名'留敬'。"山东巡抚李精白疏同。延绥巡抚朱童蒙疏请建祠榆林，祠名"祝恩"，三边总督史永安、陕西巡抚庄谦疏同。督理三山工部郎中何宗圣疏请建祠房山，祠名"显德"。又疏称："房山知县杨齐芳捐银百两，士民高宁等捐银二百两，置买香火地，附祠崇报。"上林苑乡官庶吉士李若琳等疏请建祠蕃育署，祠名"感恩"。督理崇文商税户部主事张化愚疏请建祠房山县长沟地方，祠名"广仁"。督理卢沟桥工部郎中曾国桢疏请建祠桥侧，祠名"隆恩"。巡视五城御史黄宪卿、王大年、汪若极、张枢、智铤公疏请建祠宣武门外，顺天府尹李春茂疏请建祠宣武门内，顺天府乡官通政司经历孙如洌疏同，并请赐御制碑文，祠名"茂勋"。上林苑监丞张永祚疏请建祠，良牧署祠名"存仁"，坊名"功高册府"；嘉蔬署祠名"洽恩"，坊名"洪恩流芳"；林衡署祠名"永爱"，坊名"一代元勋"。提学御史李蕃疏请建祠永安门。

内阁李永贞最为逆贤用事，家在通州。蕃制匾额送至其第，永贞不受，人皆快之。

国子监监生生员陆万龄、曹代阿等疏言："臣闻纵横之世，杨墨充塞，圣道榛芜，子舆起而辟之，廓如也。故万世谓'孟子之功不在禹下'，至今千秋庙貌，比隆尼山。我明列圣相继，圣道昭明。不意显皇中年，东林伪学，自立旗帜，欲钓高名。忍捏浮词，巧蔑君父。诬先帝为不得令终，陷陛下为不能善始。罪恶滔天，圣学坠地，此孔笔所必诛，孟舌所不赦也。恭遇申狱毓灵，尼山吐气，笃生圣辅督厂魏，（疏中但称姓而不名。）提不世贞心，佐一朝乾断。披丹开导，首劝銮舆视学；竭力匡襄，立补累朝缺典。尚且清军实以壮国威，捐通税以苏民困。宸居迭建，而九赋无增；藩邸同封，而四方不扰。其最有功世道人心，为圣门攸赖者，芟除奸党，保全善类。自元凶就系，而天下翕然称明，此即厂臣之诛少正卯也。自《要典》昭垂，而天下翕然称孝，此即厂臣之笔削《春秋》也。朝廷之上，昔为魈魍纠结之区，今日何由开朗？孔孟之门，昔为邪慝冒借之窟，今日何由清明？是厂臣驱蔓延之邪党，复重光之圣学，其功不在孟子下。臣等涵濡厂臣之教，佩服厂臣之训，念帝都为起化之地，国学为首善之区。伏愿于监西敕建厂臣生祠，后楹即祀宁国先公与先圣，启圣之祀，因举并行。更愿皇上制碑文一道，勒石显扬。"

奉旨："自东林邪人，聚徒鼓簧，淆乱国是，构衅宫闱。赖厂臣独持正义，匡挽颓风。一时门户之奸，如镜照胆；两朝慈孝之美，若日中天。功在世道，甚非渺小。至于安内攘外，剔蠹除邪，免税蠲逋，扶良抑暴。衿弁之徒，得以贴席缓带，家诵户弦，皆厂臣恩德所被。太学诸生请于国学，建祠祝釐，具见彝好。即着鸠工举行。"

蔡士顺曰："万龄欲孔子先禅素王，然后禅以天下也。'圣辅'二字，便是舜禹之案。《三朝要典》蔑六经而七矣！"

后有监生李映日疏，引"周公用天子礼乐，郭汾阳封王"例。时烈皇已登极，为通政使驳，寝未上。故映日亦未入逆案，仅下狱问罪。

五军都督府锦衣卫等衙门，公侯伯驸马等官博平侯郭振明等公疏请建祠，赐额名"德芳"。保定侯梁世勋疏请建祠安定门外五军营大教场，祠名"著爱"。襄城伯李守锜疏请建祠京营，祠名"鸣勋"，灵璧侯汤国祚、武清侯李诚铭各疏请捐赀附祠共祝。山东巡抚李精白疏请建祠省城内，云："厂臣仁威，弹压乎山川泖泽，渗漉乎中外。尧天之巍荡，帝德难名；时雨之霈濡，元勋丕著。"有旨：祠名"隆禧"。河道总督李从心，登莱巡抚李嵩疏同。巡按黄宪卿疏请，又有旨：祠名"湛恩"。一祠两名，于是议两殿分悬。抚前而按后焉。

　　精白先以麒麟归瑞于厂臣，具疏后，即裹送其第。至是请祠请额，极力揄扬，"尧天巍荡，帝德难名"。噫！是何语耶。黄宪卿在京已一再建矣，抵任复疏继请。上梁之日，二臣俱亲诣展拜，拟柱联云："至圣至神，中天地而立极；乃文乃武，同日月以常明。"精白以"多福多寿"，易"乃文乃武"四字，惟恐颂祷之未至也。济南道副使梁廷栋届期独不至祠所。漕监李明道至河干，部道俱行属礼，廷栋独以客礼见于舟次。李阉送不登岸，梁亦竟行不顾，归即坚请终养。时崔呈秀正夺情云。

河南巡抚郭增先、巡按鲍奇谟各疏请建祠开封，祠名"戴德"。

　　此祠毁民房二千余间，建宫殿九重，宏严为古今所无。建标祠所，直书大工，盖大梁道周锵、祥符令李寓庸为之。延绥巡抚朱童蒙建祠，直用琉璃瓦，毫无避忌。阎鸣泰公然称"人心归依，天心向附",李精白称"尧天帝德",皆显然著拥戴之形,不以为异也。

总督陈运、太监崔文昇、凤阳督抚郭尚友、巡按朱祯汉、巡漕何早、巡盐许其孝公疏:"据漕道朱国盛等,工部等官顾民暠等,知府刘应召等合词,请建祠淮安。"祠名"瞻德"。临清提督工部侍郎吴淳夫疏请建祠,祠名"萃德"。

东昌知府王尧民收进建祠募疏不发,淳夫疏参之,遂削职为民。

巡抚龚萃肃疏请建祠长芦,祠名"留恩"。湖广巡抚姚宗文疏请建祠武昌,祠名"隆仁",郧阳巡抚梁应泽、巡按温皋谟疏同。

应泽复欲建祠于郧阳,荆南道蔡善继不肯申详。迫之至再,蔡以挂冠争之。应泽将疏参,闻熹庙崩而止。

巡盐李灿然疏请建祠河东,祠名"褒勋",山西巡抚牟志夔、巡按刘宏光疏同。淮扬巡盐许其孝疏请建祠扬州,祠名"瞻恩",总漕郭尚友、巡按宋祯汉疏同。

此祠上梁日，熹庙哀诏已颁。其孝等哭灵毕，仍脱缞经，易吉服，相率往拜。还复易服哭。旁观者咸为咋舌，惟副使来复不与。

楚王华奎疏请捐金一千两，助建祝釐。有旨嘉允。

亲王为国藩屏，何德之感，何威之劫，而乃有此举乎？噫，亦异矣！

三边总督史永安疏请建祠固原，祠名"懋懿"，陕西巡抚胡廷宴、巡按庄谦疏同。孝陵卫指挥李三才疏请建祠孝陵前，祠名"仁溥"，命守备太监享祀。总督河道苏茂相请建祠凤阳皇陵之次，祠名"怀德"。南京守备太监请建祠皇城东，祠名"崇勋"。时惟福建未有请，江西亦最后。七年冬，巡抚杨邦宪、巡按刘述祖方疏请，而珰已败矣。

总计建祠共四十所。在诸臣既为逆贤也，人自不敢不为逆贤也。用至楚藩之捐助，勋戚之建祠，独何心乎？盖与国同休戚，即使改唐为周，革汉而莽，尚赖朱虚之诛诸吕，太尉之入北军。今乃齐心拥戴，罔念国恩，生何以靦颜称世臣，死何以对二祖列宗也！定逆案时，竟不之及。而张凤翼、苏茂相、梁梦环、史永安诸人公然漏网。其一二守正者，亦竟无格外之旌。呜呼！蒲州诸公，不得辞其责矣。

以皇极殿工成，晋魏忠贤为上公，原封肃宁侯魏良卿进宁国公，赐铁券，世袭。加吏部尚书周应秋等十八人宫保，赐银币。冯嘉会、崔呈秀荫子锦衣卫指挥，世袭。郭允厚、薛凤翔荫子入监。孙杰升工部尚书。科道郭兴言等加衔赐银币有差。又敕赐忠贤庄田二千顷，宁国公禄米，照魏国公例，岁支五千，以示酬眷至意。

又论宁远解围功，加恩魏忠贤三等，荫弟侄一人锦衣卫指挥使，世袭。王体乾辈各升赏有差。既又以厂臣安攘天下，加宁国公魏良卿太子太保，封魏鹏翼安平伯，魏良栋东安侯，世袭。时良栋仅四岁，鹏翼仅三岁，余官各晋爵有差。

时北兵犯边，进围宁远，兵备袁崇焕固守不下，逾月围始解。内外文武大吏咸归功逆贤，金曰："仰赖厂臣指授方略，克奏虏功。不有殊典，曷酬大勋！"吏部尚书周应秋等、翰林掌院杨景辰等、太常卿林宗载等、科吴宏业等、道安仲等、南京部院王在晋等，俱具疏颂功德。或合奏，或单词揄扬铺张，欢呼舞蹈，旨亦应之如响。于是封爵滥觞，益不可纪极。大小九卿科道各官，俱加宫保、尚书都御史、太常、太仆等衔，荫锦衣者几及千人。升袁崇焕为右佥都御史，巡抚宁远。崇焕以赏薄觖望，至疏请建祠矣，赏薄如故，乃具疏引疾回籍。

是年冬季《缙绅》：户部有五尚书，另有一尚书在吏部，管侍郎事。兵部四尚书，工部五尚书，一右都侍郎，一儒生出身。贡部郎署卿二十二人，两司八人，右都一人。十三道为卿贰者二十四人，六科十五人。又为尚书一，副都五，少卿五，其守本衔者四人而已。

吏尚周应秋连颂珰三十九疏，请益封公侯伯。户尚郭允厚四十疏，请给庄田禄米等项。工尚薛凤翔四十疏，请给第宅、铁券。丰城侯李承祚请如中山王例，封两公，并镇两都。此其最甚者，余不足计也。

礼部题应天主考，奉旨："陈具庆、张士范俱着升翰林院侍讲。"云。

旧例：两京主试，俱用官坊。逆贤抑庶子贺逢圣、孔贞运等，特简具庆、士范主应天试，徐时泰、孙之獬主顺天试，俱从编简超升侍读，真创建也。顺天中式：崔呈秀子崔铎。应天中式：周应秋子周录，后皆褫革。铎本房中书林萃芳，录本房知县岑之豹。

是时主试者，因鉴前科试官以录语得罪，无不极力献谀。浙江主试陈监出论题："巍巍乎惟天为大，惟尧则之"，孟题："文王以民力为台为沼"三句，盖西湖逆祠甫落成也。应天出题时，有拟"此谓惟仁人为能爱人，能恶人者"，张士范叹绝以为妙。同考武进知县岳凌霄抗言对曰："今日之士，上固不可得罪朝廷，下亦不可遗讥清议，这'能恶人'三字，也觉太伤天地之和！"张面赤不能答，陈以冷语解之。张次题仍出"见而民莫不敬"至"施及蛮貊"。湖广主考李明睿录叙备列镇守诸阉名，副考李鲁生后序极詈楚风之恶，訾及宋玉、屈原为"纤丽妖冶"，盖以逆阉因杨忠烈故，极恶楚人也。惟江西主考倪元璐出"皓皓乎不可尚已"题，因时方拟逆阉于先圣建祠，国学司业朱之俊揭示有云："公之功在禹之下，孟之上。"故以此暗驳之。策问中亦多箴时语，至引王文成备宸濠事为言。使逆阉不败，祸不测矣。

以田吉为兵部尚书，霍维华总督蓟辽，袁崇焕不为逆阉所喜，边功不加恩荫。维华疏言："崇焕功高赏薄，乞以己荫让之，以昭公道。"末又点崇焕议款之误，有旨切责。

先是，六年秋，上幸西苑，与二小阉泛舟为戏，忽风起舟覆，上与二阉俱溺水中。二阉死，上幸获救，由此不安，至是加剧。维华闻之，进仙方灵露饮。其法：取上号粳大米淘净，入木甑蒸之。甑底中，安长颈大口空银瓶一个，米渐添渐熟，水渐熟渐易，不数易而瓶中之露满矣，乃米谷之精也。上饮而甘之，以余沥分赐近侍。久之，传谕不用，而圣体日渐浮肿，医药不效。逆贤闻之，大责维华。华又侦知上弥留，遂故作相左之态。因崇焕上疏，急出此疏，且自请出镇以远之矣。初，华以崔呈秀、吴淳夫之荐起用，其妾有为逆贤甥孙者，刺因称"愚甥孙婿"，且妾弟陆荩臣为午门珰，故得闻内事，最早最悉。持公封，让子荫，知凶局将败，眼明手快，故为异同也。

田吉，庚戌进士，以殿试怀挟被缉，罚三科，选杂职。壬戌，以莲妖之变，吉愿请缨，遂授郓城知县，搜流民遗产，变价入橐。乃因逆珰肺亲，夤缘升兵部，不三年而登宫保尚书极品矣。后以交结律，入逆案，斩决。

礼部题国子监秋祭文庙。有旨：遣宁国公魏良卿行礼。旧例必遣辅臣，至是因礼部尚书来宗道献谀，题良卿往。行祭之顷，怪风暴起，殿上灯烛尽灭。良卿惊悸伏地，久之，始能出声。说者谓先圣有灵，不享非类之祀如此。

上疾大渐。二十一日，有旨谕吏、兵二部，奉圣夫人客氏子侯国兴封伯爵，二十二日，工部三殿告成，叙功，奉旨加封厂臣弟子一人东平侯，朝臣增秩赐金有差，益滥觞于搜功云。

是时大行崩问已传，二功谢恩之日，即鼎湖攀髯之日，所谓旨者，非大行、非嗣皇也。矫旨于无可矫之日，所拜之恩，谁之恩与？噫！诸臣七尺之身，从此永为逆阉有矣！

是时群臣俱在寓闻讣，恐入朝有他变，生死且不测。厥明至殿门，宫臣持门不得入，告以宜用丧服。既改服，又言未成服，宜如常。群臣奔走出入者三，气喘且不续。哀诉宦官，乃得入行哭临礼。司礼太监王体乾及忠贤在丧次，独体乾语礼部备丧礼，忠贤目且肿，无所言。群臣出，独呼兵部尚书崔呈秀入，屏人私语移时，秘不得闻。或曰忠贤自欲篡，而呈秀以时未可而止之也。逆党先又献计，欲令宫妃假称自娠，而窃魏良卿子以入，忠贤辅之，如新莽之于孺子婴。忠贤纳其说，令人讽懿安皇后。后力拒不可，曰："从命死，不从亦死，等死耳！不从而死，可以见二祖列宗在天之灵。"忠贤无以难，乃召信王即皇帝位。

九月，上尊谥曰"达天阐道敦孝笃友章文襄武靖穆庄勤哲皇帝"，庙号"熹宗"。

卷四　崇祯朝纪事

（丁卯九月起至庚午十二月）

毅宗烈皇帝为光庙第五子。母选侍刘氏，后追谥为孝纯太后。万历三十八年庚戌十二月二十四日卯时生于东宫。孝纯早逝，抚育于李庄妃。天启二年九月，册封为信王。七年二月，就外邸，成婚，册妃周氏，是为烈皇后。后为兵马司周奎之女。奎系苏州府长洲县人，后封嘉定伯。

熹庙病亟时，魏珰方张盛，中外危栗。上在信邸，为魏珰疑忌，常称疾不朝谒。至是，召入见，谕以"吾弟当为尧舜"，上惧不敢当，但言："陛下为此语，臣应万死。"熹庙再以"善视中宫"为托，又言"忠贤宜委用"，上益惧，求出。至八月甲寅日，熹庙已晏驾，诸奸秘不传。翌日，凶问彰露，始宣皇后懿旨告外。

逆珰遣涂文辅等迎上入宫。上危甚，袖食物以进，不敢食宫中物也。是时群臣无得见上者，上秉烛独坐。久之，见一阉携剑过，取视之，留置几上，许给以赏。闻巡逻声，劳苦之，问左右："欲给以酒食，安从取乎？"侍者对："宜问之光禄寺。"传令旨取给之。欢声如雷。

以二十四日，即皇帝位于中极殿，受百官朝。朝时，忽天鸣。

谕免召买香烛，节省三万余两，加惠文武军民人等。赏赍守边官军，谕内阁动支户部太仓银三十万两，兵部太仆寺马价银三十万两，工部二十万两，光禄寺三万两，顺天府搜括税契等项银一万两，各速给发。

内阁奉上谕："凡本内遇'天地''祖宗''列后'字样，俱要出格。朕不敢与天地祖宗并，传示遵行。"

上一日御便殿，阅章奏，闻香烟心动，疑之，出步阶城间，乃定。询内官："此自何至？"曰："宫中旧方。"上叱毁之，勿复进，太息曰："皇考皇兄，皆为此误也！"

九月甲子朔，太监魏忠贤乞辞厂务，不允。奉圣夫人客氏准出外宅。给宁国公魏良卿、安平伯魏鹏翼铁券。太监李永贞疏病，准回籍调理。

客氏既奉旨出宫，于五更衰服赴梓官前，出一小函，用黄色龙袱包裹，皆先帝胎发、痘痂，及累年剃发、落齿、指甲等，焚化，痛哭而去。后奉旨籍其家，太监王之政严讯之，得官人有娠者八人，盖出入掖庭，多携其家侍媵，冀如吕不韦、李园事也。上大怒，立命赴浣衣局掠死，后仍戮尸凌迟。

子侯国兴伏诛，客光先、客璠、杨六奇等遣戍。（光先、璠，皆客氏兄子；六奇，忠贤之婿。）忠贤肆恶，皆与客氏同谋成之。其危中宫，害裕妃、成妃，用王体乾，杀王安，皆客氏之造意也。

上初即位，所以优礼客、魏者，一如熹庙，而信邸承奉，尽易以新衔，入内供事。其李朝钦、裴有声、王秉躬、吴光承、谈敬、裴芳等，次第准其乞休，逆贤羽翼，剪除一空，复散遣家丁，然后黜逐逆贤。肘腋大奸，不动声色，潜移默夺。非天纵神武，何以能此？

四大朝，廷臣俱用朝衣朝服，内阉则否。惟岁除祭中霤之神，司礼监掌印，代行祭礼，奏请祭服服之。大朝正，磕头呼"万岁"而已。逆贤擅政，凡遇大朝，与王体乾下至牌子等，俱僭用朝衣冠，于乾清宫大殿内，照外廷仪制行庆贺山呼礼。赞礼内阉，一如鸿胪班首，亦致词焉。后魏良卿晋封，逆贤改带貂蝉冠，位王体乾上。烈皇登极，逆贤欲仍照熹庙行礼，继而惮上英明，止用本等人色，同众叩头呼万岁而已。

又贾继春参崔呈秀："以听勘御史，未及二年，骤加宫保。卖官鬻爵，贪淫秽迹，不可枚举。田吉以殿试而被怀挟之参，瓦全已幸，乃二载曹郎，而至尚书极品，叨名器如承蜩。单明诩逾期主政，而为督抚侍郎，取节钺如拾芥。此又笑破士林之口，应听自裁。"

工部主事陆澄源疏上四事："一，正士习。比来士气渐卑，惟以称功颂德为能事，如厂臣魏忠贤奏疏不书姓名，尽废君前臣名之礼。祝釐遍于海内，奔走狂于域中。士风之卑，莫此为甚。一，纠官邪。如尚书崔呈秀贪横无耻，台臣虽悉其概，其恶实罄竹难书。一，安民生。立枷之法，爰书未定，而命已毙。厂卫深文，株连蔓引，惨酷不忍言。一，足国用。今之勋荫，充塞满路，禄费不支。又如忠贤生祠，在在创立，费不下百万，及今变卖，尚可得数十万金。"

兵部主事钱元悫疏言："巨奸崔呈秀虽已锄去，然呈秀之恶皆缘藉忠贤之权势。忠贤以枭獍之姿，供缀衣之役。先帝念其服勤，假以事权，群小蚁附。称功颂德，遍满天下，几如王莽之妄引符命；列爵三等，畀于乳臭，几如梁冀之一门五侯；遍列私人，分布要津，几如王衍之狡恶三窟；舆珍辇宝，藏积肃宁，几如董卓之郿坞自固；动辄传旨，钳制百僚，几如赵高之指鹿为马；诛锄士类，伤残元气，几如节甫之钩党株连；阴养死士，陈兵自卫，几如桓温之壁后置人；广开告讦，道路以目，几如则天之罗钳吉网。天佑国家，诞启圣明，然羽翼未除，阴谋未散，可漫焉不加意乎？至魏良卿辈，既非开国之勋，又非从龙之宠，安得玷兹茅土？又如告讦获赏之张体乾、锻炼骤贵之杨寰、夫头乘轿之张凌云、委官开棍之陈大同、号称大儿之田尔耕、宁国契友之白太始等，凡为忠贤之爪牙鹰犬，俱宜明正其罪，或放或诛，则奸党肃清矣！"

御史吴尚默疏言："贼臣之身已去，贼臣之恶未暴。呈秀鬻身奥援之门，入宾阉寺之幕。不顾笑骂，称功颂德，天下几不知有廉耻；立马之呼屡斥，朝阳之音罕闻，天下几不知有名节；疏揭一人，家籍没而身齑粉，人人重足，天下几不知有身家；将作何事，乃与夺情，天下几不知有伦理；都察一院而设四宪臣，左都一秩而设两座，天下几不知有名位；甚者先帝易箦将及，乃连章累牍，颁爵赏而列封荫，群臣谢恩之日，即先帝宾天之日，天下几不知有改革之大故！论及此，而贼臣之罪案定，厂臣魏忠贤之罪案可亦定矣！"

贡生钱嘉徵疏劾魏忠贤十大罪："一曰并帝。内外封章，必先关白，称功颂德，上配先帝。及奉俞旨，必曰'朕与厂臣'。二曰蔑后。皇亲张国纪未罹不赦之条，恨皇后当御前面折逆奸，遂罗织国纪，欲置之死，几危中宫。三曰弄兵。祖宗朝不闻有内操之制。忠贤外胁臣民，内逼宫闱，操刀厉刃，炮石雷击，深可寒心！四曰无上。列祖列宗，皇皇垂训，中涓不许干预朝政。乃忠贤于军国重事，一手障天，凡边腹重地漕运咽喉，多置腹心，意欲何为？五曰克削藩封。三王之国，庄田赐赉甚薄，而忠贤封公侯伯之土田，膏腴万顷。六曰无圣。先师为万世名教之主，忠贤何人，敢建祠太学之侧？七曰滥爵。故制：非军功不侯，忠贤有何功绩，而袭上公之封？八曰邀边功。辽左失陷，未恢寸土，为何封侯封伯，联镳冒赏？九曰伤民财。祠宇遍天下，靡费金千万万。敲骨剥髓，孰非小民之脂膏？十曰亵名器。制科取士，慎重关防。忠贤所私崔呈秀之子铎，目不识丁，竟玷贤书！"疏入，俱报闻。

先是，已准崔呈秀回籍守制。同时夺情者，又有工部尚书李养德、延绥巡抚朱童蒙，俱准丁忧去。忠贤再疏引疾求退，准回私宅调理。宁国公魏良卿改锦衣卫指挥使，东安侯魏良栋改指挥同知，安平伯魏鹏翼改指挥佥事。寻有旨：安置魏忠贤于凤阳，安置徐应元显陵。应元，故信邸承奉，以从龙升司礼。得忠贤贿，为之左右。上知之，故并得罪。

十一月初四日，谕兵部："逆恶魏忠贤擅窃国柄，橐盗中帑，陷诬忠直，草菅多命。本当肆市以雪众冤，姑从轻降发凤阳。岂巨恶不思自改，辄敢将素蓄亡命之徒，身带凶刃，环拥随卫，势若叛然，朕心甚恶！着锦衣卫即差的当官旗前去扭解，押赴彼处，交割明白。其经过地方各该抚按等官，多拨官兵沿途护送，所有跟随群奸，即擒拿具奏，勿得纵容遗患。"时官旗方出京，忠贤至阜城县，闻信，即自缢于饭店中。其名下随身用事李朝钦同缢死焉。崔呈秀亦报缢死于家。旋有旨："各犯家产俱籍没入官，各处生祠尽行拆毁，变价解京。"其忠贤在京原赐第一所，命不必变价，留俟东西底定，以赐有功之臣，榜曰"策勋府"。

夏允彝曰："烈皇帝不动声色，逐元凶，处奸党，宗社再安，旁无一人之助，校之世宗为更难。时在朝皆阉党，莫发其奸。维垣首纠呈秀，始自相携贰，然于珰仍不敢致讥。澄源、元悫乃直指珰罪，至嘉徵所言更详尽。珰不胜愤，哭诉于上，愈触上怒，即放之出。至中途，侦知上必重处，遂自缢死。呈秀列姬妾，并罗列珍异酒器纵饮，饮一杯，即掷坏之。饮已，自尽。天地再辟，皆上独断也。"

嘉徵循循大雅人，以贡为县令。元悫擢司铨。澄源后与东林反唇，所行多不简，以京察锢之。为善不卒，惜哉！

杨维垣又疏参魏良卿，奉旨："逆孽魏良卿法当籍没，着内外官将有名人犯拘究。僧浴光严缉必获。其原籍肃宁家产，抚按严加封固，查明具奏！"

当逆珰盛时，曾以十万金构一佛刹，延浴光为主僧。珰既败，平时往来者俱绝迹矣。浴光独延之一饭。俄而维垣参疏，词及浴光，人尽为危之。浴光曰："吾不出，无以安此法属！"挺身赴京，维垣见之大惊，曰："不意即师，业上疏矣！奈何！"
前此，维垣曾求浴光荐引于珰，光却之。至是色沮，
恐其吐实，光殊无此意也。夫以出家学道人，而受
逆珰之供养，其人固无足取。然视维垣辈身列衣冠，
而前后反复，始则钻穴呈身，继则参论以博名高，
其人之贤不肖，相去又何如哉！

刑部为遵旨会议事，奉旨："逆恶魏忠贤扫除厮
役，凭藉宠灵，睥睨宫闱，荼毒良善。非开国而妄分茅
土；逼至尊而自命尚公。盗帑弄兵，阴谋不轨。逆妇客
氏传送消息，把持内外。崔呈秀委身奸阉，无君无亲。
明攘威福之权，大开缙绅之祸。无将之诛，自有常刑。
既会议明确，着行原籍。忠贤于河间府戮尸凌迟，呈秀
于蓟州戮尸斩首，仍将爰书刊布中外。魏志德等俱发烟
瘴地面，永远充军。"

罢苏杭织造，谕曰："封疆多事，征输繁重，朕甚
悯焉，不忍以衣被组绣之工，重困此一方民。俟东西底
定之日，方行开造，以称朕敬天恤民之意。"

撤回各边镇守内官，谕兵部曰："军旅大事，必
事权一而后号令行。刘宦官观兵，古来有戒。今于各处
镇守内官尽行撤回，一切相度机宜，约束吏士。无事修
备，有事却敌，俱听督抚便宜调度。无复委任不专，体
统相轧。各督抚诸臣及大小将领，务殚竭忠贞，以副

朕怀。"

谕吏部:"魏忠贤、崔呈秀天刑已殛,臣民之愤稍舒,而诏狱游魂,犹然郁锢,含冤未伸。着部院并九卿科道,将以前斥害诸臣,从公酌议,采择官评。有非法禁毙,情最可悯者,应褒赠即与褒赠,应恤荫即与恤荫。其削夺牵连者,应复官即与复官,应起用即与起用。有身故捏赃难结,家属波累羁囚者,应开释即与开释。勿致久淹,伤朕好生之意!"至元年三月,吏部始以死事诸臣列名上请,赠恤有加。疏详载于后。

刑部奉旨:"厂卫深文,附会锻炼,朕深为痛恨。耿如杞着与开复原职,胡士容、李柱明俱改拟发落,方震孺、惠世扬着九卿科道会议。"耿以不拜逆祠得罪;胡任蓟州兵备,为崔呈秀所陷;李任户部官仓,诬以盗米被获,逆珰以此叙功;方以封疆,惠以移宫,皆诬坐大辟,至此俱得释。而部院初犹拟方、惠二人改斩为戍。再拟,始准复官起用云。

如杞疏言:"抚臣刘诏上建祠疏,怪臣不肯呈详,乃取忠贤像悬之喜峰,见者以五拜三叩头,呼九千岁。臣见其像冕旒也,半揖而行。诏即驰报忠贤,参臣逮问矣。臣入镇抚司,许显纯酷刑所加,甚于盗贼反叛。悬坐赃六千三百两,家资变尽,亲友代完,乃得送刑部。问成大辟,押赴市曹者,日日有闻。幸遇皇上出臣于狱,准复原职,乞容臣回籍调理。"奉旨:"着即铨补优缺，以旌直气，不必陈请。"

方震孺亦具疏陈被诬始末，略云："缙绅之祸，至臣等而极。今既荷雨露之恩，宜永消报复之念。若才作藩篱之囚，便又种圜扉之果：愿以之为被罪诸臣规。既遇圣旨，攀麟凤者建竖固奇，狎鸥鹭者梦魂亦稳。假使逆珰不遭天谴，即蠖伏空山，得安枕乎？又愿以之为废弃诸臣规。犹有请焉：逆珰秉政，最喜深文。经厂卫者，冤苦固多；即不经厂卫者，冤苦亦复不少。且恩诏减等，齐民得之犹易，缙绅得之反难。臣在狱与诸臣累言：倘异日蒙生，必以此情控于皇上。今既邀高厚，敢负此心哉？乞敕下法司，从公尽数公审一番，此又臣附于工瞽刍荛之后者也。"

监生胡焕猷疏论："大学士黄立极、施凤来、张瑞图、李国楷，当忠贤专擅，揣摩意旨，专事逢迎，省直建祠，各撰碑称颂，宜亟罢，并纠各抚按之请建祠者。"奉旨：下刑部问。刑侍李若珪辄引卧碑生员禁言事律，论杖除名。四辅各具疏辩，托言："忠贤碑文，使其食客游士自为之，至于取旨褒赞，则文书官称上命票拟。臣等不能尽职，计惟有见几之作，而徘徊其间，冀有毫发之益于国，亦少尽区区之心耳。"并引陈平、周勃、狄仁杰事，上优答之。未几，相继去位。惟国楷陛辞疏言："焕猷书生，义愤勃然。自今观之，其言有一不行否？用其言而弃其人，何以发忠义之气？愿还之胄监，以作敢言。"从之。人谓高阳此举，犹见相度，胜同事诸人多矣。

四辅既被劾，义难久留，因合疏请枚卜。上允之，令部院会推，以十人名具疏。是时逆珰余焰未灭，邪议尚存。上明圣，知列名前后不无意议，乃贮名金瓶中，对天焚告，行一拜三叩头礼，以箸挟之，为得钱龙锡，次李标，次来宗道，次杨景宸。辅臣以天下多事，叩头求广一二，上乃复夹得二，则周道登、刘鸿训也。未几，来以署部时为崔呈秀之母请恤，有"在天之灵"语，为言路所纠，杨在掌院时有颂疏珰，上并疑会推之不足信，始从众望，特谕召起旧辅韩蒲州矣。

御史杨维垣既疏参崔呈秀，拟与群奸共收余烬，力持残局。时已差河东巡盐矣，掌道安伸疏请留佐大计。凡削籍诸臣，虽屡奉起用之旨，维垣一手握定，百方阻遏。其游移两岐，及本邪党而偶被逐者，始为推毂。于是编修倪元璐上"方隅未化，正气未伸"疏，略曰："凡攻崔、魏者，必列东林为对案，曰'邪党'。以东林之臣为邪人、党人，将以何名加之崔、魏之辈？崔、魏而既邪党矣，向之劾忠贤，论呈秀者，又邪党，何哉？且天下议论，宁涉假借，必不可不归于名义；士人行己，宁任矫激，必不可不准诸廉隅。自以假借矫激，深咎前人。而彪虎之徒，公然毁裂廉隅，背叛名教。于是乎连名颂德、生祠匝地矣。夫颂德不已，必将劝进；生祠不已，必且呼嵩。犹宽之曰'无可奈何''不得不然耳'。充一无可奈何、不得不然之心，又将何所不至哉？今大狱之后，汤火仅存，犹以'道学封疆'四字，持为铁案，深防报复，窃以为过计也。"末因为旧辅韩爌、词臣文震孟辩雪浮谤，请赐召用。又言："邹元标宜易名，海内书院宜修复。"

维垣随出"词臣持论甚谬，生心害政可虞"疏纠之，倪复出"微臣平心入告，台臣我见未除"疏，略云："维垣纠臣，盛称东林，以东林之护李三才、熊廷弼也。亦知东林中有首参魏忠贤二十四大罪之杨涟，及提问崔呈秀、欲追赃拟戍之高攀龙乎？当时之议，于三才也，特推其挥霍之略，未尝不指之为贪；于廷弼也，特未即西市之诛，未尝不坐之以辟，则犹未为失论失刑也。今以忠贤之穷凶极恶，维垣犹尊称之曰'厂臣公''厂臣不爱钱''厂臣为国为民'，何况三才？以彪虎之交结近侍，律当处斩，初拟止于削夺，岂不骄儿护之。维垣不闻驳正，又何尤昔人之护廷弼？至行贿之说，自是巨珰借以为杨、左诸臣追赃地耳。初拟以移宫一案杀诸臣，及狱上，而以为难以坐赃，再传覆讯，改为封疆，派赃毒比，此天下共知者，奈何尚守是说乎？王纪以参沈淮忤逆珰而遣斥，文震孟以荐王纪而降削，均得罪于珰者耳。试观数年来破帽策蹇驴之辈，较超阶历级者，孰为荣辱？自此义不明，于是畏破帽策蹇驴者，相率为颂德建祠；希蟒玉驰驿者，遂呼父呼九千岁而不顾矣！逆珰毁书院，逐正人，钳学士大夫之口。自邹元标以伪学见驱，逆珰遂以真儒自命。学宫之席，俨然揖先圣为平交，使讲学诸臣在，岂遂至此？维垣以无可奈何之心，为颂德生祠解嘲。假令呈秀舞蹈称臣于逆珰，诸臣便以为无可奈何而尽舞蹈称臣乎？又令逆珰以兵劫诸臣，使从叛逆，诸臣亦以为无可奈何、俯首从叛乎？"

初疏入，平湖施凤来拟票，有"持论未当"之旨，盖犹坚持珰局也。至再疏入，上亲览，心动，得奉谕旨，维垣辈毒网始无所施。人谓二疏实为廓清首功云。

御史高弘图疏言："魏忠贤乱政窃权，谋为不轨，廷臣但指为奸，皇上暴其罪状，名曰'逆'。从此凌迟戮尸颁布爰书，而案始定。彪虎怙宠，毒害忠良，法司初拟未减，皇上列其显慝，敕用重典。从此谕斩遣戍，明著谳词而案始定。若夫倾危社稷，摇动宫闱，显称拥卫之干戈，争作反叛之羽翼，如刘诏、刘志选、梁梦环者，罪实浮于虎彪。诏以天子宪臣，于忠贤像呼九千岁，行五拜三叩头礼，非倡逆九边，使效尤乎？又于先帝弥留日，遵化教场点兵，更置将领，精甲良马，皆忠贤颁赐，家丁直接都门。非大圣人出，而内应外合，非诏而谁。先帝在宫无骊、褒之宠，凡鱼贯而进者，非忠贤所贡，概行残害。悍后父张国纪，志选、梦环连章纠劲。一旦易后谋成，两贼为华歆矣。志选仅与潘汝桢同削，梦环弗与倪文焕同逮，则阁臣票拟模棱，非所以为训也。"奉旨："志选、梦环抚按提问，刘诏先行革职。"

御史叶成章疏言："李实督造苏松，参杨姜，坐以赃，巡抚周起元力救之。起元参道臣朱童蒙，实遂谮于忠贤削逐起元，横坐以关说公事，串入周顺昌、高攀龙、周宗建、李应昇、缪昌期、黄尊素，而一网之。缇骑四出，械系相续，概送镇抚司，而许显纯操其生杀之权矣！李实构于外，李永贞织于内，显纯下此辣手，即举四凶立磔于西市，未足偿七臣之命也。"

上既命磔魏忠贤、客氏，斩崔呈秀，即命定附逆诸臣。给事李觉斯疏参："忠贤有十孩儿、五虎、五彪。"奉旨："法司会议具奏。"虎为吴淳夫、李夔龙、田吉、倪文焕，其一则霍维华也。维华广布神通，遂以已死之崔呈秀代之。彪为田尔耕、许显纯、崔应元、杨寰、孙云鹤。时刑部尚书苏茂相、左都御史曹思诚、大理寺署事少卿姚士慎，皆与珰党者，香火情深，曲加护持，引"职官受财枉法"律，发附近卫所充军终身。倪文焕追赃五千两，吴淳夫三千两，李夔龙、田吉各一千两，解助边饷。田尔耕、许显纯，引"职官故勘平人，因而致死"律，斩，监候处决。崔应元、杨寰、孙云鹤，引同僚官知情共勘，减等发边卫充军。谳上，舆论不平甚。

惟时刘志选、梁梦环以诬论张国纪、倾摇国母，薛贞以枉杀刘铎，皆相继论列逮问，而内外蒙徇，起解无期。给事中曹师稷疏言："虎彪为逆珰腹心，同恶相济，按以交结之律，宁有首从之殊？乃牵引寻常贪酷职官例律，巧为诸奸出脱，其监候必于原籍，充军必于附近。物议沸腾，岂曰无因？今刘志选、梁梦环、李永贞并奉旨提问，窃恐法司复祖前人故智，以护虎彪者护诸奸也。"

御史吴焕疏言："昔年被祸诸臣，朝闻命而夕就征，至不敢入与妻孥讯。今虎彪诸奸，虽屡奉明旨，而诏书挂壁，优游任意，如刘志选、梁梦环、曹钦程辈，或燕处家园，或潜藏京邸，奥援有灵，朝廷无法。薛贞以堂堂司寇，为珰党刽子，抗不赴逮，公然疏辩，蔑法甚矣。"于是再奉严旨，勒限严催起解云。

时新资科道考选命下，弹击珰党无虚日，珰所拔用之大僚黄立极、周应秋、郭允厚、孙杰、陈九畴、阮大铖、吕纯如等，咸次第撤回，虎彪与诸奸始得逮问正法。次年遂定逆案，颁行天下。

吏部疏题赠恤死事诸臣：高攀龙兵部尚书，后加赠太子少保；杨涟右都御史，加赠太子太保；左光斗右副都御史，加赠太子少保；周起元兵部侍郎；周顺昌、魏大中俱太常寺卿；李应昇、周宗建、黄尊素、袁化中、吴裕中、夏之令俱太仆寺卿；周朝瑞大理寺卿；缪昌期正詹事；万爆光禄寺卿，各荫一子入监读书，照品级赐祭葬。丁乾学侍读学士，顾大章、刘铎太仆寺卿，张文刑部员外，俱赐祭葬。奉旨："高攀龙等守正捐生，贞魂久郁，既经分别赠荫，准如议行，以昭朕显忠励贤之意。"

以熹庙梓宫发引，廷试进士改于四月初二日。上留心策士，是日吁天，祈得真才，又将进呈三十六卷，并贮金瓯中，以金箸夹之，首得刘若宰，遂定为状元。

> 按：弘治乙丑科廷试，孝宗皇帝亦焚香告天于后宫。是科所得名臣，顾鼎臣、崔铣、黄巩、魏校四人以文章品望著，方献夫以议大礼显，严嵩以贪奸败。今戊辰科所得如汪伟、金铉、王章、吴甘来、周凤翔、徐汧、李梦辰、胡守恒、史可法、金声、刘之纶、徐泽，皆以死节著，似胜于弘治矣。而是科亦有宋企郊以首先降闯贼闻，其他失节败类者，亦尚有人也。是科以登极恩，中进士三百五十人。房考二十人，部臣有带都察院副都衔者，尚依逆珰乱政时所加，然序列在翰林编检后。

《三朝要典》一书，乃逆党顾秉谦、崔呈秀、冯铨等迎合魏珰意，借题以实诸正人罪者也。其所指罪魁，红丸则以孙慎行为首，移宫则以杨涟为首，梃击则以王之窠为首。当日各贤，一网俱尽于此。至是，倪元璐请毁之，疏云："梃击、移宫、红丸三案哄于清流，《要典》一书成于逆竖。其义不可不兼行，其书不可不速毁。盖当事起议，兴盈廷互讼。争梃击者，力护东宫；争疯癫者，计安神祖。主红丸者，仗义之言；争红丸者，原心之论。主移宫者，弭变于几先；争移宫者，持平于事后。各有其美，不可偏非。既而杨涟二十四罪之疏发，魏广微辈门户之说兴。于是逆珰杀人，则借三案；群小求富贵，则借三案。经此二借，而三案之面目全非矣！故凡推慈归孝于先皇，则颂德称功于义父。网已密而犹疑有遗鳞，势极重而或忧其翻局。于是诸奸始创立私编，标题《要典》，以之批根今日，则众正之党碑；以之免死他年，即上公之铁券。由此而观，三案者，天下之公议；《要典》者，魏氏之私书。夫以阉寺之权，屈役史人之笔，亘古未闻，当毁一。未易代而有编年，不直书而加论断。若云仿佛，明论大典，则是魏忠贤欲与肃皇帝争圣，崔呈秀肆与张孚敬比贤，悖逆非伦，当毁二。矫逆先帝，伪撰宸篇，假窃诬妄，当毁三。又况史局将开，馆抄俱备。七载非难稽之世，实录有本等之书。何事留此骈枝，供人唾骂？当毁四。"

　　奏入，上即欲取《要典》焚毁，内阁来宗道拟旨："这所请关系重大，着礼部会同史馆诸臣详议具奏。"御笔于具奏下，增"听朕独断行"五字。既而众议佥同，奉旨即行焚毁。侍讲孙之獬诣东阁，力争不可毁，继以痛哭，复上疏极言不可毁之故。于是张承诏、吴焕、吴玉等连疏参之。獬语皆绝快，而萧山辈居中竭力调护，仅票旨：回籍。至次年定入逆案中。

　　朱文肃曰："甚哉小人之愚！自供罪案，又代为他人发扬盛美也！《要典》一书，先列争者之疏，附以史断。曲诋妄詈，无所不至。然后附以驳者之疏，其人则杨维垣、赵兴邦、徐大化、刘志选、崔呈秀也。由今而观，五人之肉足食乎？骨之臭可洗乎？

　　"前之争者，或死或废。其疏稿未必尽存，其子孙未必能一一搜集，而《要典》收之略备。借天子威灵，既藏内府，又遍散民间。未几内府毁，而散者不可收，人皆得而见之。于争者无不叹赏，于驳者无不唾骂，而史臣数语，段段可恨可羞。秽莫加焉！罪莫甚焉！殆天夺其魄，自投秽厕中，没项不可拔也。

　　"五人既坐大诟，其二又婴大戮。此外又有如刘廷元、岳骏声、霍维华，才皆可贵，皆入其中。吾惜逆贼既害多少善人，又累多少才人，故立身者不可不察。总之功名之念淡，则思过半矣。"

　　按：文肃此论畅矣，然似微为霍、刘致惜者，

亦知倡"疯癫"二字以护梃击者，廷元也；首开通
内之径，阴导逆珰戕善类者，维华也。即谓之才，
亦小人之才耳，何足言！

御史毛羽健疏参：阮大铖先后举主，前则五虎之倪
文焕，后则十孙之长李鲁生。非党邪确证乎？甲子岁，
营吏垣之长，恨赵南星不与，而与魏大中，遂拜忠贤为
义父。而南星戍死，大中惨杀，非害正确证乎？若"通
算"一疏，力诋左光斗，极詈周嘉谟等；"臣言过直"
一疏，复力荐之，非阳附正人以掩其党邪害良之确证
乎？至"屈指待皇祖鼎湖"一语，此何事？而今日屈一
指，明日屈一指，以待皇祖之龙升，非大逆不道乎？

初，大铖以附珰升光禄寺卿，见珰败，因上"合算
七年通内诸臣"一疏，以惠世扬串汪文言，通王安，并
及诸人，冀掩其谄附之迹。至王被劾，即奉"阮大铖前
后翻覆，阴阳闪烁，着闲住"之旨，盖长山所票也。大
铖因恨长山，遂私通内廷，暗布蜚语以构之，不久即得
罪去。

御史任赞化、吴玉、邹毓祚、邓英、毛羽健等连疏
参杨维垣把持朝政、党邪害正诸罪，已奉旨下部议处斥
革矣。至是，而原任尚宝卿黄正宾上"除恶务本"疏，
略云："结交内侍，明律森然。乃虎彪肆行，而子孙蝻
集。究其为作俑者，魏广微；发纵指示者，徐大化也。

大化始以攻熊廷弼为媚珰赞见，既而逢迎广微，以担当共媒富贵。某宜戍，某宜削，一一疏记与广微，使大肆其排挤之毒手。夤缘督理大工，日奉魏忠贤色笑，克减工银无算。最后私受铜商厚贿，那借惜薪司钱粮二十万两，拂忠贤之意，罢令闲住。及睹成局将败，令表侄杨维垣疏参崔呈秀，为番身转局地。目今大化、维垣虽奉谴斥，潜居辇毂，日与阉官往来。世界翻云覆雨，已三转于大化之线索，何叵测也。"时萧山票旨有"不必苛求"句，御批"杨维垣不许潜住京师，徐大化着回原籍"云。

先忠毅与周宗建辈七公之逮也，由于织监李实之疏。李实已逮问大辟矣。一日，上召对时，宣刑部署部事侍郎丁启睿问曰："李实一案有疑惑无疑惑，有暗昧无暗昧？"启睿对："九卿科道会问，据实回奏。"

上曰："李实何以当'决不待时'？"启睿对："实与李永贞构杀七命，不刑自招。"上曰："岂有不刑自招之理？"因问吏部尚书王永光，永光对："初亦李实不肯承，及用刑，然后承认。"

上曰："重刑之下，何求不得？李实为魏忠贤追取印信空本，令李永贞填写，如何含糊定罪？"启睿对："威福出于朝廷，一凭圣裁。"上曰："持法要平，朕岂为李实？五虎、五彪辈缘何不问他'决不待时'？"

后一日召对，上特携李实原疏，斥阁臣曰："此李实参七臣原疏也，卿等可详细观看，是朱在墨上，墨在朱上？"诸臣详览久之，俱对以："果是墨在朱上！"上曰："可见是空头本！"复命传与九卿科道连阅毕，于是宣阁臣票改："李永贞决不待时，刘若愚次一等，李实又次一等。"

按：李实空头本是矣，安知非实预为后日卸罪地，故作此先朱后墨之伎俩耶？时为实赍奏者司房孙升，何不即提之诘问，穷究到底耶？又何不取实平日入奏之本，校对字迹异同耶？纵云填写出于永贞，次一等足矣，何至又次一等也？王永光俯顺上意，小人故态不必言。丁启睿身列司寇，不能执法廷诤，乃以"威福出自朝廷"一语卸责，阁部科道亦俱无一言纠正，此廷臣之所以见轻也。明主可以理格，时逊之尚在童年，同难诸子，亦无一人在京执奏者，使冤对未偿，大法未正，痛哉！至彪虎何以不问"决不待时"耶，天语琅琅，诸臣置面颜于何地？当时谳此案为司寇苏茂相，窃谓其罪不减虎彪也。厥后三法司会审虎彪诸奸，始定大辟者，主稿属掌道蒋公允仪笔，始无失刑矣。

李永贞在忠贤名下用事，三年十月升玉带，随堂秉笔，赐坐蟒凳杌，匝月五迁，皆由逆贤心腹掌班刘荣所荐。凡戕害正人，造谋实由外廷线索。永贞即非助逆杀人之人，然其心地可概见也。

七年八月，上即位，即告病，未允。至九月初七日，始准辞。十月初二，即自砌于私宅小院，穴墙以通饮食，二十六日闻逆贤允辞，始出墙见人。盖初求退，原欲与徐应元合成一局，摈退逆贤，从新另做世界。至应元亦退，永贞始手忙脚乱。密托心腹掌班丁绍吕等馈王体乾、王永祚、王本政每人银五万两。三人畏永贞反覆，惧上圣明，都不敢收。十一月十七日，各进献御前。是日晓，永贞不自安，密具鞍马逃走。二十六日，奉旨降净军，发承天显陵安置。举家惊惶无觅。至十二月初九日，永贞外宅得报信人，持永贞亲笔帖取盘费，即拿获，奏闻，着押赴显陵。

二月，又调发凤阳。三月以御史刘重庆疏参，提解赴北。六月二十日会审，引奸邪进谗言，佐使杀人律，斩决不待时。二十七日召对，云："李实空本，永贞填写。"验是墨压朱，遂于十六日传赴正义街斩讫。

御史吴焕疏参漕运太监崔文昇："引进李可灼，漫投寒泻之药，以致光庙宾天，实坐不赦之条。而甘为逆贤腹心，总督漕运，控扼江淮要害，与刘志选虎踞南北，遥为声援。贪污惨刻，人人切齿。文昇在淮，尤为纵肆。剥军虐民，应行逮问。"疏入，文昇拉同伴，伏宫门哭，声达帝座。上立拿首倡二竖，同文昇各杖一百，俱降净军，发往孝陵。焕疏遂留中。

应天巡抚李待问疏为地方死难诸臣：高攀龙、左光斗、缪昌期、周顺昌、李应昇、周宗建、顾大章请建祠尸祝，言："诸臣生平各有本末，砺树咸著朝端。揆厥致祸，非击魏逆之奸萌，即褫崔贼之贪魄，不然，触凶抗忌，构端以陷之者也。彼时虐焰四张，群凶罗织，殒身破家之惨，无不为之号霜泣草，冤愤实有同情。此时天日重开，褒爵赐荫之恩，无不幸其润枯嘘槁，昭揭尤有同志。此各府士民相继以尸祝请也。乞下该部具覆，特允本地建祠崇祀，庶忠魂大慰泉台，直节永光来祀。"

奉旨："郡邑乡贤祠，原以俎豆示风劝。近来滥入太多，亵越巨典，殊非旧制。这惨死诸臣，风节较著，着有司遵旨速祀，使士子晓然知忠孝之义，不必建祠。"

拟此旨者，吴江次辅周道登也。实欲阻乡人之建祠，故以送祀乡贤为词。试观当时缙绅，即庸碌致位，考终牖下者，何一不入贤祠。且入贤祠，止须地方官批行，何必奉旨哉？闻之前辈云：吴江本与珰党臭味，颇忮嫉诸正人，憎及死骨，故不喜同乡有此盛举也。后经台臣王道直、刘士祯论列，亦指及此，可见公论有在矣。故瞿公稼轩是时柬先祖父有云："朝政日见清明，邪党尚守珰局。如圣虑皇皇求旧，彼必力肆挤排；皇衷恳恳恤冤，彼必痛加沉抑。有君无臣，且使人扼腕太息耳！"噫！苟非圣主独断，即一切恤典，亦安能如此之优渥哉！

御史黄宗昌疏言："逆珰窃柄，阴谋叵测，皆由怀禄固宠辈，当先逢迎，有以生其矫窃问鼎之渐。如宁锦兵不过解围自去，乃命爵论赏，即一毫无与者，皆升官荫子，滥至百余人。国家名器，尽为逆阉收买心腹之物，此距先帝升遐时，尚有旬日，或矫或否，半属疑端。至'三殿不日工成'一叙，尤亘古所无。先帝宾天在八月二十二日，叙功行赏在二十一日。先帝久已不豫，此正大渐之时，岂有安闲出诏之理？不闻此时召我皇上付托大宝，及命大臣申谕国事，乃以不要紧之事为大顾命乎？盖逆贤此时雄心正热，故豫先窃命，巧结腹心，此皆魏氏官，非皇上官。至今日犹载伪器，立堂堂之朝，亦良心尽丧矣。"

奉旨："宗昌知矫伪有人，不妨指名奏来。"宗昌因复奉疏言："臣只纠其事，不能尽忆其人，姑查邸报，列名直指之。"因举黄克缵、霍维华、邵辅忠、吕纯如等六十人以对。"大约先帝上仙之日，即诸臣谢恩之日。扬扬得意，以假为真。总之皆所称伪官也。"于是奉旨："下部查核，凡殿功、边功所加恩典，一概削除不叙。"而爵赏始一清矣。

户科韩一良疏言："皇上平台召对，有'文臣不爱钱'之语，然今世何处非用钱之地，何官非爱钱之人？向以钱进，安得不以钱偿？臣起县官，今居言路，以官言之：则县官为行贿之首，给事纳贿之魁。今咎守令之不廉，然守令亦安得廉？俸薪几何，上司督取既多，过客动有书仪。至考选朝觐，动费四五千金。此金非从天降，非自地出，而欲令守令之不爱钱乎？至于科道人号为'抹布'，言只要他人净，不管自己污名。臣两日来，辞却书仪五百余金。臣寡交犹然，余可知矣。此犹为有名之馈。臣则惧其皇上之言路，为吓人之腐鼠。若操一二爱钱之心，当流水至矣。乞大为惩创，使诸臣视钱为污，怵钱为祸，庶不爱钱之风可睹。至开之有源，导之有流，犹未敢深言也。"

疏上，上嘉之，因召对。出疏，命一良高声朗诵毕，付阁臣互阅。刘鸿训奏："这弊有两端：有交际，有纳贿。"上问："何谓交际？"鸿训奏："交际，如亲友馈遗，情有可原；纳贿，则希荣求宠，便不可以数计。"上曰："一良所奏，大破情面，忠鲠可嘉。谕吏部破格推用。"

吏尚王永光奏曰："科臣露章，必有所指。乞令指出，一一重处，以为贪官戒。"上召一良，指疏内"开之有源，导之有流"等语，可据实具奏。一良对："臣今未敢深言，待虏插平后具奏。"上又令指名，一良曰："此二语盖指事例言。若纳贿等事，臣疏中原说风闻。"上大怒曰："难道一人不知，遽有此疏？限五日内指名来！"一良回奏，参周应秋、阎鸣泰、张翼明、褚泰初。上又召一良面诘曰："周应秋等自有公论，张翼明已下部议勘，何待尔参？"复取前疏反复展视。玉音朗诵至"此金非从天降"，及"辞却五百余金"一段，击节叹赏。声厉臣邻，问一良此五百金何人所馈，一良对："臣有交际簿在。"上固问，一良终以风闻对。上遂震怒，即谕阁臣曰："韩一良前后矛盾，前疏明明有人，今乃以周应秋等塞责。"刘鸿训等合词奏请再三。上愠曰："都御史不是轻易授的，要有实功。"鸿训再奏曰："臣不为皇上惜此官，但为皇上惜此一言！"上曰："分明替他说话，岂有纸上说一说，便与他一个都御史？"复召一良面叱曰："所奏前后矛盾，显是肺肠大换，本当拿问，姑饶这遭！"

宁锦督师缺，廷推袁崇焕。崇焕赴任，陛辞，上召对曰："封疆沦陷，辽民涂炭。卿万里赴召，忠勇可嘉，所有方略，可具实奏闻。"崇焕奏："所有方略，已具疏中。臣受皇上特恩，愿假以便宜。计五年而东虏平，辽可复。"上曰："五年灭虏，便是方略。朕不吝封侯之赏，卿其努力以解天下倒悬之苦，卿子孙亦受其福。"崇焕谢恩暂退。时上亦暂憩便殿。

给事中许誉卿面叩五年方略，崇焕言："聊慰上意耳！"誉卿言："上英明甚，岂可浪对？异日按期责功，奈何？"崇焕自觉失言。顷之，上再御殿。崇焕即奏："东虏四十年蓄聚，此局原不易结。但皇上留心封疆，宵旰于上，臣何忍言难！此五年中，须事事应手，首先钱粮。"上即召户部署事王家祯，令："竭力措办，毋致不充于用。"崇焕又请器械："凡解边弓甲等项，必须精利。"上即谕工部署事张纯枢："所解各项，颁铸定监造司官及匠作姓名，有不堪者，换查究治。"崇焕又奏："五年之中，事变不一。必须吏、兵二部，俱应臣手。所当用之人，即为选授；不当用者，勿为滥推。"上即召吏部尚书王永光、兵部尚书王在晋，谕以崇焕意。崇焕又奏："以臣之力，制东虏而有余，调众口而不足。一出国便成万里，忌功嫉能，夫岂无人？即凛于皇上法度，不以权掣臣之肘，亦能以意乱臣之方略。"上起立伫听，久之，寻谕曰："卿条奏井井，不必疑虑，朕自有主持。"阁臣刘鸿训等俱奏："请假崇焕便宜，赐之尚方，至如王之臣、满桂之尚方俱撤回，以一事权。"上然之，遂命传示该部遵行。

王象乾以原官起用，总督宣大，陛见。上召同阁臣俱入槛内，去御案咫尺，盖异数也。上曰："卿三朝元老，忠猷素著，见卿夒铄，知袁崇焕荐举不差。有何方略？可面奏来！"象乾奏："臣年逾八旬，齿疏不能详奏，所有方略，具在疏中。"上固问之，象乾先言插汉卜哈诸酋离合始末，因奏："朵颜等三十六家，今日应当与哈慎一同联络，可得数万，安插蓟镇，沿边驻牧，为我藩篱，似亦可以敌插。"上曰："观插意似不肯受抚者。"象乾奏："从容笼络，抚亦可成。"上曰："御夷当恩威兼济，不可专恃羁縻。"阁臣刘鸿训奏："闻虏酋知王象乾至，退去六百余里。"上则问："退去在何一方？"鸿训不能对。象乾伏奏："退去直北河碛中。"上又问："倘款事不成，如何？"象乾密奏夷情数百言，上始色喜。谕曰："卿年虽逾八旬，精力尚壮。卿抚插于西，袁崇焕御虏于东，恢复功成，皆卿等之力也！"百官俱叩首退。

按：崇焕原知边事难为，冀以款羁縻岁月，故举象乾专主抚也。象乾既赴任，专任插酋抚赏事宜。旧例，属夷出马，中国出彩缯，互相贸易，名曰"马市"。虏中驹初生，系其母于山顶。驹从下一跃而上者，留充驰驱；跃至半而踣者，杀以为食；懦不能跃者，则以与中国市。象乾建议："彼既以驽马相欺，不若却其马，以价之半予之。"少司马申用懋谓："所市马诚不堪用，然每岁征马以万千，于彼不无少损，且以币易马，尚为有名，若无故敛币予之，去岁币几何。又插索数甚奢，若遂损其数，虏未必听命，塞外旧弃地甚多，盍以泰宁等地为请？能归我旧疆，我当如所索；不能，然后减损其数，则我为有辞矣。"时象乾年耄，无远图，当事俱急欲成功，苟且从事。不半年而内犯，阑入大同，杀戮甚惨，抚卒不成，浪掷金钱几十万云。

袁崇焕甫至锦州，即连疏请饷。上御文华殿，召诸臣谕曰："前崇焕云：'安插锦州，兵变可弭。'今又云'欲鼓噪，求发内帑'，与前疏何相矛盾？卿等奏来。"时诸臣有请允发者，上诘问户部。尚书毕自严极言户部缺乏，容当陆续措给。上曰："据崇焕疏云：'初三日即变。'今已初二，即发去已迟，何救于鼓噪？"又曰："内帑外库，俱系万民脂膏，原用以保封疆、安社稷。若发去实实有用，朕岂吝此？且委实不足，有人盗去。卿等那得知？"礼部侍郎周延儒奏："国家最忌关门，昔防虏变，今又防兵变。前宁远鼓噪，未曾处置，今又因鼓噪发帑，傥各边效尤，将何底止？"上曰："卿以为何如？"延儒奏："臣非敢阻皇上发帑。此时安危在呼吸间，固当与之，然非常策，须还画一经久之计。"上曰："此说良是。若事急专一请发内帑，内帑岂不涸之源，何以应？"上又曰："尔等不肯大破情面，极力担当。动称边饷缺乏，每下旨，通不见解来，即如赃银充饷，至今不到，头解行查亦不回奏，如此稽迟，钱粮何时得足？"又曰："你们每每求举行召对，文华商榷，犹然事事如故。将召对都成旧套，商榷俱为空文，何曾做得一件实事？"又曰："朕即位以来，孜孜求治，以为卿等当有嘉谟奇策，召对商榷，未及周知者，悉为朕告。乃推诿不知，朕又何从知之？"时天威震迅，忧形于色，诸臣皆战惧，稽首而退。时元年十月初二日也。越数日，复召对，谕缺饷事须讲求长策，辽兵动辄鼓噪，各边效尤，将何底止？延儒奏："军士要挟，毕竟别有隐情。古人还有罗雀掘鼠、军心不变的，今各兵只少他折色银两，如何动辄鼓噪？"上曰："正是如此。古人还有罗雀掘鼠、军心不变的，今虽缺饷，岂遂至此？"延儒又奏："安知非不肖将官造出恐吓言语，摇惑军心？"上称善者再。自此两番召对，而延儒遂简在帝心矣。

插入犯大同，总兵渠家祯闭门不出，任其杀掠。上召百官，谕云："朝廷养士，费许多兵饷。一旦有警，便束手无策，只晓得请兵请饷。"又曰："插酋杀戮人民，巡抚不能防御，是功是罪？止仗一喇嘛僧讲款，不令轻中国耶？"又曰："边疆失事，只参总兵等官，难道叙功不升文官？朦胧偏护，朕甚恶之。"后家祯疏至，上示阁臣，俱言大同失事，家祯拥兵坐视，岂能逃罪，上曰："督抚如何令千余兵马便要去敌插十万余众？渠家祯既有罪，督抚作何事？"刘鸿训奏："武臣在外调兵，文臣在内调度。"上曰："文臣还当节制武臣。而今督抚一向不行操练，平日虚冒，临敌张皇。以千余弱军，抵十万强敌，如何抵得？"鸿训奏："皇上责备文臣极是。但自皇祖静摄以来，至先帝时，已二十年，边备废弛已久，一时猝难整顿。"上曰："而今何如？"辅臣等俱奏："而今比前大不相同。"上曰："此皆是赞扬之辞，尚未见行一实事，如何便见大不相同？"诸臣默无以对。又一日御讲筵，问阁臣曰："'宰相须用读书人'，当作何解？"周道登对曰："容臣等到阁中查明回奏。"上始有愠色，既而微哂之。又问："近来诸臣本内多有'情面'二字，何谓情面？"道登对曰："情面者，面情之谓也。"左右皆为匿笑。噫，有君无臣之慨，已于此数事见之矣。

工科黄承昊奏言："东南时患水灾，因水利不修。"上问："水利为何不修？"阁臣钱龙锡、周道登同奏："水利是东南第一大事，但修理要钱粮。前已拟旨，着抚按酌议。"上沉思久之，曰："要修水利，可扰民否？"龙锡奏："臣等惟恐扰民，故行抚按酌议。"

御史毛羽健疏请苏驿递，上即令羽健自读，因谕阁臣曰："驿递疲困已极，小民敲骨吸髓，马不息蹄，人不息肩，朕甚恨之。若不痛革，民困何由得苏？卿等即拟票来。"及票至，上以内有"抚按司道，公务外俱不许遣白牌"，语属含糊，命改票。

御史梁子璠请汰兵清饷，内有"边臣虚冒"等语。上召户、兵二部，问何冒滥至此，户部署事王家桢、兵部尚书王在晋奏："兵饷滥冒已久。各边有事，督抚屡次请添兵饷，情弊已非一日。"又读至"老弱之人，曾荷戈而勿克"，上矍然曰："荷戈皆老弱，如何不查？"随敕户、兵二部差廉干司官，挨年挨月查核具奏。

又一日召对，特召科道官至前，谕曰："朕思进贤退不肖，故令尔等为耳目、司举劾，就中不无滥冒。尔等试一思之，所举者果人人皆贤，所劾者果人人皆不肖乎？朕特降谕切责，有'反坐'二字，以求直言。今又面谕，尔等又钳口不言，要科道官何用？"盖上孜孜求治，朝夕靡宁，竟无一人能仰慰圣意者。至苏驿递、清兵饷，尤属救时良策，而奉行不善，反以开流寇之祸，悲夫！

召御史吴玉读所劾枢臣王在晋疏，至"在晋何如人也"，命高声读。至"公子亲家"等语，上问亲家姓名。又问疏中"垄断"字面，玉曰："垄断，是市人登高处，望左右而取利之意。"又读至"时局"等语，上问："何为时局？"玉曰："即当时是魏忠贤的局面，今日是皇上的局面。"上怒曰："如何以他比朕！"又读至"妄自矜诩"等语，上问辅臣："何如？"李标奏："在晋屡被人言，宜放他去。"上曰："事事有个是非，如何只教他去便了？"又问："张庆臻一事，如何改敕？"阁臣奏："先见兵部手本，庆臻揭帖在后。"上问："庆臻如何敢送私揭？"庆臻奏以"小事不敢渎奏"。上曰："改敕如何是小事！"又令诸臣及科道官奏，王道直等俱云："庆臻用贿改敕是实。"吴玉又奏刘鸿训主使。庆臻奏："改敕是中书，臣只多了一揭。"上怒其妄辩，叱之，因以擅改敕书罪下九卿科道会议。议上，奉旨："刘鸿训擅增敕书，欺君说谎，发边卫充军。王在晋徇私受属，并司官苗思顺俱革职。张庆臻行贿钻营，念系勋臣，罚俸三年。中书田佳璧等，法司定罪。其吴玉、王道直等，参劾有据，各加一级。"先是，庆臻奉命提督京营，敕内增有"兼管捕营"四字。提督郑其心以侵职掌论之，上命查写敕中书官，因追究贿改缘由云。

命会推阁臣，以成基命、钱谦益、郑以伟、孙慎行、李腾芳、何如宠、薛三省、盛以弘、罗喻义九人名上。温体仁愤其不得与也，因疏讦钱谦益于辛酉科主试浙江，贿中钱千秋，不宜与推。上召廷臣面问，体仁、谦益辩良久，上问体仁："所称神奸结党者谁？"

体仁奏："谦益之党甚多，臣不敢尽言。至此番枚卜，俱是谦益主持。"吏科章允儒奏："钱千秋一事，已经问结。体仁资虽深，望甚轻，因会推不与，遂尔热中。如纠谦益，何不纠于未推之先？"体仁奏："科臣此言，正见其党。盖前犹冷局，参他何用？纠于此时，正为皇上慎用人耳。"允儒奏："从来小人陷君子，皆以党之一字。当日魏广微欲逐赵南星等，于会推疏中使魏忠贤加一党字，尽行削夺，至今为小人害君子之榜样。"上怒叱曰："胡说！御前奏事，恁这样胡扯。拿了！"锦衣卫将允儒扶出。体仁又奏："皇上试问冢臣王永光，屡奉温旨，何以不出？瞿式耜有言：'直待完了枚卜，然后听其去。'皇上方眷注冢臣，如何命他去？"又奏："谦益热中枚卜，先是使梁子璠上疏，令侍郎张凤翔代行会推，此从来未有之事。"上召诸臣，问曰："枚卜大典，会推要公。如何推这样人，是公不是公？诸臣奏来。"阁臣李标等俱奏："关节与谦益无干，前已招问明白。"上曰："招也极闪烁，不可凭据。"礼部侍郎周延儒奏："皇上再三下问，诸臣不敢奏者，一则惧干天威，一则牵于情面。总之钱千秋一案，关节是真，不必又问。"上又诘问曰："九卿科道会推，便推这样人！就是会议，今后要公，不公，不如不会议。卿等如何不奏？"延儒又奏："大凡会议、会推，明旨下九卿科道，以为极公，不知外廷只是一二人把持定了，诸臣多不敢开口。就开口，也不行，徒然言出祸随。"上命再奏，延儒复奏如前。上曰："朕问卿等，别无言答应，何贵召对？"因目视延儒曰："适二班官中，只这官奏了数句。"又谓辅臣曰："诸臣如此，反不如歌功颂德之时，边防也完固，财用也充裕。今枚卜且暂停。"时谦益伏地待罪，命出外候旨。次日，奉旨："钱谦益关节有据，又滥与枚卜，有党可知，着革职回籍。钱千秋法司提问。"又旨："章允儒徇私灭公、肆言无忌，革职为民。耿志炜、梁子璠罚俸一年。瞿式耜、房可壮降级调外。"

先是，两次召对，上以宜兴奏语称旨，已心属之。适当枚卜，同乡恐两人不能并相，因力阻宜兴，宜兴不堪也。许公霞城欲为两解之，商之掌垣章公，章公亦唯唯。再过虞山寓，则瞿公稼轩在坐，执意坚拒，且以拥戴宜兴讥许公矣。虞山且云："彼与涿州相知，非吾臭味，若推宜兴，可不推我。"许公遂不置喙。宜兴见绝之已甚，因与乌程合谋。乌程既出疏，忽蒙召对，虞山犹不知，以为拜相定于此日，扬扬得意，及入对，方知有疏。两人廷辩，乌程言如涌泉，虞山出于不意，言颇屈，科道诸臣又多为虞山左袒者。于是党同之疑中于上意，不可解矣。

宜兴虽与涿州同年相好，当涿州附奄拜相时，宜兴正居忧在籍，未尝附之升官也。丙寅之狱，诸贤以忤珰被难者，宜兴皆力为救援，贻书涿州，规以大义，一时同志皆称之，不独逊一人之私也。乃虞山辈独绝之已甚，激成一番水火，反使乌程得志，惜哉。

御史毛九华纠温体仁逆祠献媚诗册，任赞化参体仁居乡不法诸事，上复召对，命宣九华疏，以问体仁。体仁奏："若有献媚珰祠诗，必手书为贽，无木刻之理。既刻，流传广布，岂有九华独得之途中，京师反无刻册？且何不发于籍没逆珰之时，而待于九华之奏？若以刻本为据，则刻匠遍满都中，以钱谦益之力，何所不可假捏？"上如言诘九华。九华对："臣八月买自途中。"上曰："八月买的，如何才发？"九华对："臣十月考选。"上问："阁臣如何说？"首辅韩爌奏："体仁平日硁硁自守，亦有品望，止以参论枚卜一疏，忿激过当，致犯众怒。"上展册，指后四人："俱杭州人，定是此四人所为。只问此四人便知。"又召翰林官宣读任赞化疏，问温体仁。体仁奏："臣之居乡，惟知奉公守法。赞化不参臣居官之事，而参臣居乡之事，以为诬臣居官之事，惧皇上召问廷臣，欺罔立见，故诬以居乡之事，以为道里遥远，耳目易眩。"因参赞化为钱谦益死党，代谦益首攻陈以瑞。以瑞系逆珰削夺，皇上赐还，因曾参谦益科场之事，赞化反以媚珰纠之把持铨部，覆之为民。又赞化"相才"一疏，称谦益为伊周班行，此皆为谦益死党之证。上曰："不必多说。"自此，体仁偏以孤忠见知于上，而结党之说，深起圣疑，攻者愈力而圣疑愈深矣。

御史吴甡疏言："旧制六年京察，为诸臣不修职业者设。若大奸大恶、附逆害人者，不在此例。如刘瑾之败，一时附瑾用事者，或诛、或戍、或削、或降，皆不待京察。以此辈罪大人多，考功法所不载也。忠贤之凶恶倍于瑾，附忠贤之罪恶亦甚于附瑾之徒。大略有四：如动摇国母、逼封三王、虎彪义子、上公封爵，名曰佐逆。借题杀人、屠戮忠良、门户封疆、一网打尽，名曰害正。称功颂德、聚敛建祠、荐引邪类、《要典》诋诬，名曰媚珰。贿通权奸、入幕密谋、矫加职衔、一岁九迁，名曰速化。此皆不知有朝廷，唾骂由人，廉耻尽丧，务须澈底澄清，斩断根株。若混入察典，则名目不分，额数有限，挂一漏万，何以示惩？"奉俞旨下部，未几遂奉特谕，有逆案之定，实自此疏启之。御史侯恂亦有疏，言除奸察吏，不可并行。语俱畅快。

大计京朝官，南京吏部尚书郑三俊、右都御史陈于廷公疏，于察典外，举南京媚珰之人二十人：大理寺谢启光，吏科郭如闇，御史何旱、李时馨、夏敬臣、刘渼、徐复阳，户部魏豸、胡芳柱、张聚垣，礼部虞大复、颉鹏、叶天升，兵部周宇、李际明、邸存性，工部魏弘政、葛大同、欧阳充材，应天府夏之鼎，或甘心附逆，或惧祸中变，律以顺逆之理，一无可贷，据实奏闻。奉俞旨下部。此亦在未奉谕定逆案之前也。

上御平台，召阁臣韩爌、钱龙锡、李标，吏部王永光、左都曹于汴，命定附逆诸臣罪。阁臣先仅以四五十人列案以请，上大不然，再令广搜，又益以数十人。上怒其不称旨，且曰："此辈皆当依律法治罪。"诸臣以未习刑名对，乃召刑部尚书乔允升同事。又问："张瑞图、来宗道何以不入？"对曰："二臣无事实。"上曰："瑞图以善书为逆珰书祠额、碑文；宗道题崔呈秀母恤典，称'在天之灵'。其罪更重。"又问："贾继春何亦不入？"阁臣对："继春言善待选侍，不失厚道。后虽反覆，其持论亦有可取。"上曰："惟反覆，故为真小人。"于是复将御前祠颂红本发下，令据实定罪，分别拥戴、谄附、建祠、称颂、赞导诸款，首冠以大逆魏忠贤、客氏，令刊布中外。吏部都察院接出圣谕："朕惟帝王宪天出治，首辨忠邪；臣子致身事君，先明逆顺。经凛人臣无将之戒，律严近侍交结之条。邦有常刑，法罔攸赦。逆竖魏忠贤，猖狡不才，备员给使，倾回巧智，党藉保阿。初不过窥矍笑以伺阴阳，席宠灵而饕富贵，使庶位莫假其羽翼，何蠢尔得肆其毒痈。乃一时外廷，朋奸误国，实繁有徒。或缔好宗盟，或呈身入幕，或阴谋指授，肆罗织以屠善良，或秘策合图，扼利权而管兵柄。甚至广兴祠颂，明效首功，倡和已极于三封，称谓侵拟于无等。谁成逆节，致长燎原？及朕大宝嗣登，严纶屡需，元凶逆孽，次第芟除，尚有饰罪邀功，倒身窜正，以望气占风之面目，夸发奸指佞之封章。迹甚矫诬，乌容错贷？朕鉴察既审，特命内阁部院大臣，将发下祠颂红本，参以先后论劾奏章，胪列拥戴、诌附、建祠、称颂、赞导诸款，据律推情，再三订拟。首正奸逆之案，丽于五刑；稍宽胁从之诛，及兹三槛。其情罪轻减者，另疏处分，姑开一面。此外原心宥过，纵有漏遗，亦赦不究。自今惩治之后，尔大小臣工，宜洗涤肺肠，恪遵职业，共遵王路，悉斩葛藤。无旷官守而假事诪张，无急恩仇而借题纠举。朕执是非以衡论奏，程功实以课官方，有一于斯，必罪不宥，尚各惩毖，乃亦有终。钦哉！故谕。"

一、首逆：

魏忠贤　客　氏

依谋大逆律，不分首从，皆凌迟处死，已经正法。

一、首逆同谋：

崔呈秀　李永贞　李朝钦　魏良卿　侯国兴　刘若愚

依谋大逆，但共谋者，不分首从，皆凌迟处死律，减等拟斩。

一、交结近侍：

刘志选　梁梦环　倪文焕　田　吉　刘　诏　孙如洌
许志吉　薛　贞　曹钦程　吴淳夫　李夔龙　陆万龄
李承祚　田尔耕　许显纯　崔应元　张体乾　孙云鹤
杨寰

以上依诸衙门官吏与内官互相交结，泄漏事情，夤缘作弊，扶同奏启律，斩，秋后处决。

一、交结近侍次等：

魏广微　徐大化　霍维华　张　讷　阎鸣泰　周应秋
李鲁生　杨维垣　潘汝桢　郭　钦　李三才

以上依交结近侍官员律，减等充军，仍行各抚按照拟，有赃私情节，一并查明，奏请发落。

一、逆孽军犯：

魏志德　魏良栋　魏鹏翼　魏抚民　魏希孔　魏希尧
魏希舜　魏希孟　魏鹏程　傅应星　杨六奇　客光先
徐应元　刘应坤　王朝辅　涂文辅　孙　暹　王国泰
石雅元　赵秉彝　高　钦　王朝用　葛九思　司云礼
陶　文　纪　用　李应江　胡明佐

一、交结近侍又次等：

冯　铨　顾秉谦　张瑞图　来宗道　郭允厚　薛凤翔
李　蕃　孙　杰　张我续　朱童蒙　杨梦衮　李春茂
李春烨　王绍徽　徐兆魁　刘廷元　谢启光　徐绍吉
邵辅忠　杨所修　贾继春　范济世　李养德　阮大铖

姚宗文	陈九畴	亓诗教	赵兴邦	傅 櫆	安 伸
孙国桢	郭 巩	冯嘉会	曹思诚	孟绍虞	张 朴
李恒茂	郭尚友	李精白	秦士文	卓 迈	陈尔翼
石三畏	郭兴治	张文熙	卢承钦	何廷枢	陈朝辅
许宗礼	刘 徽	杨维和	何宗圣	王 琪	汪若极
陈维新	智 铤	游凤翔	田景新	吕纯如	吴殿邦
门克新	李从心	杨邦宪	郭增光	单明诩	黄运泰
李 嵩	牟志夔	张三杰	曹尔桢	王 点	张文郁
周维持	徐复阳	黄宪卿	毛一鹭	张养素	汪 裕
梁克顺	刘弘光	许其孝	鲍奇谟	陈以瑞	庄 谦
龚萃肃	温皋谟	李应荐	何可及	李时馨	刘 溴
王大年	佘合中	徐 吉	宋祯汉	张汝懋	许可征
刘述祖	李灿然	刘之待	孙之獬	吴光嘉	季寓庸
潘士闻	王应泰	张元芳	阮鼎铉	李若琳	张永祚
周良才	曾国祯	张化愚	李桂芳	张一经	陈 殷
夏敬承	周 宇	魏 豸	郭希禹	颉 鹏	李际明
魏弘政	岳骏声	郭士望	张紫垣	周 锵	徐四岳
辛思齐	胡芳桂				

以上依结交近侍官员律，引名例律，减三等，坐徒三年，纳赎为民。

一、谄附拥戴：

李 实	李希哲	胡良辅	崔文昇	李明道	刘 敬
徐 进	冯 玉	杨 朝	胡 宾	孟进宝	刘 镇

王体乾　梁　栋　张守成　高承德

以上一款十六人，并前一款徐应元等十六人，俱为民当差。

又疏列次等四十四人：

黄立极	施凤来	杨景宸	房壮丽	董可威	李思诚
王之臣	胡廷宴	张九德	冯元三	乔应甲	杨维新
朱国盛	冯时行	吕鹏云	董懋中	周昌晋	虞廷陞
杨春茂	徐景濂	陈保泰	郭兴言	周维京	徐扬光
陈　序	曹　谷	朱慎鋈	郭如闇	何　早	虞大复
叶天陞	邸存性	万大同	夏之鼎	张九贤	李宜培
谭谦益	欧阳充材	吴士俊	徐　溶	潘舜历	李三楚
童舜臣	陈守瓒				

以上照考察不谨，拟冠带闲住，御笔抹去冠带二字。

此案主笔者首辅韩，参定者次辅钱、李，暨部院三人也。首辅持正有余，刚断不足，况冢宰身曾颂逆，而与定附逆之案，有不私庇同党、掣肘当事者乎？所赖圣明嫉恶甚严，申谕再四，诸臣惕于明纶，不敢不遵命以从事。然欲上副圣天子错枉之权，下昭万世臣民之戒者，尚有未尽也。自此以后，下之谋翻者伺之十七年如一日，上之坚持者亦十七年如一日。直至南渡后，马、阮用事，案翻而国运随之以尽，尚得谓小人之进退不关兴亡大数哉？

命给惨死诸臣高攀龙、杨涟、左光斗、周起元、周朝瑞、缪昌期、魏大中、周顺昌、李应昇、周宗建、袁化中、黄尊素、夏之令、吴裕中、万燝等三代诰命，从吏部验封司郎中徐大相之请也。

先是，褒恤命下，各家诸子赴阙谢恩，上诉先臣受冤始末，因各有所陈乞。如杨之易、周廷侍、夏承请给还原赃，即各奉命给五百金。魏学濂疏其兄学洢死孝，请附葬、祔祭，高世儒、缪虚白请母氏封诰，逊之请祖父母封诰，皆奉旨俞允。至是，周茂兰疏援《会典》，覆允矣，封司徐公谓各臣事同一体，不宜有异，封典该部职掌，不须子孙一一自陈，遂合诸臣姓名，汇题同请，即奉俞旨。斯直从前未有旷典，敢备记之，以志圣恩，并见当事善推上意，表扬先忠之盛美。时政府司票拟者，为首辅韩蒲州、次辅钱华亭二公云。

鹿善继《叙同难录》略云："皇上神圣，其用意深远，每非臣下所能窥。如言及逆党，人孰不置之恨之，未几而渐平矣；言及诸忠功臣，孰不怜之痛之，未几而亦渐平矣。渐平渐忘，且托于'见善不喜，闻恶不怒'之说，而复厚诬吾君于逆案欲从宽，于褒忠欲从薄也。至钦定逆案，凛然天诛，而三代诰命之给，即在此时。然后知圣主善善恶恶，不为众淆，不以久倦，且不因烦生厌也，肯持忠不望报之论，使为恶者毕竟得利，为善者毕竟不利也耶？"

御史方大任疏奏会审曹钦程事：钦程面出揭，言冯铨为其房师，召钦程使论周宗建四人，以周在先，张慎言次之，张曾论其父也，必附以李应昇、黄尊素，则南乐深仇也。数日后，复召至其寓，李鲁生先在，袖出疏稿，逼钦程上矣。次年冬，田仰以浙臬赍奉入京，与冯言吴越之会，有七人一党，周顺昌、周宗建、高攀龙、黄尊素、缪昌期、李应昇交通周起元，私谋翻局。冯即欲谋致七人于死，复欲迫钦程再上疏，钦程力拒之。冯大怒，即授意本房门生潘士闻上疏，荐仰而论钦程。仰立转京堂，钦程立遭削夺。是首造意者冯涿州，成其谋者李鲁生，钦程其威逼胁从者也；后此之播虐，专主其事者亦涿州，成其谋者田仰也。其言凿凿如此。铨媚珰害人，章奏屡见，即臣亦铨使其门生王琍所参，臣去年已久告其详矣。今总听皇上之睿断云。田仰随有疏辩，言钦程参四臣于乙丑之二月，臣不在京；七臣被逮于丙寅之七月，臣入贺事竣，久赴粤矣。钦程且谓于彼无干，何以反谓臣造恶乎？时逆案已定，圣旨遂不深究，止钦程坐大辟。

钦程之疏，出于冯铨，确矣。至丙寅李实之疏，据实辩，为李永贞诱空头印本，入京填写，则亦有铨等与谋何疑。惜当事仅以永贞、钦程抵罪，竟未穷究其事也。若田仰辩疏云："七臣死于丙寅七月，时已事竣赴粤。"然实疏之上实在二月，诸臣被逮皆在三月，被害在六月，正仰在京时。谬云"七月"，遁词情见矣。况仰与冯铨、鲁生本至交，即非造谋之人，亦与谋之人也，竟得脱然事外，仅以京察拾遗夺职，幸矣。至窜伏数年，弘光南渡，夤缘然灰，复起淮扬总督，兵至投降。小人故态如是，又何言哉！

二年二月十四日，皇长子生，中宫周后出。永乐以后，惟自武宗毅皇帝为孝宗正宫张皇后所出，其余中宫并无生子者。

后父周奎，系苏州府长洲县人，后生于葑门内，今有坤仪钟瑞坊尚存。后幼随父居京师，以天启七年选为信王妃，旋正位中宫。后父封嘉定伯，有赐第在葑门。

圣躬燕处之所，为屋三间，而不并列，由第一间而后第二间、第三间。其第三间，圣躬燕息处也。第二间中设大薰笼，置衾裯之属。凡召幸宫眷，至第一间则尽卸诸衣裳，裸体至第二间，取衾裯被身，乃进第三间也，所谓"抱衾与裯"也。即中宫与东西两宫，不敢不遵行此礼。惟先后以藩邸同甘苦，不肯赴召。又驾至中宫，后必趋出宫门外接驾，先后亦以糟糠故，废此礼不用。

应天巡抚曹文衡奏解进罪辅顾秉谦窖藏银三万八千余两，请留充该府本年兵饷。奉旨允行。秉谦素行贪鄙，天启中以投身逆珰，得大拜。在阁四年，唯以娶贿为事，至秉轴票拟，一奉逆珰之意旨。然贪鄙之甚，珰亦渐厌之，于是准其请告归家。珰败后，台省交章劾其庸恶无耻、媚珰误国，奉有"顽钝依阿"之旨。居乡犹肆虐乡里，黩货无厌。昆山合邑士民积怨不平，群起攻之，登门辱詈。秉谦于昏夜挈资潜遁，其居室遂抢夺一空。州县力为禁戢，士民稍安，旋奉旨搜其家中所遗，已为人藏匿及地方抢散殆尽。止得其窖藏见银，尚有此数，盖仅存十之一耳。

詹事罗喻义等公疏为故辅张居正陈情乞恩，奉旨："居正佐我皇祖，肩承劳心，力振纪纲，饬弛举废，多有可纪，虽以夺情及身后蒙议，然过不掩功，委当垂恤。张居正其子懋修量复职衔，该部从公看议，具奏准复二荫，并给还应得诰命。"

工部节慎库主给发商人上供颜料银两，最称弊薮，设有监督主事一员，巡视科道二员，皆为厘奸剔弊计，而诸臣奸弊更甚。二年四月，尚书张凤翔发其事，有发银一千两，实给四五百者。上特御文华殿召对，面诘再三，拿巡视科道王都、高赍明，主事刘鳞长，俱下狱究问。又追论元年同事诸臣祖重华、吴阿衡二人，狼藉最著者，俱下狱，后以边才，出为监军御史。余分别遣谪。

命收葬熊廷弼，从其子兆璧请也。先是，御史饶京疏中言及，阁中已拟批行，而御笔抹去之。至是，因兆璧上疏，阁臣即具揭为辩白，略云：廷弼初任巡按、任总督，其功状皆有可言，至辽阳既失，再起经略，与巡抚王化贞战守异议，廷臣又为之分左右祖，致广宁溃败，与化贞并马入关，挟恔昧浅衷，误疆圉大计，以此杀身，无辞公论。今传首边廷，头足异处，已足为戒矣。然使当日按封疆失陷之律，偕同事诸臣一体伏法，自当目瞑。乃先以无影贿赃坐杨涟等，作清流之陷阱，既又以刊书惑众，藉端偏杀，身死赃悬，辱及妻孥，长子自刎，斯则廷弼死未心服也。且自辽事以来，骗官营私，不知凡几，廷弼再任，不取一钱，不通一馈，终日焦唇敝舌，争言大计，似犹此善于彼。魏忠贤窃柄，人俱靡然从风，廷弼一长系待决之人，终不改其强直自遂之性，以致独膺显戮，慷慨赴市，耿耿侠肠，犹未尽泯。今传首已逾三载，收葬原无禁例，且兹事虽属封疆，于邪正本末无有关系。数年来是非功罪，悉在圣鉴，或不以为谬也。始奉旨允行。至四年秋后行刑，化贞亦即处决矣。

四月十七日，上讲读既竣，出一疏示辅臣，则山东益都县有驿丞黄道妻为夫颂冤。盖乡绅唐焕之弟行马牌不厌意，捶毙驿丞，丞之子以触柱死，父以叩阍死都中，其妻官氏复上书诉冤也。上曰："驿递申饬屡矣，何从横敢尔！子弟如此，本官可知；乡官如此，地方官可知。一府同知代为申详，不能竟，道府匿不报，皆当重惩。"辅臣承旨退。上方欲清驿递，故留意如此，而辞气仍安和不迫也。

上亲讲读。凡讲书史，遇词旨无甚关系，及凶暴不祥宜避者，悉置勿讲，或越过一二章，或数章，旧例也。一日，讲官丁进讲《中庸》，越"鬼神"章，讲"舜其大孝"二节。上即展前一节，环视欲问，未果。已而李孙宸讲"君子无所争"一节，则自"子张问十世"以下，至"季氏旅于泰山"，越七章。讲将半，上复展前数叶，飒然有声。讲竣，遂问："前几章何以不讲？"孙宸婉转对曰："此数章无甚妙理。"上又问，复对曰："是阁中派定也。"上指"旅泰山"节曰："想为季氏僭分耶？"旋宣讲官丁进。进出班跪，上命之起，遂问："'鬼神之为德'章无甚忌惮，何以不讲？"进逡巡未对。上顾辅臣，辅臣皆趋近御案，首辅韩爌对曰："鬼神之事，颇涉窈冥。"上曰："还要补讲。起来。"进承旨叩头而退。圣心意典学如此。

六月初九日，召对廷臣于平台。上曰："天时亢旱，雨泽愆期，朕日夜焦忧，所以召卿等面谕：从今日御文华殿斋宿。可传示大小臣工，竭诚祈祷，无事虚文。或刑狱失平，都要清理归结。朕拟一谕，卿等参酌。"辅臣起，立案傍，上指示谕中款次，正色言曰："如此大旱，皆因政事失当，是朕不德所致。"辅臣韩爌奏："皆臣等奉职无状，以致皇上焦劳。"上曰："也不是这等说，还须上下交修，修举实事。卿等俸禄俱是小民脂膏，见此荒灾，心岂能忍？"又曰："各衙门事多沉阁，科道官通不言。他们于外事谁不知，只是碍于贿赂情面。如御史梁子璠条陈汰冗官，先上二疏，后又催二疏，这才不是虚文。"仍以圣谕授辅臣曰："未尽事情，还再参酌。"复召诸科道，勉以该言即言。

七月，督师袁崇焕斩总兵毛文龙于皮岛，奏报："文龙逆迹昭然，机不容失，便宜从事，席藁待罪。"奉旨："文龙靡饷冒功，通夷有迹，事关封疆安危，阃外原不中制，不必引奏。"

　　按文龙向为辽东参将，辽阳陷逃至海滨，适有难民数千，文龙以术笼络之，同航海至皮岛。盖皮岛居辽东、朝鲜、登莱之中，称孔道。文龙斩荆棘，具器用，招集流民，通行商贾，凡南北货，咸于毛处挂号乃得发，不数年遂称雄镇。又掠沿海零丁，或指为奸细，或称临阵斩获，以是积功官都督，挂平辽将军印。逆贤时，内奄出镇，各边文龙疏请奄监其军。上即位，严汰冗兵，敕下山东，抚按檄登莱兵备王廷试往。廷试受贿，遂称文龙兵马可用，绝无冒破。文龙亦惮上英明，思自立功名，遂与东□通诚，愿捐金二百万，易金、复二卫地，奏恢复功，邀上赏。已成约矣，袁崇焕以督师出，上召问，漫以五年灭奴为期。及履任，觇知毛有成约，阴遣喇嘛僧唉以厚利，冀解毛约以就袁。□最重誓约，坚持不可。喇嘛僧曰："今惟有斩毛文龙，在彼不为负约，在我可以成功。"袁遂以阅武为名，直造皮岛，大阅军士，毛置酒高会。次日，文龙谒袁，亦置酒留宴。酒半，伏甲起，称有密旨，即座上擒文龙，斩于辕门外。时崇焕布阵严整，众亦不敢犯。毛部下千余人散往他处，余众悉就抚。事定，然后入告。朝廷亦姑容之。先是，崇焕陛见入都，阁臣钱龙锡叩以边事，答以当从东边做起。钱谓："舍实地而问海道，何也？且毛帅亦未必可得力。"崇焕云："可用则用之，不可用则杀之。"至是，疏中即入钱语，钱后竟以此得罪。文龙既被杀，袁疏请增饷三百万，谓五年之后辽事平，并前所加各项皆可蠲除，此一劳永逸计也。上令廷臣议，皆报称不可。

袁计穷，至十月，遂致北兵入口矣。

九月二十六日，斩决重罪二十人，内田吉、倪文焕、吴淳夫、梁梦环、李夔龙，皆逆案也；杨镐、渠家桢、张翼明，封疆失事也；高道素，殿工侵欺也。故事，部开决囚单，必以民犯强盗、叛逆及真正人命列于前，听上勾决几名而止，若官犯则列名于后。是年，疏上，上御笔独将后开逆案诸人勾决。先是，中宫以皇子大庆，请免行刑。上曰："生子固大庆事，诛有罪亦大庆事，当并行而不悖。"旨下，政府揭救、面救再三。上曰："不杀此辈，则逆案为无名。"政府曰："此辈不过患得患失之鄙夫耳。"上曰："既是患失，便可以无所不至。"政府不敢言。时方久旱，行刑后大雨。

高道素督造桂王府第，侵欺钱粮无算，诸工俱潦草塞责，即栋梁皆极不堪者。一夕大风雨，后殿数带俱倾，压死宫眷百余人。以后每遇风雨，王必露立廷中，深虑覆压之惧也，上以是勾及之。阁臣以为请，上曰："朕若出就藩封，就是这榜样。高道素监造府第，使数百宫人死于非命，即寸斩道素，尚未蔽辜，又何请焉？"道素自谓必无虞，沉醉出狱门，临刑方醒，仓皇不能出一语，但连呼"如何如何"而已。

北兵从长城下大安口，直抵遵化。时新令汰冗兵，被汰者谋作乱，至城下开门迎入。遵抚王元雅死于乱军中，同死者，知县徐泽以新任，推官何天球已升未去，保定推官李献明以查盘来，教谕田毓龄，守备刘联芳。时十月二十四日也。遂破三屯营，总兵李国栋自缢。山海总兵赵率教师兵赴援，兵营于七家岭，猝遇敌全军覆没。将攻蓟州，袁崇焕亲帅部将督辽兵万骑自山海直入蓟州守护，奴因舍蓟而掠三河、丰润、玉田、三屯、马兰诸处，有内守不坚而残破者，有邑令严守而无恙者，其死难加恤者，良乡令党还醇、清河令任光裕也。固安令刘伸苤任方十日，闻报先运藏仓库，身带印篆出走，家人被杀者二十口，竟以城陷不殉问大辟，监固安狱中十年，方得遣戍。

命满桂为武经略，总理援兵，诸镇悉听节制。桂战安定门外，袁崇焕战广渠门，杀其王子一人。初袁自关门入援，中外注望捷音，迨驻兵郊外，讹言繁兴。上意方急退敌，待之有加礼，召见文华殿，自起慰劳，呼以督师，问御敌之策，赐御膳，解上貂裘赐之，又与祖大寿各赐盔甲一副。及东便门之战，杀伤相当，虏锋少挫，督师兵亦疲甚，有入城休息之请。先是，郊外彻侯中贵之园圃坟墓，为贼兵践踏毁拆，各中贵因环诉督师卖好，不肯力战，上已心动矣。及奏入，上懔然心动，复召对，诘问良久，言及援兵入城，上声色俱厉，遂缚崇焕下狱。阁臣谓："临敌易将，兵家所忌。"上曰："势已至此，不得不然。"袁既下狱，关兵之在城外者，哄然称乱，几欲集矢城上，命兵部从狱中出崇焕手书，慰止之。祖帅亦竟拥其重兵扬去。

> 杨士聪曰："己巳之变，袁崇焕初至，一战人心始定，迨后钤制诸将，不为无见。而袁为人疏直，于大珰少所结好，毁言日至，遂罹极刑。厥后满桂一战而败，安见钤制诸将为非宜哉？乃京城小民群然以为卖国而詈之矣。袁既下狱，辽兵东溃，皆言：'以督师之忠尚不免，我辈在此何为？'上乃出谕，暂令解任听勘，而先入言深，竟不可解矣。"

当本兵王在晋被谴后，上召对群臣，升工部侍郎王洽为兵部尚书。洽山东人，慷直无私援，相貌极雄伟。上私语云："好似门神。"有术士即卜其在任不久，以门神一年一换也。至是，奴入。十一月十六日，召对群臣，多言中枢备御疏虞，调度乖张，先既不能预授方略，今又不能整顿兵马。简讨项煜又引世庙庚戌故事，云斩一丁汝夔，将士震栗。上遂下洽于狱，以左侍郎申用懋代之，升口北兵备梁廷栋为顺天巡抚，起旧帅杨肇基为蓟镇总兵，又起旧帅王威、尤岱、杨御蕃、孙祖寿，出罪帅马世龙于狱，俱以原官立功。

起旧辅孙承宗督师通州，仍入朝陛见。十月十五日，至弘政门，上即召入，谕曰："守御百无一备，卿如何为朕调度？"承宗曰："臣闻袁崇焕驻蓟州，满桂驻顺义，侯世禄驻三河，此为得策。又闻尤世威回昌平，世禄驻通州，似未合宜。"上曰："卿欲守三河，何意？"承宗曰："守三河，可以阻西奔，可以遏南下。"上曰："卿即为朕调度京师。"承宗曰："皇上当缓急之际，不恤军士性命，而使之饥寒，恐非万全之策。"上曰："卿言是。卿不须往通。"面谕首辅草敕，赐剑出朝，即周阅都城，草揭回奏毕。次日，出阅重城，乘月巡濠堑，度险阻。质明，又奉后命，警报逼通，星驰通州料理。盖上意谓守近不如守远，故仍行守通初命也。时仓场总督孙居相、保定巡抚解经传皆驻通州，不受调度。都城已传通州、三河等处皆失，孙到通州，遣人赍奏至，上始喜曰："通州固无恙乎？"即奉旨，大小官员俱听督师辅臣节制。

孙承宗奏："初三日，通州守城者瞭见辽兵纷纷南下。初四日，知祖大寿全军东溃，自通州南二十里以趋张家湾渡河。臣以手字慰大寿，并传一檄以抚三军，令游击石国柱飞骑追之，极力开谕，军校亦多流涕，但曰：'主将已戮，又将以大炮尽歼我军，故不得已至此。'国柱又前追，而大寿已远去矣。"时讹言大寿且与奴合，反戈相向。承宗因密奏："大寿危疑既甚，又不肯受满桂节制，乘一军惊骇，又以放炮洗军之说，激而东溃，非诸将卒尽欲叛也。辽将大半为马世龙部曲，臣谨遵便宜行事之旨，密遣世龙往抚。苟见世龙，必有解甲而归者。"又密札谕大寿，教以急上自列东兵杀贼以赎督师之罪，仍许代为别白。大寿得谕大哭，其部曲皆哭，乃如指还报，而前军已过永平矣。

祖大寿率所统兵，至山海关城南较场列营。署镇朱梅同监军道王楫赴营，劝其反戈自效。言未毕，众兵拥大寿上马，夺关而出。随有马世龙捧旨由正关出，招谕多时，大寿乃率诸将叩头。世龙即谕之云："诸将既感圣恩，当鼓全旅进关，再选未去马步万余，以继后用。保宗社，则圣恩可酬，督师可生，汝等可成千古人品，否则终于大义未安。"委曲抚导，诸将皆说，大寿乃受约束，暂归汛地。承宗亟使世龙报命，随遵旨移驻关门防守。

满桂勇悍敢战，而矜己自用，督诸将出阵，军无号令，不能约束。以十二月十六日誓师而南，十八遇敌于芦沟桥，一战而全军歼焉，桂与孙祖寿皆死之，黑云龙、麻登云虏去。黑后于四年九月反正逃归。上独念满、孙二将血战捐躯，命礼部官出城致祭，并查子孙优恤。

庶吉士刘之纶、金声俱上疏请缨自效，并荐奇士申甫可为大将。上即升之纶兵部右侍郎，为戎政副协理；申甫特授副总兵，捐内帑十七万，听其调度召募；改金声为御史，监其军。然甫实游谈无实，所习仅役鬼之术，所募兵皆无赖子。十六日，统兵至良乡，与敌遇，所造车不可用，试术亦不验，所统七千余人俱败。事闻，命棺敛给恤。金声亦未出城，得免于难。之纶以三年二月帅师至遵化，遇敌自永平回，合兵冲杀。前兵既衄，敌即遣官招降。之纶不屈，力战而死。

上以城守潦草，下工部尚书张凤翔于狱，管工司官长洲管玉音、昆山许观吉、四川周长应、上海朱长世俱廷杖八十。临时，阁臣合词祈请宽宥，上曰："目下与敌止隔一墙，宗庙社稷都靠这墙，若这墙一倒，宗庙社稷都没有了。岂可不重处？"时许、周、朱俱毙杖下，张、管赎徒。

山西巡抚耿如杞率兵五千人入援，皆劲卒也，最先抵都城下。兵部即调守通州，明日又调守昌平，又明日调守良乡。功令：兵到，初日不准开粮，次日到营汛地方，乃准开粮。西兵连调三日，皆不得粮，既馁且怒，遂沿路抢掠。耿以不戢军士，逮问大辟，次年弃市。耿在天启年间，官蓟州兵备，以不拜逆珰生祠，为抚臣刘诏诬劾，问辟。幸遇上登极，赦罪复官，即超升巡抚。仅越两年，竟得罪死西市，深可痛也。自如杞逮后，五千人哄然各散，溃归山西，而晋中流贼从此起矣。

内外城守以虏退往三河一带，方少宽。二十六日夜，刑部狱因尽逸，几为大患。次日，城门复闭，为捕囚也。刑部奉旨："时方戒严，狱囚逃逸，典守官所司何事？"尚书乔允升、侍郎胡世赏、提牢敖继宗俱革职，着锦衣卫监禁。

元年枚卜一事，以乌程讦虞山故，遂高阁不行。至是，蒲州将乞休，力请点用。十一月初六，遂钦点大名成基命（改名靖之）入阁，又于十二月二十一日，特命宜兴周延儒、会稽钱象坤、桐城何如宠。蒲州忠厚拘谨，不能仰副圣意。虏骑既退，中书原抱奇遂出疏参首辅与袁崇焕通谋误国，右庶子丁进以升转愆期，亦出弹章，工部主事李逢申继之。蒲州遂请告回籍，其礼尚从优厚云。抱奇固赀郎，不足言，丁与李皆蒲州己未所取士也。丁奉旨以阴阳闪烁降二级，李以监督火药失事，下狱遣戍。蒲州后以北兵破城死难，其事未详，故失记。

上时锐意功业，本兵申用懋老成持重，无所作为。梁廷栋，智巧人也，初自边道超升巡抚，旋进兵部尚书，督师蓟、通，为上所倚任。三年正月初五日，内旨：申用懋着解任回籍，梁廷栋回部管事。

北兵虽东归，复破永平、滦州，盘踞不退。永平乡官白养粹首先迎降，献女以行媚。孙阁部率师东行，严檄各将，共攻滦、永。有旧永平兵备张春，素得民心，曾练有乡勇二万，皆精锐可用。逆珰时，张春被劾罢归，乡勇皆散。至是，复起春为太仆少卿，整饬永平兵备。永民闻之，皆率先来迎，向所练乡勇亦皆来会，军声大振。四川永宁兵备刘可训甫破安酋奏捷，遂率胜师入援。兵部司务丘禾嘉以监军入祖大寿幕，激以忠义，于是各帅起营，直薄滦州。张春、刘可训、马世龙等皆身被矢石，誓不反顾。奴见势逼，遂开东门而出，而滦州告复。永平城中闻滦州既复，咸有叛志。奴既虏掠满志，复见城中心变，一夕屠城而去，所存者十之四五而已。大兵入城，白养粹已死，其母尚存。张春先至，尽封所有而出，绝无染指。世龙尽取之。大寿至，空无所有，遂将白母用严刑，乃尽出积藏，盖几百万云。饷司陈此心、乡绅郭巩，俱以剃发投降逮问。巩固逆案问徒，向以首媚珰为周忠毅参论者也，至是，始以大逆论斩。先是遵化之破，有原任兵备贾维钥率众投降，即授伪巡抚之职，至是亦同擒治，正法凌迟，并同事十人，俱传首九边。

隆万以来，除海忠介外，从未有以乙科跻节钺者。庚午，恢复滦、永后，升四川副使刘可训巡抚顺天，兵部司务丘禾嘉巡抚山永（系新设），前屯兵备孙元化巡抚登莱，汉中兵备刘应遇巡抚甘肃，皆乙科也。一时共得四人。丘以九品末郎直跻中丞，尤属异数。自后超用甚多，至陈新甲，直正中枢之席，然究无一人建功立节，足副破格之特恩者。

　　三年二月初十日，册立皇太子，上以戒严免升殿，百官听宣敕于午门外，行十二拜礼。赐三品以上及日讲花朵、红一匹；三品以下皆半红，花枝用角；日讲官红全匹，花枝用银。加恩辅臣及督臣、皇亲周奎及司礼监有差。礼部尚书李腾芳加太子少保，仪制司郎中贺世寿升光禄寺少卿。

　　袁崇焕逮问后，御史高捷疏参钱龙锡，即指袁疏中"辅臣钱某相商"之语，指为同谋。时同志者劝钱于辩疏中当痛言一番，明主可为忠言，而钱竟不能从也。引罪疏甫奉温旨，随即入阁，高捷再疏，遂得旨着致仕。至是方悔不用前言，则已晚矣。

　　御史史𡎺、高捷、袁弘勋三人，皆附杨维垣，力持党局。方珰势初败，维垣既斥，三人连疏参刘鸿训之持正票拟，又力阻旧辅韩爌之召用，以此得罪公论，奉旨革职。时主票拟者，钱龙锡也。迨刘以改敕事败，冢宰王永光遂力为三人求复官，科道交章论之，上方注意永光，竟因其言用𡎺、捷二人。弘勋则令俟勘问事结另拟，时弘勋又以贿卖举人事被参劾也。适遇边警，袁崇焕以通款下狱，二人遂与永光合谋，借崇焕以报龙锡，因钱以及诸人，亦成一逆案，为翻前案地。温体仁主之，欲发自兵部，尚书梁廷栋初以外任被特简，惧上英明，不能遽起大狱，不敢发其事。韩卒以此去，钱竟逮下狱，问辟。

刑部越狱之变，奉旨拿尚书乔允升、侍郎胡世赏、提牢敖继宗于锦衣卫。时内外戒严，故上怒甚，欲重惩之。至次年三月初十日，御讲筵，讲臣文震孟进讲"君使臣以礼"章，劝上培养士气，推心感人，勿徒严刑峻法，以启猜疑。语极剀切，上为改容倾听。讲毕退，上传谕："讲臣暂留。"初疑有所召对，后殿门俱开，退至阁中，则圣谕已宣付阁臣，释诸臣送刑部。乃知谕留讲臣，俾即见诸施行也。

诸臣既下刑部，尚书韩继思复以勘问从轻革职矣，更命都察院易应昌定罪。易拟以法止当杖，屡旨驳问，易执奏再三，上大怒，下易锦衣卫，司官徐元毁廷杖五十棍。后部拟乔以年老笃疾，准遣戍；胡拟杖；敖亦遣戍。

易既下狱，锦衣卫奉严旨打问两次，以为玩法庇私，无人臣礼，令法司从重拟罪。部拟易罪以宽拟乔允升，今允升已从宽论戍，应昌之罪亦不能加。又奉严旨，以允升自以老病减等，应昌违制徇私，当依律加等论，不得借以求宽。再驳再问，竟坐大辟。系狱时，京师雷雹大震，会审之日，雷击审官案。于是上警悟，缓狱，并停天下行刑。至次年，始以天旱斋祷，方得释放。

卷五　崇祯朝纪事

（辛未正月起至乙亥十二月终）

四年正月一日，召廷臣及各省监司官于平台。上召浙江副使周汝弼，问浙、闽相去，海寇备御之策。汝弼曰："去秋寇犯海上，五日即去。"问江西布政何应瑞："宗禄何以不报？"应瑞曰："江西山多田少，瘠而且贫，抚按查覆有司，尚未报耳。"问湖广布政杜诗："尔楚去夏民变树帜，何也？"诗曰："树帜之后，地方仍安。"问福建布政吴旸、陆之祺海寇备御若何，旸曰："海寇与陆寇不同，故权抚之。"上曰："李魁奇何又杀之？"旸曰："魁奇非郑芝龙比，即抚，不为我用。今钟斌又反侧不可保。"上问："实计安在？"之祺曰："多练乡兵，多设火器，以战为守，此上策也。"问河南布政杨公翰："贾鸿洙以有司收税耗重，宜参来处治。"鸿洙曰："近已革去矣。"问山东布政陈应元、焦元溥曰："尔省负宣大兵饷数十万，何也？"应元曰："近已解纳。"问其数，曰："七千两。"上少之，曰："宣大兵多而饷甚急，其毋玩。"问山西按察使杜乔林："流寇披猖。

是否尽系秦寇？”乔林曰：“寇在平阳，或在河曲，须大创之，但兵寡饷乏耳。”上曰：“前报已荡平，何复生发？”乔林曰：“山陕界河，倏来倏往，故河曲被困。”问河曲之陷，对曰：“失于内应。”问勾引何人，对曰：“大抵出于饥民。”问陕西参政刘嘉遇：“寇与饥民相煽，地方如何料理？”嘉遇曰：“寇见官兵即散，退复啸聚。”上曰：“寇亦是赤子，可抚即抚之。”对曰：“今方用抚。”上曰：“前王左挂子既降，何又杀之？”对曰：“彼虽受抚，仍行劫掠，是以杀之。”问：“近日情形如何？”对曰：“一在延安，一在云岩、宜川。”问广东布政陆问礼：“尔已升南赣巡抚了，该地方多盗，若何？”对曰：“南赣在万山中，接壤四省，当行保甲练兵。”上曰：“此须实做。”问广东海寇若何，问礼曰：“广东多至自福建，舟大而多火器。只是把守海门，勿容登陆，方不为害。”问广西布政郑茂华靖江王府争继事若何，茂华曰：“宪定王二子：履祥、履佑。祥早没，王请立佑为世子，而祥有未奏选之妾生子，今已长，是以争。王位久定，未敢轻议。”问四川布政华敦复乡绅挟制官府事若何，敦复以欠粮对。上曰：“守臣何不弹压？”敦复曰：“远方州县多科贡，故不能。”时云南布政娄九德已经劾处。问贵州布政朱芹安位抚事如何，芹曰：“督抚责安位四事：一擒奢酋自赎，已献樊虎、奢寅妻马氏；一责送抚臣王三善柩，已送出；一责修理九驿，已渐报完；一责削地，安位不能从。故议未决。"对毕，召各官，谕以："正己率属，爱养百姓，用命有显擢。如或有贪赃坏法，国法严明，决不轻贷。"诸臣叩头先退，又召左都闵弘学，副金张捷、高弘图，谕之曰："巡按贤，则守臣皆贤；若巡按不贤，其误事不小。屡谕回道须严考核，以后断不可轻徇。"又曰："卿与吏部实心任事，天下不难为。"诸臣承旨退。

日讲官文震孟奏："臣见群小合谋，欲借边才以翻逆案，虽圣意持之甚坚，奸党图之愈急。故于'子语鲁大师乐'章愿皇上剖晰是非，辨别邪正，盖一音杂而众音皆乱，一小人进而众君子皆废。天下容有无才误事之君子，必无怀忠报国之小人。今有平生无耻、惨杀名贤之吕纯如，且藉奥援而思辩雪。又见王永光无事不专，而济之以很，发念必欺，而饰之以诈，深计巧谋，无所不中，变乱祖制，摈斥清才，举朝震恐，莫敢讼言。臣下雷同，岂国之福？故于'五子之歌'章言识精明则环而向者莫敢售其欺心，纯一则巧于中者无所投其隙。为此语者，实忧治危明之极思，愿大小臣工当视国如家，除凶雪耻，不当分门别户，引类呼朋也。"奉旨："寓规时事，知道了。所指吕纯如惨杀名贤、年例变制等语，着据实奏明。"震孟回奏："纯如为福建守道，谄媚税监高寀。周顺昌时为福州推官，蠲除税棍，纯如恨之。后纯如投身逆珰，躐取节钺，顺昌讼言攻之，纯如遂挑巡抚毛一鹭，构成李实之疏，而顺昌被逮惨死矣。其致死之由，全出于纯如。今当先上疏求雪，恃有吏部尚书王永光为之奥援，故首倡边才之说，而纯如之疏即继之。呼吸通灵，提掇如响。至于会推年例，吏科都给事中陈良训谁为开送商订，不过以其稍秉公道，每事参驳，乃借外转以除碍手耳。至考选新资，度无所施其笼络，乃独斥一才名素著之陈士奇，而十年冷署之潘有功亦以猜疑见弃。大臣之心术如此，亦不忠之尤者矣。"永光疏辩："前阁部定案时，臣被言注籍，纯如入案，臣不及知，何自援而出之？至借边才以翻逆案，或指王之臣一事，然之臣在三等之列，从考功一法，注有'涉历边疆，稍宽一黜'之语，何尝必欲借之，必欲翻之？至陈良训滥厕首垣，与参廷议，人言啧啧，夫岂无因？至考选过堂十六人内，选授科道十四人、部属二人，此二人单各有名，徒以前途正远，因才储用，期待殊不薄也。"时永光已密结大珰为之地，谓文有私于三人，于是圣意拂然，内批遂有"挟私牵扯，不堪讲官"之语，阁臣揭进，为讲官存体，改批云："讲官循职自可敷陈，不得任意牵诋。"（此疏在三年，因序王永光事，故并书于此。）

吕纯如，吴江人。天启中任兵部侍郎，护送惠藩之国，其复命疏于护送太监刘兴、赵秉彝皆极揄扬褒美，有云："其爱地方也，即一草一木之恐伤；其自爱也，又一薪一水之若浼。仁声遐布，清节可师。"至归美逆贤，一则曰"厂臣之选才良"，再则曰"厂臣之率属严"云云。此系邸报钞传，四海共睹。当鼎湖之泣，纯如见任佐枢，密弄神通，潜行改换。乘边警方息之后，拟借边才以翻逆案，王永光等为之奥主。纯如遂首先上疏讼冤，谓复命疏未尝归美厂臣，不当列名钦案，且引圣谕云："须有凭据，不许借题。"又谓"红本在御前，副本在通政司，钞案在礼科。其时为天启七年九月，必有说谎以欺诸臣，因说谎以欺皇上。臣姑不尽言"等语。通政章光岳即为封进。时吕气焰张甚，言路尽喑，故文文肃特出疏纠之云。

当永光于天启癸亥任南总宪，比匪范得志，参处南台王允成、李希孔，因得罪公论。先忠毅时初任西台，特疏参其阴阳闪烁诸奸状，永光始以病归。至乙丑春，逆珰既逐诸正人去，崔呈秀、徐大化荐之，起位大司马，即有两疏颂珰，四海钞传，邸报共睹。丙寅，以天变修省，司属王升、张履端二人力劝其疏救大狱，因之去任，然非彼意也。崇祯元年，起位冢宰，独护持珰局，至上命同辅臣据发出红本定逆案诸臣，永光因已亦有疏在内，力为诸人庇覆，以自为掩饰地。廷臣交章劾之，以为永光身系颂珰之人，不可以定从逆之案。又言"永光为逆臣崔呈秀、徐大化诸人所荐，为正人李应昇所参，邪正已自了然。今雪消晛见，终抱狐兔之悲；虽换面改妆，尚存鹰眼之疾"等语，前后疏参者如吴甡、张国维、陈良训、李长春、王继廉、毛羽健、马鸣世、顾其国、王象云、王永吉、张继孟，公疏单疏，几有百余。永光既以年例箝制科道，复荐起史䇓、高捷、袁弘勋，以为羽翼，又因边警，谋翻逆案，则荐吕纯如、王之臣之边才，故文公于讲筵中言之，又再疏论纠，赖上英明，坚持之不能动也。至辛未三月，科臣葛应斗纠袁弘勋受参将胡宗明、主事赵建极贿有据，二人皆永光私人也。兵尚梁廷栋亦发弘勋与张道濬招权纳贿事，弘勋等俱下狱论戍。吴执御复论永光诲贪崇墨，奉旨诘责，永光始认罪去位。则宜兴当国，已悟其奸邪，驱而远之矣。

　　蒋允仪曰："始永光与乌程比，阳附宜兴，其实两人自相为党。宜兴以主考入闱，两人在外，遂显然示异。且以两年不协公论事俱归咎于一人，如荐之臣、纯如事，绝未尝谋之于周，而告人则曰：'首辅意也。'宜兴出闱，党之。适上询及之臣可用与否，宜兴即对曰：'若以之臣闲住者可用，诸与逆案者俱可赐环，忠贤、呈秀亦可渐次昭雪矣。'上乃大悟，坚执如初。"蒋公丁丑年又序先忠毅疏稿，中一段云："首击僭逆者杨忠烈，继之者仲达也。首击逆贪者高忠宪，代草者又仲达也。若夫有一人焉，当清明之时，执澄汰之柄，以好恶之拂，逞淆乱之私，初怵严威，名讨逆而实庇奸，一经边警，辄借题而谋翻案。流毒至今，尚未有底。而仲达袖中弹文独发于数十年之前，吾知应山、梁溪两先生，亦必以献可先见让仲达，以易名之先愧仲达矣。"此数语皆指论永光事也。姚文毅公谓先忠毅有山巨源、郭汾阳之先见也，亦以此云。

长垣既去，御史水佳胤疏攻梁廷栋，显为袁、张报复。又发其私人沈敏与蓟抚刘可训往来诸奸状，下部狱。则梁实授之以隙，且实有暮夜之踪。梁既不免祸，幸中涓左右之，得旨闲住，于是与长垣俱不能忘情于宜兴矣。乌程又用其私人闵弘学为冢宰，一时捷足者竟附乌程而操戈向宜兴，宜兴颇危。沈敏者，绍兴人。同志说宜兴即以沈同乡，连及乌程并去之，宜兴唯唯。给事王绩灿等先后疏攻乌程与闵，宜兴脚稍定，复饮乌程狂药，谓决不相负，于同志举动不能照管。幕客张捷、贺世寿知宜兴不足谋，皆转入乌程幕，以所谋告之。乌程因恨总宪陈于廷、宫詹姚希孟刺骨。至五年三月，兵部华允诚疏参温、闵，尤激切，疑疏出姚手，遂讼言排抑。姚以主北闱试，为兵科王猷疏参武生冒籍事。猷为袁弘勋门人，理正宜查冒籍与否，与衡文者无预，阁中乃票覆试。内一名高岱，以不能完篇黜革，正副考俱下部议处。初，部覆疏上，上意颇注，乌程密揭入而圣心变，遂降二级。姚以少詹掌南院，行矣。陈以考核御史毕佐周等廷扑武弁事，不称旨，革职为民。事在五年六月。

九月初七日，上召群臣面谕曰："辽东十数年不见平。袁崇焕以平虏自任，朕遣兵凑饷，无请不发。不意专事欺隐，以市米则资盗，以谋款则斩帅。纵奴入犯，顿兵不战，援兵四集，尽行遣散。及奴薄城下，又潜携喇嘛军中，坚请入城。敕下法司定罪，依律，家属十六以上处斩，十五以下给配。朕今止流他子女、妻妾、兄弟，余释不问。"群臣咸顿首无言。上即将红本付刑部官，承旨先出。上又曰："崇焕罪恶，诸臣如何无一言指斥？其为欺罔。"又曰："此番警报，朕与诸臣俱有罪。"诸臣叩首谢。是日，磔崇焕于市。

初，锦衣卫具狱词，株连甚多，上俱不究，独以史𡐎、高捷言钱龙锡密谋主款，命革职拟罪，刑部会议。奉旨："谋款行私，朝廷若无主之者，边臣何敢行？钱龙锡与袁崇焕面商岛事，即有'入军斩帅'之语，明属同谋，着锦衣卫差官旗扭解来京究问。"龙锡既逮到，辩无同谋斩帅与私书主款之事，且引首辅韩爌为证，再下部院会议。奉旨云："逆督谋款擅杀，导奴流殃，龙锡实与同谋，先即面属，后又书订，至于面奏庇护，尤属狡欺。会谳允确，着监候处决。"又批刑部疏，以科道官都无一言，反借名建白，佐款长奸，毛羽健、毛九华、王应斗分别遣配。

词臣黄道周疏略云："窃见钱龙锡对簿法庭，头抢狱吏，群然相视，哑无一言，此书传所未见也。世宗决意弃河套，心疑开衅挠玄修，故一旦破法而诛夏氏。今东疆之图，未有定算，恢复之计，上下持疑，独断然决意于一累臣。罪辅既乏敛棋引杯之致，廷臣又无蹴刍齿马之嫌，遂使三台灰溺于贯城，斗柄销光于遣室，衣冠相语以目，不曰'那敢言'，则曰'那敢归'。人心如此，谁复挺脊梁，担安攘之绩者乎？巷议谬愆，谓杀罪辅为毛文龙报仇。如此，则边将必骄，阁臣权绌。故杀一阁臣为文龙报仇则可，为刘兴治树帜则不可；为边臣示前车则可，为阁臣作后阱则不可。陛下御极以来，辅臣负重遣者九人矣。一代之间，宁有几辅，何必囹圄愤盈，孤卿骈首，令传者谓狱吏甚贵、士绅甚贱乎？且东江方鹜，决无诵毛帅以鼓刘帅之理。"奉旨："龙锡罪案，原与文龙无涉，何称代为报仇？本朝不设丞相，疏内援引不伦。至'弃河套、挠玄修'，岂臣子所宜言？且妄称夏氏，是为何语？着回话。"道周再疏言："臣恐边臣藉口阁臣，则帷幄之猷不壮，故因边计而引东江，因东江而及毛帅，因阁臣而引及宰相。思古宰相无遥制之实，而收遥制之功；今阁臣无宰相之名，常受宰相之祸。有此两意滞于胸，故仓卒属笔。"奉旨责其支饰，降级调用。至四年五月，始以天旱修省，因科臣刘斯𡒄又有疏请宥，始释龙锡于狱，遣戍定海卫。

夏允彝曰："钱初出狱，宜兴过候之，极言上怒甚，挽回殊难。钱甚德之。次日，乌程至，钱述周语，致感。乌程曰：'上固不甚怒也。'钱遂信温质直而周虚伪。不知实温之巧于挤周，以自见德也。"

袁崇焕既诛，有东江旧弁周文煌具疏为毛文龙诉冤，奉旨云："逆督擅杀岛帅，罪案已定。毛文龙历年靡饷，牵制无功，岂得乘机借端，希叨忠义。周文煌渎奏不伦，本当重处，念系愚弁，姑饶他。"观此旨，始知杀袁为毛报仇者，非圣意也。又有义士许俊上疏为袁颂冤，云："某日提兵至京，营于某处，发火器矢石，斩首若干。又某日，于某处斩首若干。若云款云勾，则三日所得首级何来？若云不战为退衄，则后此能战者何人？"疏入，下部，拟其人谪戍，复上疏曰："崇焕若通虏卖国，则臣为逆党，当与袁同诛；若袁非卖国，则臣言无罪，谪戍非律。"疏入，亦不究。

湖广抚按奏："三年五月初二日，有沔阳州乡官谭世讲焚死。据州申称，百户赵钦因访察事，本官暗假他人名告陷，押解按院。世讲先捉钦归，狠殴。是夜，钦潜入谭家，见世讲在堂饮酒，扭住不放，世讲家人即放火截其来路，不意天忽反风，倒烧房屋。钦因将世讲杀死，投尸火中。合州士民因之群起为难，捕官登城愕视。至次日，竖白布旗，上书：'四十三里军民人等被害报仇'等语。"又奏："六月初一日，钟祥县申报：道旁竖有红旗，上书'九关七反招贤令'七字。一时承天、襄阳、荆州、武昌、岳州所获红旗，或教场，或衙门，上书七字相同。"

谭本甲科，历官潦倒，曾谪任江阴县教谕，负戾之状，至今传之。宜其居乡暴横，致罹惨祸。而乱民之起，即是流寇，三楚自此骚动矣。

日讲官罗喻义进《书》经讲章，"惟我商王布昭圣武"一节，中及时事，有"左右之者，不得其人"句，颇伤政府。正讲寥寥数言，后讲圣驾大阅，似一篇长奏疏，又多用列圣庙号，恐鞠躬频频不便。乌程实恚其隐刺，借词使正字官传改，罗难之。正字请罗至阁面商，比至阁门，乌程坐房中，高呼他事，久不出迎。罗待久之，怀愤，直至阁中，隔板相诮，前此未有也。乌程遂具疏参云："旧例，惟经筵进规多于正讲，日讲则正多规少，今喻义以日讲而用经筵例，驳改不听。"乃下部议处。部覆云："圣聪天纵，而喻义哓哓多言。"遂以闲住处之。在温不过借题处罗耳，若如部议，安用讲书为也？可谓一懞一谀。罗后家居，以寇祸死节。

四年九月，命太监张彝宪总理户、工二部钱粮，唐文征提督京营戎政，王坤往宣府，刘文忠往大同，刘允忠往山西，各监视兵饷。十月，命太监王应朝往关宁，张国元往蓟镇东协，王之心中协，邓希韶西协，各监军。十一月，命太监李奇茂监视陕西茶马，吴直监视登岛兵饷。初，上既罢内臣，外事俱委督抚，然上英察，辄以法随其后，外臣多不称任使者。二年，京师戒严，乃复以内臣监视行营。自是衔宪四出，动以威倨上官，体加于庶司，益群相壅蔽矣。

从来文场有会试、廷试，有传胪礼，武场则否。四年，武举试，有董某者以勇力闻，先达上听。时主武试者，词林杨世芳、刘必达，董以策不中程，被格。上谓诸臣故拂圣意也，下两主考及监试御史余文熠、马如蛟于狱，命改期重试，另点方逢年、倪元璐主试，命内臣监视，于十月廿三日首场试技勇，廿五试马箭，廿八试步箭，初二试策论，初七揭晓，初十传胪，悉照文场事例。特拔王来聘为状元，赐宴兵部，命阁臣主席，自此遂为故事。

十一月廿四日，召对群臣于文华殿。先召户部尚书毕自严，问钱粮旧加派若干，新加派若干。自严对："旧五百余万，新一百六十余万。"上曰："援兵未出之先，称出浮于入者一百余万；援兵已撤，如何尚未入完？"自严对："前此积欠甚多。"上曰："上紧催督，还须从长打算，按月给发。"召兵部尚书熊明遇，问："各边新兵若干？养兵要为有事之备，须是守也守得，战也战得。今日果能守得么？"明遇对："还是守得的。"又谕："户、兵二部须是同心做一家事，不可争执。"召左都御史陈于廷，谕以御史考核须严，考核严，自然尽职，天下自然无事了。又召文选司蔡奕琛、李元鼎，职方司李继贞、王芋，谕以文武各官俱是尔等经手推用，必须得人。因问奕琛："用刘宇烈，凭何推他边才？"奕琛奏："科道荐举。"上曰："只要肯做，熟手做得，生手也做得。方一藻是熟手么？"奕琛对以边才实难，望稍宽文法。上又问："刘源清何以推山海总兵？"继贞对："源清恢复有功，且见在蓟镇，就近推补。"又问："三屯总兵王维城何如人？"继贞曰："亦是恢复有功。"又问张国振，继贞对："国振原系陪推，皇上点用。"上曰："正陪俱要堪用。"继贞曰："年来边事查点愈多，使费愈烦。"上曰："毕竟官不廉。官若廉，吏胥岂敢作弊？"又召吏部尚书闵弘学等，俱出班跪。上曰："诸臣公疏谏用内臣。太祖明训，朕岂不知。只成祖以来，也有间用的，皆出一时权宜。其天启年用的，朕且撤回，岂如今反用？朕何尝不信文武诸臣，年来做事不堪，万不得已，权宜用他。若诸臣肯实心任事，要撤也不难。即如马政一节，如何解马不堪，即行变卖，这等解他何用？有言海禁当严，前要孙元化奏，他便说禁海须撤岛，明是不肯实心做事。要督抚官何用？"又重申再三，曰："文武官肯齐心替国家做事，这内臣要撤也不难。"

开封推官张瑶、杞县知县宋玫各有才名。张负气不为人下，辛未考选，同乡宋鸣梧父子在科，其门役有所需索，张不与，更骂之。宋不说。及考选，以玫为吏科，黜张为同知。张因揭玫贿营及倩人代书情弊，奉旨覆试，而宋卷已潜易矣。宋如故，张遂降州判。孔有德陷登莱，张殉难。玫亦以壬午之变不屈死。

十二月，考选科道后，更核在任钱粮完欠，于是给事熊开元、御史郑友玄俱以完不及格谪调，并责户部尚书毕自严不行纠举，革职下狱。吏科颜继祖疏救，上并切责之。自是，考选将及，先核钱粮，不问抚字，专于催科，而户曹胥吏俱得以操官评之短长矣。毕固先朝名硕，然年齿已衰，钱粮繁剧，非所长也。先已屡疏请告不得，竟致负重遣而去，公论惜之。

五年壬申四月，兵部员外华允诚上三大可惜四大可忧疏，言："当事者借皇上刚严，而佐以舞文击断之术；借皇上综核，而骋其重通握算之能。以皇上图治之盛心，为诸臣斗智之捷径，可惜者一。人臣展采，止此精气。今以窥微指为尽忠，摘细瑕为快意。直指风裁，徒征事件；长吏考课，惟问钱粮。以多士修职之精神，为小夫趋办之能事，可惜者二。庙堂不以人心为忧，政本不以人才为重，四海渐成土崩瓦解之形，诸臣但有角户分门之见。以兴邦启圣之日，为即聋从昧之景，可惜者三。国家所据以总一天下者，法也。王化贞已与杨镐异辟，余大成又与孙元化并逮。使轻猾者不以捍网为惧，骄矜者且以对吏为荣。刑罚不中，斧钺无威，可忧也。国家所恃为元气者，公论也。直言敢陈之士，一鸣辄斥；指佞荐贤之章，非讦则党。是非共蔽，忠谗互淆，可忧也。国家所赖以防微者，羞耻也。大臣握重权，而有徒隶之心；小臣惟望气，而鲜特立之操。中使一遣，妄自尊倨，与之抗者，二三人耳。其余奔走期会，谄曲趋承，贪竞成风，羞恶尽丧，可忧也。用人之职，吏部掌之，阁臣不得侵。今次辅与冢臣以同邑为朋比，惟异己之驱除。统钧大臣，甘作承行之吏；黜陟大柄，只供报复之私。皇上恶诸臣之欺擅，欺莫欺于此，擅莫擅于此矣。"疏上，责令回奏，又极言温体仁、闵弘学比交为奸，私沈演、唐世济等。上怒，命夺允诚俸一年。

浙直巡盐祝徵、广西巡盐毕佐周，各以戒责武弁，奉旨："都察院参看。以《会典》军官等样，具奏方许取问。岂得三品军职，擅行惩责？"掌院陈于廷覆疏，历引宪纲有戒饬之条，谓非自两人始。且言外卫诸武官，目不知诗书，口不诵韬略，无弓马之长技，无过人之膂力，家居则武断豪横，委运则抗延侵欺，有司不得司其长短，惟巡方衔天子之命，有戒饬之成宪，创一警百，暴横知戢。且所犯细故，若必一一奏闻，天威惧其或亵，隐忍则又长恶不悛，天下之卫官将益其骄肆，莫可谁何矣。奉旨："军官不许擅自勾问，律例甚明，且敕书亦无惩责字面，再行驳议。"于廷坚执如初，至第三疏回奏，遂奉旨以徇情市恩革职为民。时上方有意重武抑文，乌程又从旁潜之，故以总宪重臣，遽遭严谴。陈在天启朝，与赵、杨、高诸公同事，以忤逆珰被逐，至此复以抗节不阿，得罪去国，益见大臣风节矣。

工部侍郎高弘图言："臣部有公署，中则尚书，旁列侍郎，礼也。内臣张彝宪奉总理两部之命，俨临其上，不亦辱朝廷、亵国体乎？臣今日之为侍郎，侍尚书，非侍内臣。国家大体，臣不容不慎。故谨延之川堂相宾主，而公座毋宁已之，虽大拂彝宪意，不顾也。且总理公署奉命别建，则在臣部者，宜还之臣部，岂不名正言顺？"上以军饷事重，应到部验核，不听。弘图遂引疾求去，疏七上，竟削夺。前后论内臣不遣者，南北诸臣如吕维祺、李曰辅、吴执御、魏呈润、金铉、冯元飙、周镳，不下数十疏。疏上，或降或黜。今录其疏语凯切者，摘录一二于后。

工部主事金铉疏云："昨见太监张彝宪牌开：'本监公署已完，择十七日上任，两部司属官吏等谒见，照部堂体制行。'臣不胜骇异。是明欲驱清署之臣，屈膝于奄寺。敕谕中曾有是乎？彝宪衔犹司礼，职则监视，原与巡视体制相等，惟贪墨侵欺，一体觉察。若抗颜昧心，妄自尊大，以皇上迪简之臣子，令其磬折伛偻，置自有之堂属，别行僭妄之仪，去不易之公庭，强抑刑余之下。从此结纳奔趋，彼则日骄，此则日诌，干宪典而坏士风，可胜言乎？"

工部冯元飙疏言："圣谕以张彝宪总理户、工事务，诸臣单词合词争之，而不能得。夫争之而不得，惟在诸臣深体而善承之，远必无犯祖宗交结之条，近必无负皇上厘剔之意。皇上以为以内察外，其弊可得，然苟不先为无弊，则其弊终不可得。臣以为其道莫如禁交谒，盖有交谒则酬酢有情面，情面渐熟，格套弥坚。乞立垂严禁，凡在廷诸臣，并不许一至内臣之门，识内臣之面。内臣既别立公署，亦不得造两部之室，与部臣密迩。若部臣钱粮所关，均有弊端，内臣即得纠参；若其循职奉公，自关人臣分内，内臣不得荐举。不然，本欲剔弊，弊乃愈滋。使外臣冀内臣之不来，以自便私图，犹可言也；使外臣冀内臣之来，以群为蒙蔽，不可言也。"

南京礼部主事周镳言："内臣用易而去难，此从来通患。然不能遽去，犹冀有以裁抑之。今但见因内臣而疑廷臣者屡屡矣，因廷臣而疑内臣者无一焉。如张彝宪用，而高弘图之骨鲠不可容矣，金铉之抗直，初虽免，究竟以他事中之矣。王坤用，而魏呈润以救胡良机处矣，赵东曦以直纠扶同处矣。邓希韶用，而曹文衡以互讦投闲矣，王弘祖以礼数苛斥矣。若夫孙肇兴之激直，李日辅、熊开元之慷慨，无不罢斥，未能屈指。每读邸报，半是内臣之温纶。从此以后，草菅臣子，委亵天言，只徇中贵之心，将不知所极矣。嗟乎，貂珰虽巧佞，只是宫闱之趋使；簪缨虽迂戆，终属帝王之心膂。愿皇上之深思也。"疏入，奉旨削籍。礼部员外袁继咸救之，不听。

蓟督曹文衡慷慨任事，劲直不阿，与总监邓希韶抗不相下，具疏互讦，因称病乞归。奉旨："着殚力干济，以副委任。"科臣黄绍杰因有"监督不和"疏云："古来未有反颜相视，犹可觌面共事者。毋论掣肘当前，虽豪杰不能展手。文衡以节钺重臣、慷慨烈士，无因而受监军之点缀。将何颜立于三军之上？犹责之以任事，可乎？然文衡去，而监军益不可留。何也？此番玄黄，人人慑息，若欲委蛇附和，必非文衡之人而后可，不然肯以鼻息仰乎？则有监视必不能容督抚，明矣。且廷臣向所虑者不止此，今皆已肆然无忌矣。祖制不容典兵，廷臣言之，顷且几于立标营；穷地不堪骚扰，廷臣言之，今已秽迹自败露。廷臣言仗节负气之士定遭毒螫，今果伎俩递见矣；廷臣言寡廉鲜耻之夫将开谄附，今果有啧啧称颂，甘为荐主门生，不奉旨而擅发营兵者矣。前辙非远，渐何可长；世界至此，宁不寒心？"同时御史宋贤又有疏劾山永巡抚丘禾嘉云："皇上遣内臣监视，原属权宜无奈。小人逢迎，无所不至。若马云程请兵自卫，丘禾嘉先为派定六百名，犹自歉不能措置，其吮痈舐痔之意可见。乃部覆议寝，而禾嘉复为之请，必欲以兵柄授之，殷勤若此，不可羞哉。"御史高倬又有"监督相构可虞"疏，皆奉旨议处。文衡因复具疏为言官求宽，不听。未几，曹终以闲住去。

丰城侯李承祚，天启年间两疏称颂逆珰功德，请如中山王例，封两公，并列两都。珰磔后，定逆案，议大辟系狱矣。其子上疏，引八议乞宽，刑部疏亦为之地。给事中吴彦若有疏论之，上手批谕内阁云："此案情最可恨，法原当诛。但世勋与流官有间，券文难泯。据部疏议，革爵远戍，足抵一死否？"阁揭因为之力请，引券文免死之条，遂改从宽典。然上意极严附逆，虽追念世勋，稍开一面，奉诵御札，凛于爱书矣。是年，逆案刘诏与失陷封疆之王化贞俱弃市。勋臣中又有襄城伯李守锜、灵壁侯汤国祚，皆有疏颂奄，竟得漏网。

七月，斩登莱巡抚孙元化。元化，苏州嘉定人。慷慨好谈兵，以乙科历官宁前兵备。适海氛不靖，以元化知海事，超升为登莱巡抚。大凌河告急，部议调孔有德等率兵防援。孔故毛文龙部将，因文龙之杀，原有二心，至是，奉调往来海岛，几犯飓溺，比改而从陆，不胜怨咨。前队已至吴桥，后队尚滞新城，夺取王氏庄仆一鸡，王氏大族，势凌东省，随禀领兵官，必欲正法。领兵官不得已，查夺鸡者，穿箭游营。众大哗，遂杀守庄仆，报知前队，改辕而南。时统者，左步营则参将孔有德，右步营则都司陈有时、东江副总兵毛承禄、登州参将李九成。辽兵三千人皆歃血立誓，拥有德以叛。攻破城邑数处，距登数十里，于马塘店扎营，曰："为王所逼，非敢叛也。"元化令参将耿仲明传谕，扎营城外教场候抚。教场固有三千营房，援辽将卒家属居焉，欲令移入城，出房以舍步兵，城中拒不纳。孔说耿亦反，尚有辽人在城中者，绅民必欲搜戮之，辽人遂开门迎师，登城告陷。时壬申正月初三日也。元化始知被给误事，抽刀自刎，为耿仲明救之，逼之具疏言状，已复纵之航海归。以二月抵津就逮，下镇抚司打问，验其自刎非伪，方下部议罪。而上遣侍郎刘宇烈督师，既许招抚，复诱新抚谢琏、知府朱万年，并徐、翟二内使杀之。事闻，上大怒，遂斩元化。当日城破被祸者，有镇臣张可大，乡官张瑶、王象复，举人王与夔，皆以尽节称。山东巡抚余大成亦以失事逮下狱，论戍。

孙、余二抚既被逮后，廷推以徐从治抚山东、谢琏抚登莱，俱同日受事。贼已抵莱州，二月至四月，肉薄攻城，不舍昼夜。赞画主事张国臣原奉抚议以出，援兵皆畏贼，主者姑亦听之，以为抚事成则莱围自解，且以援为名耳。三月之初，国臣遣使入城议抚，从治抗疏言其非，中朝以为不然，而贼攻围益急。四月十六日，架西洋大炮，击西南城隅。从治方简阅丁壮，指挥出战。左右请少避，从治不可，发语未毕，而炮中颡额，身仆而绝矣。从治既死，莱抚谢琏又为贼所诱杀，督师刘宇烈逮问下狱，更调榆林各边兵，特用朱大典为巡抚以御之，至八月中方解围。有德竟自莱入海，破朝鲜，投诚于虏矣。

上召吏部尚书闵弘学、兵部尚书张凤翼，谕曰："吏部用人根本，近闻选官动借京债，到任便要还偿。这债出自何人身上？定自剥民了。怎得有好官肯爱百姓。朕前日费几许推敲，才用卿二人，须革去旧弊，为国家任事。"又召左都张延登，谕曰："风纪重任表率，诸御史须是严加考核，不可徇私。"又召吏科刘斯球、河南道李日宣，谕曰："尔等以言为职，若直言谠论，朕甚乐闻，如何动称言路闭塞？你们议论不管行得行不得，只条陈一本塞责，多为却情面、贿赂，成何言官？"斯球奏："臣等有闻必告，一毫不敢欺皇上。"上曰："有闻必告，是你心里说出来的，是你口里说出来的？你们有一疏，定有一缘故，与疏中所说之事不相关。以后如有把持、属托、行贿的，发觉出来，自有祖宗之法在。"又谕锦衣卫王世盛："清理刑狱，不许瞻徇。"又遍谕群臣曰："既做一官，就有一官职掌。件件都该打算，天下方能治平。如何一事不做，专图个名色好听？"严谕再三，皆悚惧而退。

先是，有疏参论监视宣府太监王坤。坤遂抗疏，指修撰陈于泰发端，谓："于泰盗窃科名，希建言之名，为自固之术，席首辅周廷儒比昵之势，借端责备，反饰丑状。果否内臣不识一字，有类沈同和之曳白。"云云。是借于泰上侵首辅也。首辅即自劾求罢，不允。廷臣交论不已。左副都王志道因上内臣越职辅臣失职疏，谓："内臣论劾渐广，内则科道六曹，外则方面督抚，又内则卿贰，今则纠辅臣矣。国家设辅臣，宫府黜陟皆其职守，内臣纠劾侵权，而辅臣不问；骎骎口衔天宪，手持朝纲，而辅臣尚不问，将焉用彼相哉？"奉旨诘责。又召对于平台，谓志道曰："遣用内臣，原非得已，屡旨甚明。昨王坤疏，朕已责其诬妄，乃廷臣举劾，莫不牵引内臣，岂处分各官皆为内臣耶？"志道曰："王坤直劾辅臣，举朝皇皇，为纪纲法度忧，为纪纲法度惜，非为诸臣。但疏不能详慎，语多谬误。"上曰："在朕前便多谬误，书之史册便不谬误了？国家大计不言，惟因内臣在镇，不利奸弊，乃借王坤疏要挟朝廷，诚巧佞也。"诘责者再。周延儒曰："志道非专论内臣，实责臣等溺职。"上曰："职掌不修，沽名立论，何堪法纪？"命削籍去。

给事中陈赞化论周延儒招权纳贿，游客李元功借势威人："延儒尝语去辅李标曰：'上先允放，余封还原疏，即改留，颇有回天之力。今上，羲皇以上人也。'此是何语？岂徒小人之轻泄乎？"且引刑科李世祺为证。世祺奏延儒有是言，诏勿问。六月，延儒予告回。始温体仁将夺其位，王坤疏参周时，体仁无一语相助。于是赞化屡疏，即"羲皇上人"一语穷究不已。体仁知上意已移，凡与周为难者必阴助之，而助周者皆黜。周遂放归。

乌程挤宜兴去位，宜兴不堪，乃谋召桐城何如宠以压之。桐城疏辞不允，勉强就道，中途复以病坚辞，始蒙俞允。乌程竭力邀首辅之称，不可得。甲戌中秋，阁臣例有赐馔，大珰传谕始称首辅。时乌程方在告，病痊入直，即开首辅之室以居之。当宜兴在事，又荐用上饶郑以伟、上海徐光启，二人皆老成宿望也，不久相继告亡。至是，请枚卜，上既点嘉善钱士升，又特用巴县王应熊、香山何吾驺二人。嘉善虽浙人，与诸君子颇相周全。唐世济力言于乌程，令收之，无为他人用，遂由南礼侍入。巴县，宜兴亦所注意，而乌程援以自助者也。命既下，给事中章正宸疏纠应熊"刚愎自用，纵横为习，小才足以覆短，小辩足以济贪。一旦大用，必且芟除异己，驱锄善良，报复恩仇，混淆毁誉。且讹言何所不至，谓是左右为缘，故倚他途以进，将使天下薰心捷足之徒纷驰而起"，因自附于阳城裂麻之义，有旨革职逮问。时正宸方以馆职外授，遂著謇谔之声云。

谕吏部荐举潜修之士，科道不必专出考选，馆员须应先历知推，垂为法。次年，又命改部属为科道，于甲戌科以后，遂停考庶吉士，以行取俸满推知考选，改翰林编简。人因争趋翰苑一途，并不屑就科道，而营谋者益甚。至戊寅年之考，有以相争竞而构难者矣。

夏五月，命司礼太监张其鉴等赴各仓，同提督诸臣盘验散放；太监张应朝调南京，与胡承诏协同守备。

谕兵部："流寇蔓延，各路兵将功罪应有监纪。特命太监陈大金、阎思印、谢文举、孙茂林为内中军，会各抚道，分入曹文诏、左良玉诸营。"寻复以阎思印同总兵张应昌合剿。汾阳知县费甲穗以逼迫苦供亿，投井死。

六月，命太监高起潜监视锦宁，张国元监视山西、石塘等路，综核兵饷。命太监魏相监视登岛兵饷。

顺天抚按报，三河县知县刘梦炜自缢死。先是，有解饷银过本县者，被盗窃去三千余两，奉旨令本县官赔补。梦炜初任清苦，忧惧无措，遂于私衙自缢。当时上司委官入衙相验，行囊萧索，合邑为之叹息。

刑部奏，会官处决苏有功，即毛有功，文龙营将，降东被擒解京，在槛车中，饮酒放歌，及旨下处决，其夜自演象所逃去。究其故，乃解役每夜放出说书，是夜忘收禁也。

癸酉秋决之日，上素服坐建极殿，与诸辅臣相商，极其虚怀。时温体仁当国，无所平反。内有一人徐兆麟，辽东人，以举人任陕西华阴知县，到任仅七日，而城陷于贼。上以此颇踌躇，体仁无一言为之救解，遂致之死。人皆冤之。

兵部主事贺王盛论乌程私其乡人考试官丁进，摘癸酉南闱黄美中后场“奢闾嫫刀，青山绿树”语为关节。青山绿树，出朱子《心学诗》，人犹易知。奢闾嫫刀，乃荀卿佹诗，云：“闾娵子奢，莫之媒也。嫫母刀父，是之喜也。”大略是善恶颠倒之意。上欲查究此四字，阁中不能对，委之部科，大宗伯李腾芳屡费翻寻，严旨以其不行纠驳，令闲住去。已而部科共拟省直黜革举人七名，又罚科者数人，各考官俱降调有差。

福建颜茂猷，会试全作五经题，外帘以为异。知贡举林釬为之题请，奉旨：“念其该博，准录送内帘。”主考不知上之属意也，置副榜第一，出场后，亦具疏请之。上命试录中列在第一名之前，准与廷试，拔置第二甲第二名。皆异数也。

颜中天启甲子乡试，亦全作五经。监临乔承诏以其越格，令止录本经进内，为主考顾锡畴、房考祁彪佳所拔。其人故博学笃行，为士林推重。登第后授礼部主事，不久即故，或传其为仙去云。

是科，场中皆推《易》一房文公震孟所取陈际泰为第一。同考项煜欲令会元出其门，计诱文公，谓渠所取乃杨廷枢也。杨为同乡名士，文遂让之，及拆号，则李青也。项向有"项黑"之称，一时遂笑传，有"项黑得李青"之号。

自后以五经得隽者，又有丁丑揭重熙、癸未冯元飏。

殿试故事，内阁拟策问二条，请上点用其一，无所窜改。是科问知人安民，上更其大半，曰："所与共天下者，士大夫也。今士习不端，欲速见小，兹欲正士习以复古道，何术而可？奴本属夷，地窄人少，一旦称兵，而三韩不守，其故何欤？目今三协、关宁以及登、津等处，各宿重兵，防奴也。奴不灭，兵不可撤，饷不可减，今欲灭奴恢疆，如何作用？且流寇久蔓，钱粮缺额，言者不体国计，每欲蠲减。民为邦本，朝廷岂不知之，岂不恤之？但欲恤民，又欲饱军，何道可能两济？即屯田、盐法，诚生财之源，屡经条议申饬，不见实效，其故何欤？至于漕粮为三军续命，马匹为战阵急需，折截挂欠，遂失原额原制，何道可复？今虽东奴猖獗，河套有可复之机，边外尽可作之事，但难于奴贼窥伺，朝野匮乏。近降夷即至，作何安插？插套连合，作何间破？流贼渐逸郧广，海寇时扰浙闽，剿灭不逮，民难未已，兼之水旱频仍，直省多故，作何挽回消弭？又唐、宋曾以武臣为中书令、枢密使，文武似不甚分。我太祖曾以直厅为布政、典史为金都，今奈何牢不可破？尔多士留心世务久矣，其逐款条答无讳，朕将亲览焉。"以上皆宸翰亲挥，语意淋漓，求治之殷，具可想见。

又故事，读卷官拟上卷十六卷，朱圈句读进呈，御批定一甲三名。今上命再呈十二卷无句读者，特拔为第一（刘理顺，后殉甲申之难）、第二（吴国华），而以原拟第二者为第三（杨昌祚），拟第一者为二甲第一（李青），第三者为二甲第三（陈组绶）。御批四卷，皆嘉意造士之睿谟也。

给事中吴家周疏论温体仁："杜门两月，入闱典试，不先不后，有私垄断而左右望之迹，臣乃得以朝廷大典礼问之。夫圣寿呼嵩，元旦辑瑞，体仁独托病不出矣；祫祭太庙，春祀社稷，亦托病不出矣；经筵开讲，所以崇圣学，献俘太庙，所以昭武功，皆托病不出；

即皇太子千秋令节，终托病如故。独至入场主试，则褰裳就之。无他，朝贺系臣子恪恭之谊，所关在朝廷；取士有私门桃李之籍，所利在身家也。尤可异者，会场题目历来与君德政治相关，未有大臣敢妄自称比者。今首题以子产自许，不思郑以衰国屡主，有难乎其拟上者，若'救民于水火之中'，尤属不伦。尧舜在上，虽小丑未靖，何至比吾民于殷丧之季？况取残吊伐，亦不宜谈于今日。"奉旨，以其诋诬牵引，着降调。先是，《易》一房漆嘉祉首篇末有"不敬不义之臣"云云，本房文长洲取之，意乌程必见驳，当有一番质辩。及呈卷，即批允。比撤棘，乌程于阁中扬言曰："外人说我们要进场取门生，今日地位，也靠不着门生了。况场中即有人骂我。"嘉善曰："场中如何骂得？"乌程曰："他文章竟说不敬之臣如何，不义之臣如何，岂不是骂？"嘉善曰："如何打发他？"乌程曰："本房批：'伸眉抗手，想见其人。'敢不中耶？"是科，乌程虽为主考，力行阻抑。榜额每科三百五十名，止取三百。会元多扶入鼎甲，而李青不得入。每科考馆，独是后两科不考，至倡议欲令三甲选县佐贰，众论以为不可而止。

以总理太监张彝宪请，命天下朝觐官将会计册亲赍投送，查其完欠，以为殿最，仍照见部堂体行礼。礼部郎中袁继咸已升山西提学，将出京，上疏言："士有廉

耻，然后有风俗，有气节，然后有事功。如总理内臣有
觐官赍册之令，皇上从之，特以剔厘奸弊，非欲群臣屈
膝也。乃上意一出，靡然从风，藩臬守令，参谒屏息，
得免苛责为幸。嗟乎！一人辑瑞，万国朝宗，诸臣未觐
天子之光，先拜内臣之座，尚得有廉耻乎？逆珰方张
时，义子干儿昏夜拜伏，自以为羞；今且白昼公庭，恬
不知怪。国家自有觐典二百余年，未有此事，可为太息
也。"上以越职言事责之，彝宪亦疏言："觐官参谒，
乃尊朝廷。"继咸复上疏言："尊朝廷自有典例。知府
见藩臬行属礼，典例也；见内臣而行属礼，亦典例乎？
诸司至京，投册吏部，典例也；先谒内臣，亦典例乎？
事本典例，虽生受犹以为安；事创彝宪，即长揖只增其
辱。高皇帝立法：内臣不得与外事。若必以内臣绳外
臣，此《会典》所不载。"上切责之。时有大同知府蔡
屏周，持册投进，独长揖而退。内臣呼而语之曰："此
朝廷命，谁敢抗？"蔡答曰："朝廷止命查钱粮，不命
查体统。"彝宪默然，蔡亦不顾。后借他事参论，公论
不平，随有以大府荐者，上亦不允而罢。夫天下之为郡
县者多矣，抗节不屈，止蔡一人，且又出于乙榜，其丰
骨挺出，直超出寻常矣。

刑科给事中李世祺以劾大学士温体仁、吴宗达谪于
外。复罪文选司郎中吴鸣虞，以考选非人，并谪之。袁
继咸复言曰："养凤欲鸣，养鹰欲击，今鸣而钳其舌，

击而绁其羽，朝廷之于言官，何以异此？今考选在即，铨臣必将遍问诸臣曰：'汝必不参大臣？'然后授之台谏。将使言官括囊无咎，为大臣者终无一人议其后。大臣所甚利，忠臣所甚忧也。且皇上乐听者谗言，使天下误以攻击贵近为皇上所厌闻，其势将波靡不止。"上以越职言事罪之。

先召旧辅何如宠入朝，屡引疾不到。给事中黄绍杰奏言："从来君子小人不能并立，如宠徘徊瞻顾，则次辅体仁当知所以自处矣。自体仁在位，水旱洊臻，盗贼满路，燮理固如是乎？秉政既久，窥旨必熟，诸臣奉承其意，用一人，则曰：'此与体仁不合也。'行一事，则曰："此体仁所不乐也。"凡此皆召变之由，乞命体仁引咎辞位，以回天心、慰民望。"上责其率妄，命降调。体仁疏辩，绍杰复连三疏劾之，其言愈厉，且曰："体仁奸欺，其说不过两端，一曰朋党，一曰票拟。下而朋党一语可以钳言官之口，挑善类之祸；上而票拟一语可以激圣明之怒，盖偾误之愆。"又疏劾佐铨张捷荐用逆珰中人。八年二月，又疏劾体仁误国，祸延陵寝，再奉旨降杂职用。

总宪、冢宰俱缺，上命公举堪者来看，特御平台，召五府、六部、九卿、科道，面谕曰："吏部尚书乃用人的官，须要第一等才品。若据会推故套，不过'精心''定力'两语混题，止须一二人把持足矣，何名会推？卿等各举所知来。"吏科卢兆龙奏："科道例无保荐，只举有不当，方行纠参。"上深然之。吏部侍郎张捷奏："年来诸臣党同伐异，在外会推，自然瞻顾情面，孰敢犯忌？今皇上面谕各举所知，务得天下第一等才品，须不论方隅。"上曰："立贤不以方，卿等奏来。"定国公徐允祯等、大学士温体仁等共举谢陞、唐世济等十余人，张捷独举吕纯如、唐世济。诸臣举讦，捷奏："臣举二人，皆举朝所不欲用者。"上随取疏阅讦，谕曰："吕纯如是逆案有名者，为何举他？"捷奏："纯如，臣所深知。逆案列名，为其颂美逆贤。今红本见在，并无一字相及，岂可诬坐？"上曰："他已曾辩过，但不可开端。"因以目视科道曰："如何说？"卢兆龙奏："诸臣荐举，各有本末。至张捷所举吕纯如，钦案有名，臣等正拟纠举，适聆圣谕已明，故不敢复奏。"捷又奏："臣实知纯如真清执可用，故从公推举。即在案中，亦须别分。倘用之不效，甘与同罪。"又言："小民作奸犯科，朝廷五年大审，每年热审，惟恐其冤。何况大臣，如何冤得？"工科孙晋即奏："此是如何比拟？今日皇上郑重家臣，特召诸臣公同咨访，乃以开释罪囚相喻乎？"兆龙奏："臣任清江县时，记得纯如护送惠藩之国，沿途骚扰。即此已见无才，况屈身逆贤，其品可知。"时科道蒋德瑗、金光宸、韩一光、杨绳武俱奏纯如断不可用，捷犹呶呶不休。刑科姜应甲叱之曰："张捷所举如此，心事可知，还敢在皇上前巧辩！"上即令捷下去，随谕首辅温体仁曰："谢陞可。"明日旨下，以南吏部尚书谢陞为吏部尚书，南右都唐世济为左都御史。时八月二十一日也。时王应熊故善纯如，又与体仁相比，故体仁阴主之，而令发自张捷，不虞上之坚持也。给事吴甘来、范淑泰交章劾应熊、捷同谋党附，冀翻逆案，上不听，捷亦屡疏乞休，恃体仁奥援，俱邀温旨。十二月间，已奉"佐计方殷"之旨，正拟肆其凶锋，未几有刘宗祥之疏。

宗祥先任金坛知县，与捷相善也，以御史巡按四川。成都知县贺儒修者，捷之姻戚，因作柬托宗祥，欲得卓异一举，柬中有"忠言不入，朝事日乖"之语。宗祥入川，见儒修狼籍特甚，折于公论，循例纠劾，有旨革职逮问。捷大恨之。值宗祥回道考核，捷一力把持，拟加重遣，宗祥据实剖辩，且以捷手书上闻，捷遂革职下狱。都察院拟宗祥降三级调外任，上抹去之，御批："刘宗祥着回道管事。"后部议捷配赎。

张捷在天启初官御史，疏论三案，即与诸正人有忤。癸亥，例转外藩。乙丑，同前例转数人皆升京堂，以其不附东林也。时逆珰柄政，同事附之者皆称功颂德、杀人媚人，捷独介然自持，不苟阿附，且周旋周忠毅公于诏狱，友谊甚笃。彼党侦知之，竟出中旨,指为阿附党人,为李某死友,着削夺为民,盖以误周公为先公也。是其人可谓中立不倚之君子也。至是,又以保荐纯如、谋翻逆案而败。弘光南渡,马、阮用事,起位冢宰,尤坚执邪说。方疏请追恤诸逆臣、重刊《要典》颁行天下,而国已亡矣。国亡之日,却能不降不逃,洁身自尽。同乡之人亦称其居家孝友、律己清廉。则盖棺论定,大义皎然。独惜其意见之偏为邪氛所中,深不可解,至不惜甘与同污也。使死而有知,推原误国何人,正邪何辨,此时水落石出,亦自悔其生前之持论否?

文震孟请改修实录,疏略云:"臣因纂修熹庙实录,从阁中恭请光庙实录较对,见其间乖误甚多。如先帝册立及梃击、红丸诸大事,皆祖《三朝要典》邪说而应和之。盖天启三年七月实录进呈,礼臣周炳谟等所纂修,阁臣叶向高、韩爌等所总裁者也;天启六年,逆党崔呈秀等谓实录非实,请旨重修,则崇祯元年二月所进、今皇史宬之所藏者也。是时皇上初登大宝,《要典》未毁,逆案未成,阁臣黄立极等不行奏明,含糊从事,凡光考二十年青宫之忧患,与夫'一月天子、万年圣人'等事,俱隐而不彰。斯固臣子所痛心也,摘其悖谬宜改正者上闻。"嘉善票拟:"《要典》已毁,是非已明。据奏,皇考实录是否与《要典》同异,并天启三年所进，该部逐一查议具覆。"时八月十三日也。票入不发。直至九月二十七日，上御平台，手出此疏，面谕辅臣曰："皇考潜德青宫，二十年忧勤惕厉，靡有宁晷。虽长幼固有定分，皇祖意无偏向，然储贰大事，诸臣上疏催请，自有职掌。如何说他浮议，说他好事？"温体仁奏："无嫡立长，皇祖屡旨申明。诸臣不行静听，屡疏扰渎，反致大典久稽，实诸臣之罪。"上曰："虽如此说，催请之疏自不可少。又如张差持梃闯入东宫，此何等大变，王之寀揭称其不类疯癫，请集多官会审，正是他敬慎处，如何反说他谋揑？"王应熊奏："之寀原系官箴有玷，知不能免，故揑此一段，以图自全。"上曰："张差直至殿檐，韩本用聚众擒拿，可是之寀捏造的？后多官会审，张差口供历历，是疯癫不是疯癫？"体仁奏："之寀此揭原不差，但其本意欲借此以自免。"上曰："皇考病亟时，李可灼轻进红丸，以致宾天。诸臣还是付之不问的是，还是据法执奏的是？"应熊奏："可灼本意，原欲皇考速愈。因皇考久病之后，一时挽回不转。"上曰："君父有疾，岂是臣子可以尝试邀功的？当时诸臣不行执奏，已自差了，反说执奏者不是，有此理否？"体仁奏："此皆是逆珰群小附会，造为此论。今《要典》已焚，是非己明，又屡奉皇上申饬，便可垂示万古。"上乃将此疏付阁臣改票："二十九日奉旨：册立大典，皇祖渊衷默定，外廷未知，故屡有渎请，然诸臣羽翼国本，忠贞难泯。张差实系疯癫，虽无别情，然梃击异变，法应重究。红丸轻进，诸臣无一执奏，殊欠敬慎，但其意亦忠爱。谕旨申明，即为定案，实录不必议改。该部知道。"巴县所票也。同时许士柔亦有"帝系不可略""详考补牍"两疏，继文疏执争之。文疏请刊定改录所笔者，许疏则摘抉改录所削者，俱奉不必烦议之旨。虽有正论，无救邪说，皆由阁臣护奸也，安得有信史哉？

自己巳之警，所调援兵以粮不给，脱巾一呼，中原游民又以驿递裁减，无所得食，皆挺而走险。溃兵与饥民合，而流贼起。秦、晋二省，无处非贼。始调总兵曹文诏专剿山西之贼，所杀获颇多，可以奏功，未免有自矜之意。既而贼势渐张，时有小挫，因复调宣大兵剿之。贼复趋秦中，总督杨鹤以无功被逮，升洪承畴代之。洪能抚绥，得军心，剿贼颇著绩。于是贼复渡河入晋，晋抚许鼎臣不能御，贼南走河南，遂阑入郧阳。抚治蒋允仪以兵力单寡，连疏叩阍。时乌程柄国，修郤构之被逮，贼遂蹂躏荆、襄，直入四川矣。

　　按郧阳原以村镇改县治，以其介湖、陕、河南三省之交，山川县亘，盗贼易起，故设重臣镇抚之。又以抚绥流民，故易巡抚为抚治。然所辖地方，各省自有巡抚主之，治台不能专也。万历初年，额饷犹有一万六千。王世贞在事，以六千改充辽饷，以四千发荆、襄两道自备标兵，而数止六千矣。标兵三百，岁粮止十两有奇，皆各县有身家者买顶首以免门户，而觅人充当。又义勇二百，岁粮六两，且糊口不足。而南下之贼动数十万，虽使武侯复生，亦安能施其堵御哉？蒋公在事，屡有疏痛切言之，阁部俱不相照管，宜其得罪也。代蒋者为卢公象升，幸以才名素著，不数年即升总理，此后俱无善全者也。

流贼初入荆、襄，廷议设五省总督。时有添设少司马，原以备总督之选，彭汝楠、汪庆百二人不愿行，乌程力庇之，遂置总督不设。至贼势燎原，始以陈奇瑜为之，专任剿贼。贼溃入四川，误涉栈道，南北以兵堵塞路口，可束手就毙矣。贼首乃求抚，密遣人贿奇瑜。奇瑜利其贿，许之代为上疏，准其自新，押回原籍，每十人以一安抚官押送。及出险口，至草凉楼地方，一夜，众贼尽缚诸安抚官，或杀，或割耳，或委诸道旁，复大肆猖獗。奇瑜以抚局大坏，因请各抚镇分地责成，欲假此以分过也。奉旨："总督原以调度各镇、抚、道，不得藉口分任，弛卸取罪。"旋革职逮问。以乌程之庇，仅得遣戍。时秦贼数十万，出关分为三：一自陕州上平阳，入晋；一自武关向襄阳，入楚；一自卢氏东向，分犯河南、河北。河南、河北诸贼复分为三：一走伊、汝，陷荥、氾，东北入郑州，复分道犯商州；一自叶、蔡，南围汝宁；一自怀庆东渡河，掠归德、睢、汝、陈、许等州。其襄阳贼与汝宁贼合十五营，众数十万，由固始薄霍丘，破之，焚寿州正阳镇，破颍州，知州尹梦鳌、通判赵士宽阖门死。乡绅兵部尚书张鹤鸣年八十余矣，贼执而倒悬诸树，引满射之，逼索金帛。有贼至，持刀劈之，自踵至顶，且骂曰："若复能坐而鞭吾辈耶？"人始知其总督时有宿憾者也。时各邑乡绅死难者不能详记。

鹤鸣天启初任中枢，左袒辽抚王化贞，与经略熊廷弼构难，致有辽阳之陷。又起奸细一狱，为卸罪移祸地。经抚皆得罪，言路攻之，仅能免官，幸矣。逆奄用事，夤缘起南司空。黔贼未平，逆案李夔龙荐之逆奄，于朝中大言曰："黔事非鹤鸣不办，虽老可用也。"遂改兵部尚书，督川湖云贵军务，赐蟒玉、尚方。闻其所以献媚逆奄者，至丑秽不可道。崇祯初，为言路瞿式耜、胡永顺辈论其克饷冒功与媚奄诸罪，削职家居。至是，年已八十余矣，熊、王皆相继正法西市，彼独老而不死，安享富贵，乃竟戕于流贼之手，惨毒加甚，谁谓天道无知乎？然继鹤鸣督云贵为朱燮元，又言因其遗略，得平安氏。

盖其人大略有才而忮，贪而鄙，用为督抚，或可收效一隅，用之中枢，不免贻害国事矣。

八年六月十六日，贼自颍州至，陷凤阳，焚皇陵、享殿，其明楼、钟簴皆烬毁，高墙放罪宗，执知府颜容暄杖杀之，留守朱国相、指挥包文达俱力战不屈死。军民死者凡四千三十五人，见给事林正亨查报疏。贼自称古元真龙皇帝，掠陵监所遗响手小奄，纵酒奏伎，刳孕妇，注婴儿于槊，以笑乐者凡三日。

凤阳向未有贼，守备太监杨泽贪残苛刻，商民苦之。巡按吴振缨至，商民往愬，振缨惧太监，不肯受词，闭门以拒。商民集其门者三日，日益以众，遂执泽用事武弁侯定国杀之，一拥入太监署，吴亦乘间走矣，众遂焚太监署，劫掠城中。乱民无主，乃集队执香，往迎流贼。盖土人之乱十五日先发，郡寇以十六日始到，激变酿祸，实起于泽与振缨。抚臣杨一鹏不能弭治，又以隐匿迟报，俱奉旨拿问，下镇抚司。一鹏为辅臣王应熊座师，振缨则温体仁儿女姻也，两辅臣力庇之。上以皇陵失事重大，竟从严处，一鹏以决不待时弃市，振缨发口外充军。然起变时，杨实在数百里外，吴见在凤阳，因乱而逃，乃轻重若此，盖以乌程之庇云。

文秉曰：乌程为吴故，祈哀大珰，至于屈膝，阁体真扫地矣。

先是，贼自河南将逼安庆，有为枢臣张凤翼言者。凤翼语科臣孙晋曰："贼走南，已入绝地。此贼不食大米，贼马不食稻草，行自毙矣。"闻者无不掩口。竟不预为设防，卒致有凤阳之变。

上以陵寝之变，痛愤避殿，御青布袍，下诏罪己，命大小臣工共加修省，诏曰："朕倚任非人，遂至奴猖寇炽，以全盛之天下，若肯实心为国，何难灭此朝食？奈夸诈日闻，实巧鲜睹，奴三次入边，寇七年不灭。国帑匮诎，而征调未已；闾阎凋敝，而加派难施。中夜思维，不胜愤惋。乃至今年正月，上干皇陵，祖恫民仇，责实在朕。兹择十月初三日，避居武英殿，减膳彻乐，以青袍视事，示与行间士卒甘苦相同之意。驰谕督抚遍告行间，仰体朕心，共救民命。"署礼部侍郎陈子壮因条议宽恤，实政、蠲租、清狱、赦罪、使过、省工、束兵、豁赃、恤宗、改折、宽驿、旌叙事例，凡十二款。款内请复祖制，尽撤内监，则不利于诸奄；议束兵，责督抚，则不利于诸镇。政府持之，欲狭小其事，徒事虚文弥饰，于是虽有主上勤恤美意，实政终不能下究也。

宽恤诏下，议及罪遣诸臣，嘉善谓刑部宜具各招情节，列名疏请，先释罪而后起废，方有次第。冢宰谢陞曰："此敝衙门职掌，疏不可缓。"疏上，胪列无遗，并当日得罪情形，悉为粉饰。上大怒切责，下选郎吴羽文于狱，而事不可为已。及覆请一百员，票拟仅仅以杨都、杨世芳、余文熠、马思理、高倬、刘必达、章正宸、胡良机、杨弘、廖大亨、张灿垣十一人了局，皆乌程一手握定，使宽恤德意，竟成屯膏，其忮如此。

给事许誉卿疏论辅臣、枢臣云：“民家丘垄偶伤，亦必饮痛。今仰惟至尊之痛恨，皆枢臣固位失事，辅臣玩寇速祸耳。贼在秦晋，议设总督，侍郎彭汝楠规避不行，枢臣则谓人曰：‘政府不肯设也。’贼入豫、楚，汝楠被论，再议设督，而汪庆百犹汝楠也。乃推极边之陈奇瑜，又误于抚之一说，心持两端，而贼已蹂躏东南矣。昨冬东南震惊，始有淮抚、操江移镇之疏，及旨下，又曰：‘不必议移以滋烦扰。’辅臣遂视寝陵为孤注也。”又疏曰：“论辅臣者，皆庇私纳贿、一身一家之事，其于误国犹小。独此皇陵震惊，祖宗怨恫，致圣心有在天之隐痛，臣谊有率土之公愤。此之误国，更孰有大焉者？”前后连上五疏，皆极其痛切。同时科道又有何楷、范淑泰、徐耀、吴履中、张盛美、张肯堂、郭维经，部臣则贺王盛、胡江、郑尔悦，相继抗章不下数十疏，而体仁悉以门户坐之，于是圣聪终为所蔽矣。

总河刘荣嗣革职提问。时以骆马河溃决，创挽黄之议，起宿至徐，分黄水通漕运，计工二百余里，费金钱五十万。其凿河处邳州上下悉黄河故道，淤土尺余，其下皆沙，每挑浚成河，经宿沙落，河坎复平，不可以舟。刘遂得罪，入狱坐赃。父子俱死于狱，人皆惜之。郎中吴琏分工独多，亦引监守律坐死。庚戌秋，以魏景琦监决之误，竟致典刑，人尤冤之。

　　刘公，北直曲周人，丙辰进士，与先忠毅同年相好也。工书善诗，好交游，颇以经济自任。其门下多游客，未免失于轻信。东光霍维华者，以逆案遣戍徐州，冀立功赎罪，前议实倡于彼也。刘方好奇略，遽信之，致罹大祸。小人之不可作缘如此。

礼部署侍郎陈子壮请宽释河南巡按卢学道胡解，不听。先是，汴城莱阳王与许州贡生苏辅宸争田，屡具词，有司不能听。适学道考试开封，莱阳家奴擒苏族一秀才，至家殴之。此生原不与辅宸事，诸生咸为不平，先诉之胡，继诉之卢。时三月五日，三司公谒按台，莱阳王同八王子亦昇一人来诉，以期抵塞。在院门外大噪以舆扛乱打诸生，有飞石相击者，诸生不敢动，噪乃愈甚。莱阳复在门首裂其衣冠，嚼血涂面，为图赖计。院、道出示，归咎诸生。明日传苏生已死，王亦称被殴伤，令其母诉按、道，又肤愬于周王，周王即据偏词入告。及按臣疏闻，上疑莱阳实被辱，地方官私庇诸生，严旨遣缇骑逮按、道及苏辅宸等下锦衣卫狱。盖上方崇重藩体，故经藩王疏参者，必行重处。时卢、胡俱到任方两月，竟得严谴，苏生竟死狱中，人皆冤之。

上以两国学之士杂而多端，无以甄才品、施教化，乃停止入赀援例一途，命各提学官汇试各学廪膳生员，每学拔取一人，充贡入国学。巡按为监临，道臣为提调，分试两场，有分考，有誊录、弥封等官，一如乡试法行之。贡入礼部，廷试阙下，分送两雍肄业，一时与贡者皆自夸为奇遇，然亦未尝特拔一人进用也。次年，又命颁《孝经》暨《朱子小学》于学宫，令士子诵习，督学官取以命题试士。又命士子兼习骑射，于文试毕后，又试马步弓箭，乡会试亦于榜后试之。一时不能文者，竟以此为媒进之阶矣。

谕监修实录等官："朕躬阅皇考前录，颇有失实之处。盖时政予夺，或志在激扬矫抑，不得骤言得失，即张疏敷陈，亦有风闻臆见，难保尽出公确。惟略存当日始末，备载所奉明旨，一听后来评释，庶几初意不晦。今于意合者存其美，不同者去其实，或突载一节，或单标数语，成心偏见，滋惑传疑，其于实录之义何在？目今皇兄之录未竣，应加申谕。"又谕："今士鲜实行，人多虚饰，其于荐奖乞恩尤甚。以目击耳闻之事，辄要欺人；以说鬼说梦之言，敢于奏上。才难自古记之，何近时之多贤耶？贤人多而天下治，何宇宙之多故耶？只足贻讥后世，见笑识者，亦当禁之。"二条皆御笔亲撰，此即汉诏之佳者，不能几及，后经阁拟，反不如矣。

　　故事，经筵讲书，置《春秋》弗讲。上独以《春秋》有关于拨乱反正，传旨令选专经者进讲。时首辅温故以《春秋》起家，词臣文震孟亦以《春秋》著名，首辅恐文进讲，必如前年有讽谏，或当上意，故隐之而佯为搜索状。次辅嘉善指及之，首辅佯惊，谓："几失其人。"即以名进。十月二十四日，讲至祭伯传而宰咺归赗，传、赗，凶礼也，当缺不进讲，上特令补进，文乃讲："咺以六卿之长，而坏法乱纪，自王朝始，焉用彼相？"上颔之，既奉御笔宣谕，云："宰咺一章，正见当时朝政之失，所以当讲。后以此类推。"已又讲"内君子外小人"及"人臣义无私交"一段，大惬圣意，爰立之命，基于此矣。

八年六月二十九日，上传大小九卿、詹翰等官召对。上御门，两傍置桌子、笔研。诸臣行礼毕，上谕曰："诸臣才品，朕未遍知，今一试票拟。"辅臣、六部尚书站于阶上，其余分班试于阶下，两中官持本一帙，各分一本，并二小柬，传谕将内本票拟书柬内，一藁一誊。试完命退。次日，上传："姜逢元、陈子壮、文震孟、张至发、蔡奕琛、阎仲俨、马之骐、张元佐、张居，着吏部将履历年貌开写来看。其在籍诸臣，有堪任阁员者，也着从公推几员来。"吏部即将九臣年历开写，会推在籍吏部侍郎林釬、礼部尚书孙慎行、顺天府尹刘宗周。奉旨："召在籍三臣作速来京，尔部马上催他就道，不可迟延。"至二十六日，奉旨："文震孟、张至发俱升礼部侍郎，入阁办事。"先是，召对，文以病在告不与，官尚为少詹事，张以刑部改入，皆新政云。自此以后，凡枚卜阁臣，必内外兼用，亦不论官阶大小矣。

召起三臣，孙以病卒于途，未及陛见；林以原官入阁，卒于位；刘升工部侍郎，不久以建言去。

故事，新参入直后，以名帖及礼帖致掌司礼大珰，珰亦来答。时大珰曹化淳系王安名下，素附正人，托安之侄中书某转致许公霞城，盛称曹皈依之意，且云："旧例固不可失，相通一番，此后有事亦可相闻，好于上前说话。"许转述之。文公曰："无论素不善与若辈往来，且同事者方虎视眈眈，若稍有一隙，反与以口实，何以自解？"卒不与相通。未两月，顿失帝眷而见逐矣。许公曾为予述其事，深服文公之持正，而叹当时揆地之难居如此。

撤回各镇监视内臣，谕户、兵、工三部，略曰："朕御极之初，撤还内臣，一应事悉以委之诸臣，不意习尚久非，营私卸过，甚有从而剥削，为升官肥家计者。此士大夫负国家也。不得已，查照成祖监视之例，分遣各镇，添两部总理，亦欲诸臣自艾。数年来，经制稍立，钱粮稍清，诸臣亦有省于其中矣。今将总理、监视酌量撤回，以信朕之初心。惟关宁逼边，高起潜兼监两镇，京营原有内臣提督，照常。内而部司，外而抚按，务要共济时艰，慎始保终，永识朕言。"是谕适在文入阁后一日，于是遂有"新参居功"之说，谮于上前矣。

辅臣王应熊回籍。先是六月初十，科臣何楷以皇陵失事，参温体仁、王应熊庇抚按杨、吴之罪，应熊即于十三日具疏奏辩。时向疏尚未奉旨发钞，应熊又方注籍，不入阁也，何因以预泄机密参之。应熊疏认，谓家人在直房中钞出。上乃下其家人于锦衣卫狱究问，并查擅与中书姓名，在直者俱罚俸一年，家人王心良发边卫充军，应熊遂以是去。盖上意既重漏泄，乌程又适被论注籍，不能为庇。说者谓长洲实为之，而忌者益眈眈矣。

吏部尚书谢陞疏参工科许誉卿、福建布政司申绍芳营谋升官，许削职，申逮问。许在天启时，以疏参逆奄谪官，时谢为文选郎中，亦以不附奄罢。崇祯初同膺环召，谢已历官冢宰，而许在垣中资望最深，犹守故官，以母老，欲乞南太常以便养。同人不可，文拟留之，升太常少卿，亦非僭分。谢与首辅故难之，适台省同时攻冢宰及总宪，许谓须舍谢而专攻唐，唐与乌程朋比肆恶，尤不可缓也。御史张缵曾不通商榷，特疏独参谢一人，张固同乡，谢乃疑此疏出文许意。又山东布政劳永嘉营升登莱巡抚。劳固逆案漏网，诸台省拟合力攻之，谢三过户科宋学显，曲致殷勤，求稍徐之，候旨下而攻之未晚。且云："劳君之座，即申君之座也。"申故文之姻戚，时任福建右辖，待次，盖以此相挟。而台省不能待，交章连牍，有旨："登抚另推。"东省诸人又怀恨矣。兵科宋之普力怂谢，谓："文、许决不相容，将以铨席待南冢郑三俊及大司农侯恂，岂能久留汝耶？"谢已心动，适有张之疏，遂具疏参许与申，坐以争官讲缺，有"凭藉奥援"语。发票时，首辅已定意，故示商榷于同官。嘉善谓所奏必当有据，宜有勘，或令回奏。首辅不然，遽票旨云："大干法纪，着降调。"夫既云"大干法纪"，则不仅降调矣。次日，果发票削籍为民。文争之不得，乃作色曰："科道削籍，乃极荣之事。"许陛辞，疏复侵首辅。首辅疏辩，遂及文、何二辅，即"为民极荣"语，曰："皇上所以鼓励天下者，止此爵禄位号。而震孟所言，是以股肱心膂之臣，为悖伦灭法之语。"疏入，上颇怒，得旨："吾驷、震孟不宜徇私挠乱。"各具疏引罪。何致仕，文闲住。未数日，复以"灭伦"二字参庶吉士郑鄤，以鄤为文同乡，同年相善，逆贤时同以建言谪官，故借以引绳批根也。鄤居乡实有秽行，谓可以钳诸正人之口。鄤下刑部狱，屡问屡驳，同乡亦不直之，竟以士民公疏，再下锦衣卫，遂致极典，而一时株连者甚多。总由温之险心毒手，构成大祸云。

河南监纪推官汤开远，由乙科以知兵授是官，于五年冬，已有两疏论时事，至是复疏，言："为皇上分任剿寇，莫如抚、镇。乃于抚则用惩创，于镇则用优遇。诸臣受事之始，已为不终朝之计。有宁甘褫革，必不肯做者，以做亦罪，不做亦罪也，不做罪轻，做罪重也。即有肯做者，而反为不肯做者掣肘也。"有旨责其妄言："'做亦罪'等语，何所指，着回奏。"因复奏，言："皇上为办寇而诛督臣一，逮督臣、抚臣二，褫抚臣二，并逮两按臣，道府州县不可胜纪。前后诸帅，有一逮且诛者乎？即以中州言之：按臣曾偶捐资济荒，未尝悠忽，竟从逮配，将来无肯做敢做之按臣矣；祝万龄拮据兵食，亲率兵驰救武安，遽行削籍，无肯做敢做之道臣矣；史洪谟令宜阳，寇无敢薄城，六安州之全，独力为多，竟以罪摈，无肯做敢做之州县矣；永宁乡绅张论捐金募兵，其子鼎延乞恤，并夺其职，无肯做敢做之乡绅矣；又如铨司弊薮，吴羽文竭力搜剔，乃以起废干怒，竟致长系，无肯做敢做之部曹矣。皇上不留意分别，一下铨司，即议罪、议降革，一下法司，即议杖、议遣配。有肯执奏为不当者乎？窃见累累诸臣，贤者不复以逮为辱，不肖者无复有自奋之心，且以犴狴藏身，人品与封疆两尽，可不为寒心哉？"奉旨："革职拿问。"河南巡按金光宸为之代请，以其戮力行间，杀贼有功，准释放还职。

上以祖训凡郡王子孙有文武才能，堪任用者，宗人府具以名闻，朝廷考验，授以官职，其迁除如常，名曰换授。署礼部陈子壮疏言："宗秩换授，适开侥幸之门。其事有不便者三，不可行者五。"上怒甚，有"非祖间亲"之旨，遂下陈于刑部，拟赎徒，放归。先已有宗藩仪节之议，始于唐王上疏，部议屡上屡驳。至是，上益怒，欲加廷杖，曹珖跪谏乃止。未几，唐王杖杀二郡王，上不怿。又因边警，请统兵勤王，上遂密敕抚按，押发凤阳高墙。至十七年，以淮抚路振飞疏保敕出。乙酉，南都失守，郑鸿逵等拥至闽中，登大位，号隆武。闽破，被执蒙尘。

宗室以科目起家，始自天启辛酉。其能文者，江右为最，楚、蜀次之。宁藩宗室有朱统𨨏。中辛酉、戊辰两榜，选庶常。有言宗室不便入馆者，改中书即告假去。至宜兴当国，闵弘学秉铨，以其疏请，改馆职。壬午，为南畿副考。又有甲戌进士朱宝符，赐名统铿，朱铟，赐名奉铟，皆庶宗未请名禄者，中式后赐名，皆出特旨。庚辰年，又有朝觐县令朱露，上疏逢迎时事，召对，授给事中，赐名统铮。此其最著者。自换授法行，皆是亲王保举，优者得中书，次则府佐、州县官，诸宗在仕途者几八十矣，大都以营谋得之。换授易而科目难，使诸宗不务读书，专务钻刺，及入仕途，益多不法，公私苦之。

乙亥十二月二十六日，贼犯和州，知州黎弘业婴城固守。二十八日，贼用梯攻，城上发炮击杀数百人，贼复顶上方桌掘城，城上掷薪烧之。已而风雪渐急，城上人不能支，有散走者，贼遂得蚁附而登。黎时有母随任，知事不可为，视其母自缢死，大书于壁曰："为臣不负君，为官不负民。忠孝诚已尽，生死安足论？"书毕，自缢而死。一门死者十有余人，有幼子以先随母还家得免。同死者，又有学正康正谏、乡绅侍御马如蛟。事闻，黎赠光禄寺卿，赐祭、赐葬、荫子，余各赠恤有差。

黎公，广东顺德人，天启辛酉举人。先忠毅时以南康推官应聘分考，本房共得士七人，黎公其一也。工诗善书，淹博风雅，时称名士，尤笃于气谊，所以周视师门者甚至。乃竟与先忠毅同以节义传，真无愧及门矣。

卷六　崇祯朝纪事

（丙子正月起至辛巳十二月终）

　　九年丙子正月，内阁温体仁奏："逮问知县成德之母辱臣于长安门，又持本声冤于朝。"上命下德锦衣卫打问。已于午门前杖德六十，发戍。初，德为滋阳令，耿介绝俗，不善事上官，偶处府厅积役，府厅怒之，揭于巡按禹好善，开列多端，诬以贪酷，致被提问。及到京，士民俱为之讼冤，长洲在阁时亦言之。至是，好善再疏，直言德系旧辅之私人矣，赖上不之罪。而德母各处投揭，至随体仁舆，诟詈于朝门。体仁畏之，乃具揭奏闻，竟罹重遣。至十六年，起废，升兵部主事。甲申之难，母子俱殉节死。

　　曹钦程者，以逆案问辟，系狱将十年。同案诸人俱已正法，独钦程尚存，遂为狱中牢头，鄙横无耻，每擂绅入狱，即需索万端。成入，钦程亦如法索诈。成大怒，拳殴之数百，一无所得而身被伤，人皆快之。钦程后以闯贼破京释放，即拜降贼庭，从贼西去，不知所终。

宁夏巡抚王楫驭下少恩，一日于教场点兵下操，适闻有解到赏军饷银，军士遂纷纷求发，楫不许。比夜，楫入城，至北门内，军士拦路求索，楫命锁之，众军遂鼓噪称乱，持刀砍楫，气绝仆地而死。事在丙子正月。从来边军多跋扈，当元年，甘肃兵变，已戕杀巡抚毕自肃矣。至是，凡再见。

淮安武举陈启新上独违时尚疏，洒洒万言，其大指则极诋进士之横、县令之贪，至发愤于腐烂芜儒，欲并科目废之，专举孝廉，行汉法。跪于午门奏进。上方行不测之恩威，遂投契上意，奉旨以为敢言可嘉，径授吏科给事中。吏部不能执奏，举朝无敢讼言，惟刘宗周于条奏疏末及之，言启新"言有大而近夸，情似要而有挟，未可据定其品。一言投契，立置清华，虽称一时盛事，将如名器可惜何"。后启新官谏垣二三年，庸庸随时，未有非常建白，卒以败类蒙讥得罪，真觉名器可惜也。

　　时有候选库大使程品，疏斥启新之虚诞，欲废祖宗科目之制，是绝孔孟君臣之脉。上怒，着刑部提问拟罪。其人虽未必端品，然此疏则足愧举朝之容默者矣。

命两京三品以上，于进士、举人、贡监中，举堪任知府一员；五品以下及翰林、科道，在外两司、知府，于贡监、吏民中，举堪任知州、知县一员，送吏部除授。部中先举在京各官所举共一百余员，开列上呈，命量才选用。初旨命即授州县正官，遂大半以营谋得之，及部中类考，又复以贿为高下，至有考授丞簿者，诸人始各废然。于是有志者俱不屑就，究之亦未能得一人也。

刘宗周以特召至，拜官工部右侍郎，即上痛愤时艰疏，略曰："朝廷有积轻士大夫之心，自此耳目参于近侍，腹心寄于武夫，治术尚以刑名，政体归之丛脞。厂卫司讯访，而告讦之风炽；诏狱及士绅，而堂帘之等夷。人人救过不给，而欺罔转甚；事事仰承独断，而诌佞日长。三尺法不申于司寇，而犯者日众；诏旨杂治五刑，而好生之德意泯。刀笔治丝纶，而王言亵；诛求及琐屑，而政体伤；参罚及钱粮，而官逾贪、吏逾横、赋逾逋；严刑与重敛交困，而盗贼滋起。总理任，而臣下之功能薄；监视遣，而封疆之责任轻。督抚无权，而将日懦；武弁废法，而兵日骄。将懦兵骄，而朝廷之威令并穷于督抚。朝廷勒限尽贼，而行间日杀良以报级，以幸无罪。求治愈殷，纷更四出，致市井杂流咸得操讹抵隙，以希进用。皇上不过始于一念之矫，而积渐之势酿为厉阶，几于莫可收拾。则今日转乱为治之机，断可识矣。"奉旨："大臣论事，当体国度时，不当效小臣归过朝廷为名高。"已阁臣以马价空匮，议捐助，宗周独言不敢怀利以事君，并请禁天下之言利者，得旨切责，遂引疾罢归。至天津，知北兵自昌平深入，愤甚，复上身切时艰疏，略曰："往己巳之变，有小人起而修门户之怨。自此小人进而君子退，中官用事而外廷浸疏，人人解体，事事规卸，文法日紧，欺罔转甚，朝政日隳，边防日坏，以有今日之祸，实己巳以来酿成之也。且以张凤翼之溺职中枢，而予之专政，何以服王洽之死、丁魁楚等之失事；而予之戴罪，何以服刘策之死？诸镇勤王，争先入卫者几何人，不问以逗留诘责，何以服耿如杞之死？今幸以二州八县生灵，结一饱飏之局，廷臣若可幸无罪者，又何以谢韩爌、张凤翔、李邦华诸人之或成或去？岂昔之为异己驱除者，今不难以同己互相容隐耶？且皇上恶私交，而臣下多以告讦进；录清节，而臣下多以曲谨容；崇励精，而臣下奔走承顺以为恭；尚综核，而臣下琐屑吹求以示察。凡此似忠似信之类，无往不出于身家利禄，将聚天下之小人立于朝，皇上亦有所不觉矣。"又言："小人与中官每相比，以相为引重，而君子独岸然有以自异。故古有用小人之君子，终无党比中官之君子。"末又及时政最乖者数事，以"谁生厉阶至今为梗"责备首辅体仁，谓其大奸似忠、大佞似信，且引唐德宗之不觉卢杞奸邪为规。奉旨责以"比私乱政，颠倒是非"，革职为民。已又上书体仁，规其勿蹈江陵、分宜之覆辙，体仁不省。

刘公前后立朝不满一年，而谏草甚多，皆凿凿名论，缠绵恳恻，不减贾长沙、陆敬舆也。已尽选入《名臣奏疏》中，但择其切关时事者，录一二于此云。

大学士钱士升疏进四篇，一曰："宽以御众，如天之覆。贤愚并包，功过在宥。大弦毋急，六辔毋骤。不竞不绿，世跻仁寿。巍巍荡荡，大哉吾后。"一曰："简以临下，若网在纲。要领独挈，条目毕张。无为守正，垂拱明堂。执要则逸，好详则荒。程书衡石，徒蔽章光。"一曰："虚以宅心，如鉴斯空。妍媸好丑，毕献形容。寂然不动，感而遂通。以意索照，亿逆填胸。邻斧市虎，载鬼张弓。"一曰："平以出政，如衡斯准。轻重毋畸，衰益必允。舜贵执中，孔戒已甚。救弊矫偏，参调详审。畏卒怖始，罔或不凛。"时上已不说。未几，遂以谕驳武生李琏疏议搜括富户事去位。

自武举陈启新上疏邀特恩，一时长安游棍，章满公车，至有径请召对者。武生李琏一疏，至欲江南搢绅富户报名输官，行手实籍没之法。疏下阁票，嘉善恶之，遂拟"刑部提问"以进。御批改票。乌程曰："上方欲通言路，当以所拟太重耳。"遂改拟"姑不究"。嘉善曰："此乱本也，当以去就争之。"即具疏言："此衰世乱政，是使亡命无赖之徒相率与富家为难，不驱天下之民膏而为流寇不止。乞屏绝横议，毋使小人因陈启新之进，以言利窥朝廷。"疏上，而琏疏已批下法司提问矣。是疏则批云："改票原欲申饬通政，何相疑至此？即欲沽名，前疏已足致之。"遂请告归。去其官而用其言，一疏之有造于生民者大矣。

先是，有经历吴鲲化上疏，论云南巡抚钱士晋贪肆。乌程即拟严旨，行巡按究问回奏。士晋系嘉善嫡弟，盖欲借其弟以逐兄，皆乌程之机械也。旨下而士晋报病故，事乃得解。嘉善卒以是去。

钱已去位，御史詹尔选先有疏论陈启新之用，责备辅臣、冢宰不能尽言执争，至是，复疏言："大臣所以不肯言者，以不肯去耳。今士升肯言矣，肯去矣，以去就悟明主，以气节风百僚，皇上不即嘉许，而疑其要誉耶？且天下之疑上者不少矣，将卒骄懦日甚，圣德恩礼过渥，则疑过于右武；穿札与操觚并课，人见绌德而齐力，则疑缓于敷文。免觐说行，或疑朝宗大义，不值数万路费之金钱；驳问日烦，或疑明启之刑书，不当几番加等之纷乱。其君子忧驱策之无当，小人惧陷累之多门，明知一切苟且之政，或扪心愧恨，或对众唏嘘，种种隐情，有难殚述。"上怒甚，命锦衣卫拿问，特御门召对，面诘问："如何是苟且？"詹曰："即捐助一事，也是苟且。"侃侃数百言，抗对无屈。且曰："臣死不足惜。皇上幸听臣言，固可为今日之用；即不听臣言，亦可留为他日之思。"中珰在旁，亦啧啧叹服。上益怒，命系朝房候旨。内阁揭救。翌日，旨下，言："本当重处，念辅臣申救，姑着放了。都察院议处。"初止议罚俸，以议语涉夸，并处主稿御史张三谟，乃改议为民。

上以边警，仍分命太监卢维宁等总监通、津、临、德等处兵马粮饷，御史金光宸疏请罢遣。上大怒，于八月十六日召对廷臣。是日下午，恰值风雨骤至，阁臣、部院侍立雨中，至以袖障雨。上召兵、工各部堂入，厉声云："而今要练兵、买马、制器械。"诸臣唯唯。上云："平时都说口子是好的，而今却从口子入了；平时都说有兵马准备，而今却没有。这是怎么？"上声色俱厉，风雨声亦复杂沓。久之，独召金来前。上云："你疏是甚么主意？你们科道官到这时候，并不说何利当兴、何害当除，还说这套话。"光宸云："皇上因文武官员无一实心任事，所以有这番委任。但这些事体别有委任，文武官员一发好卸担了。"上厉声云："事到如今，你们文武官员可羞，可羞！"金云："臣巡按河南时，见皇上罢撤内遣，以为是圣明第一美政……"语未完，上即云："不要是这等说。"连说数声。金又将文武官员话头申说一遍，上云："本该重处，以后再有这样的，定要拿问。"徐云："该部议处。"诸臣仍赐茶果而退。

以张元佐为兵部右侍郎，镇守昌平；同时遣内臣提督天寿山者，皆即日往。上语阁臣曰："内臣即日就道，而侍郎三日未出，何怪朕之用内臣耶？"阁臣默然。是年昌平陷，乃内臣纳假兵而起为内应者。

命调各镇兵入援，总兵刘泽清至河间，拥众不前，疏言东抚李懋芳格标兵不发。上怒，下部议，懋芳革职。其实标兵三千，而刘兵万余，不相涉也。自此以后，总兵非复督抚可制，而泽清更为跋扈云。至壬午之警，王永吉为东抚，陷至七十余城，而以兵仅三千，为上所原，反得升蓟辽总督。不知三千兵从来如此，当时抚臣所值，有幸有不幸也。

本兵张凤翼自请以身当敌，督援兵出师，而以旧本兵梁廷栋为总督。梁由南至，张自京出。北兵至雄县而返，遍蹂畿辅，破数十城，二人俱尾其后而已。北兵将出，沿途刮树，大书"各官免送"四字。二人度敌退后且罹重罪，因日服大黄药取泻求死。北兵以八月十九日出口，张以九月初一日卒，又数日，梁亦卒。后下刑部议罪，梁议斩，张免议，以乌程之庇故。时谓张死亦不幸矣。

北兵入至天寿山，将诸陵寝殿拆毁。兵退后，抚按奏称："忽有怪风从东北起，祖寝门扇、海马兽头、神路树枝悉行刮损。"有旨着估价修理。上下相蒙，不复究竟，而阁臣反以事平叙功加恩。时新拜三参：句容孔贞运、江夏贺逢圣、南海黄士俊，俱加太子太保。

边警时适当乡试，届期遂停不举，至事平后，改十月初二日为初场，□□日揭晓。

诚意伯刘孔昭疏论倪元璐絜制当黜，借明纶以媚婢，嫡妻陈氏见存，而王氏居然冒封；许重熙伪士非祖，敢居下以讪上，实录未成而《五陵注略》先刊行世。盖体仁乘文、何二相既去，以倪为二相臭味，必欲挤去之而后快。言路、部僚莫有应者，因以京营总督缺诱刘孔昭，令之出疏。奉旨："下部看议。"倪前妻陈氏有故而去，再娶王氏，皆名家女，非以妾冒封，竟坐冠带闲住，议许除名禁锢，不足明罚，宜下法司穷究。体仁拟旨三上，不允，径批："许重熙着斥革。"后孔昭不得京营缺，特复操江缺以偿之。孔昭前此已参户尚侯恂以媚温矣。

时上锐意取法世宗，命近侍遍买坊间刻本如《见闻录》等项，适《注略》初刻，亦买进登御览，中有诚意伯袭爵事，颇致讥贬。上览而赏之。孔昭闻而惧，遂因参倪疏而并及。故阁部俱议穷究，上终不允云。当时谓："倪为今之韩愈，许乃得与之比类同毁耶？"人之视许，已不轻矣。许后年将大耄，犹留心史事，下榻荒斋者三年，蝇头小楷，手不绝书。
惜未竟其事，而赍志以没也。

黄景昉主北闱试，以马之骙为解元，下第者吹索字
句投揭，陈启新出疏参之。景昉辩疏言："吏科无衡文
之责，启新非能文之人。"上以御笔涂"吏科"句，意
可知矣。部议竟以覆试文字不雅议罪，停四科，削景昉
级。其逢迎启新如此。

方流贼蹂躏中原，官兵攻之，总兵曹文诏斩获独
多，然以勇而骄，为贼所陷没。升卢象升总理五省、孙
传庭巡抚陕西，与三边总督洪承畴协力剿贼。孙久居边
疆，习行间事。卢身先士卒，忠勇有为，率关外兵一再
破贼，而孙、洪亦时时以捷闻。时闯王已诛，蝎子块已
为卢追逐入秦，河南稍宁。自群盗抚河南北者三年，夹
河千里，鸡犬无声，贼即无可掠。卢又合大军于中原，
罗而麾之，寇已稍衰。及以边警调各兵入援，事平，即
改用卢为宣大总督，洪为蓟辽总督，而寇复蔓延矣。老
回回等盘踞郧、襄间，休粮息马，秋高足食，乃以全军
合曹操、闯塌天诸贼，兵二十万，沿江长驱而下，蕲、
黄、六、霍、怀宁、望江、江浦，所在告警，烽火且及
仪、扬，已自尉氏至登封，至汝南，复入河南。豫抚陈
必谦轻抚被诱，几以身殉，为按臣杨绳武纠劾，解任削
职，以王家祯代之，兼总理川、湖、山、陕督剿事务，

后亦以无功而罢。

边将祖宽勇敢善战，滁州五里桥之战，杀贼近万人。总理卢疑多平民杂其中，有无辜之叹。祖大怒，卢以巽语谢，亦不能释然也。后洪调祖入陕剿贼，祖擒闯逆高迎祥，并其妻以献，其部下李自成收其余众，复自称闯王。闯部下有张献忠者，榆林人，初号黄虎，至是自称八大王，而天下事自此竟尽于二贼矣。

山西巡按张孙振参学臣袁继咸婪肆赃款，有旨拿解来京究问，兼责抚臣吴甡何以荐劾互异。吴回奏，言继咸清公自矢，学行兼优，举荐自出公论。继咸到京，因疏讦按臣之徇私属托，事事有据，三晋士民亦群为袁讼冤。上察其诬，命复继咸官，逮孙振下狱问遣。后继咸官至江广总督，国亡被获，全节而死，可谓不负上恩矣。孙振以南渡时谄附马、阮，复官御史，谋翻逆案，诛锄正人，与袁弘勋同为一时之巨憝云。

左都唐世济疏荐霍维华边才，户科宋学显纠之。奉旨："逆案中人不许举用，屡有严旨。唐世济乃敢借边才荐举，大臣如此欺蒙，小臣如何底止？着革了职，刑部提问。"吏部谢陛因奏："宪臣谬荐匪人，臣在病榻，失于查参。"盖二人原同心阿附首揆，荐维华原出体仁意，使世济先言尝试，陛伪为不知，其狡如此。及奉严旨，问罪遣戍，体仁亦惮上威，不能为之地。谢亦以此失上眷去位矣。未几，福建巡按应喜臣荐地方人才，中及逆案中之周昌晋，因大理寺副孙杰疏劾，亦命逮喜臣问遣。刑部王都又劾侍郎章光岳在通政时，诸逆案中有枉者辩疏，许其封进；御史水佳胤有疏，请吏部将逆案中有不平者明告，二人皆当究处。部覆："光岳引退，佳胤以别事处，免议。"都又劾吏尚田唯嘉："当王永光借题边才，唯嘉即荐杨维垣、贾继春二人，光岳荐吕纯如、霍维华、傅櫆、徐扬光、虞廷陛、叶天陛六人。夫世济、喜臣荐一人而拿问，荐二人、六人者宜何居？"时田方新经简任，眷遇正切，召对出疏示之，谕不必置辩。

苏松学臣倪元珙回奏："据道臣冯元飏、知州周仲琏申文，大约言复社之士，文行相先，并无把持武断之事。陆文声作奸犯科，宪檄拘提，遁逃在外，怀恨入都，借复社发难耳。"有旨："复社结党恣行，所关世道人心不小。倪元珙徇州道申文，扶同夸诩，都着议处。"元珙等各降调。是时复社主盟，首推二张，张溥、张采锐意矫俗，结纳声气，间有依附借名者，未免舆论稍有异同。乌程当国，因恶诸正人，欲为一网清流计，正思借题生事。文声本一无赖，见陈启新之拔用，遂效尤建言，希图进身，故借复社为题，迎合政府。而苏州推官周之夔业以漕事罢官，恨及二张，亦疏讦复社生徒妄立"四配十哲"名目，浊乱一时，皆溥、采为之倡。政府徇其意，皆票旨严究，大开告讦之门，同时又有常熟奸民张汉儒奏讦钱、瞿二宦事。

张汉儒者，常熟邑民，奔走于诸大家为门干，后又投充粮衙书手，以事犯革逐，并不容于乡里，不得已弃家入京。遇有同邑陈履谦，亦以事犯在京，出入缙绅之门，因相谋议，欲讦奏豫抚陈必谦暨乡绅数人以报怨。而钱谦益、瞿式耜二人为首辅深仇，遂草成奏疏，开列多款，先于朝房呈之体仁。体仁首肯，顾其注毒在钱、瞿，且恐人多则启上疑，因去陈与绅，而止参二人，投通政上之。体仁竟拟严旨，着抚按提解，且以不行纠参，责令回话。既下刑部究问赃款，又发抚按详鞫，屡问屡驳，株连不已。虞山因营谋求解于曹珰。曹，故王安名下也。以所作安碑文为证，曹览之泣下，乃尽力为之营救。而陈履谦复献诡赃出首之计，先具一匿名揭，有"款曹击温"等语，随令王藩出首，云虞山赍四万金，托周应璧求款于曹。乌程即具密揭入奏，上以其揭示曹，曹惧甚，自请穷究其事。先是，卫帅董琨逼供招，以匿揭为根据，以王藩为确证，应璧坚执不认，董琨逼勒成招，事颇昭著。曹珰奉旨严究，大加搜访，备悉履谦父子奸状，擒到厂卫讯问，招出汉儒草疏、王藩出首，并伊父子捏造"款曹擒陈和温"六字，又改"和"为"击"等情，历历有据。狱上，张、陈、王俱廷杖一百，立枷死，乌程亦放归。盖由曹尽发其奸，知汉儒之疏、匿名之揭、王藩之首，皆其主谋，前此总宪荐霍，谋翻逆案，尤其指使也。乌程每兴大狱，必称病以聚谋，谋定而后出。是时修理湖州会馆，方择日移居，疏上，邀宣谕即日出矣。淄川已票留，御笔书："放他去。"阁票有人夫、禄米等项，御笔抹去。疏下，出不意，方食箸失，人心称快。钱、瞿旋各坐赎徒去。

乌程既去，又复枚卜绵竹刘宇亮、进贤傅冠升礼部尚书，韩城薛国观，原左佥都御史，升礼部侍郎，各兼东阁大学士。旨云："着与辅臣至发协同办事。"不称首辅。有与至发密者，劝且称病，至发云："无奈贱体颇康。"直至半年后，一日偶有宣赐，称"首臣"，至发遂即日廷谢。

编修吴伟业疏言："愿至发以体仁为鉴。体仁学无经术，则当练达朝章；体仁性习诡谀，则当矢志光明；体仁狎昵小人，则当严杜瀹訑；体仁护持逆党，则当力褒忠孝。毋效其泄沓偷容，毋似其游移饰诈。近日辨揭盛称体仁之美，曰孤执，曰不欺。夫体仁有唐世济、吴振缨之徒参赞密谋，有陈履谦、陆文声之徒驱除异己。何谓孤？庇枢贰则总理可不设，而事败乃设，何谓执？必因私踵陋，尽袭前人所为，将公忠正直之风，何以复见也？"

南祭酒许士柔以撰原任左都高攀龙赠官诰命，为辅臣张至发纠其违式，命降二级调用。故事，两制专属词臣，而赠官诰文，则诰敕房中书据为职掌。大臣子弟欲表章先德，以中书撰文，未尽善也，每请词林名公为之。崇祯初元，褒赠死难诸家诰文尽出词林手，独高忠宪诰文虽作，而以轴缺未领，至是已八年矣。其家请补给，仍录许原撰文以进，时已奉旨申饬，不许用骈语烦文，中书官遂抉摘其制语，献之中堂。至发以许为倪、黄之同年友，方为时忌，正欲引绳批根，特揭参之，遂奉严旨，忠宪诰命亦迟回不敢请矣。大司寇郑三俊、给谏何楷各疏言："上自处撰文违式者耳，非谓高攀龙之清忠劲节，有烦拟议也。"始得旨另撰文补给。

东厂缉获福建泉州府吏员许馨来京打点，为兴泉道曾樱谋升浙江按察司，央考功葛主事、文选来郎中说分上，有元宝八锭。奉旨："各犯下镇抚司严究，曾樱革职逮问。"曾历官清执，忽有此事，众共疑叹。御史叶初春为讼言之，抚按亦为之称冤。漳潮总兵郑芝龙疏樱廉明公正，龙感其德，代为之营升，其实与樱无干，愿以官赎罪。上已鉴，悉准，令樱复官起用，芝龙图功自赎。

　　郑芝龙，福建南安人。其父故泉州府吏也，曾受知府蔡善继恩。芝龙聚众，雄行海中，时浙有李魁奇，广有刘香，与芝龙为三。蔡再起为兵巡道，以巡抚熊文灿命招抚之。芝龙以蔡故，屈意投降，题授副总兵，镇守漳泉惠潮地方。魁奇为香所诱，犯浙江及南直，芝龙用计擒斩之。香亦相继为芝龙击败，走死。

特起杨嗣昌为兵部尚书，时方守制，疏辞不允，令夺情视事。举熊文灿为四省总制，专剿流贼。文灿抚闽，以招郑芝龙成功，至是亦主议抚。张献忠等遂诈降投诚，文灿信之，授之以官。献忠跋扈愈甚，劫杀自如。抚议卒败，文灿遂以庚辰年伏法死。

河南巡按张任学疏云：“臣书生也，于龙威丈人之秘虽无所窥，而以二十五年之学问，为皇上练此勘乱之经纶，以答祖宗养士之报，诚自信于中矣。皇上不以臣为不省，乞下部院集议，将臣改为总兵官，行当四征寇虏，雪国耻而复生民之仇。”云云。奉旨下吏、兵二部，都察院集议，以为御史改总兵，实从来未有之事，请仍以监军御史兼署总兵衔为便。圣旨以任学忠勇可嘉，准改授署都督佥事，充河南总兵官。

按张系乙丑科进士，四川保宁人，由知县考选御史，先巡盐浙直，再差巡按河南。自请从戎，可谓慷慨直前之丈夫。或者谓其本欲谋得巡抚，故请从戎。不知此时中州抚缺，人皆视为畏途，竟可不谋而得，何必改武衔？然自改任后，仍未见有杀贼奇功，竟以失事逮问，亦见当日任事之难矣。

上以任丘、清苑、涞水、迁安、大城、定兴、通州各有司不法，命逮问，责抚按不劾为溺职。先是，有固安知县秦士奇，抚按遣官奉旨搜私宅，得银七百两，坐赃论戍。大同佥事刘彝鼎因抚臣荐疏，批旨云："彝鼎贪污狼籍，着会同监视参来重处。"遂逮问遣戍。盖皆由中珰毁之也。自此，外任官皆不得不以调停大珰为事矣。先是，丁丑年又有潘益达、白慧光，皆近畿县令，中旨命御史参奏提问。

十一年戊寅二月初七日，皇太子出阁讲学。阁中先期题侍班官四人，姜逢元、姚明恭、王铎、屈可伸；讲读六人，方逢年、项煜、刘理顺、吴伟业、杨廷麟、林增志；校书二人，杨士聪、胡守恒；侍书二人，中书朱国诏、黄应恩。旧制，日讲官、东宫讲官无相兼者，恐上与东宫同日御讲筵，不能兼也。且应恩既充正字，又充侍书，皆以至发不谙衙门规例，故为应恩攘之耳。项煜、杨廷麟各上疏愿让黄道周，奉旨不得矫让。至发揭辩云："道周清品，意见少偏。如近疏有'不如郑鄤'语，夫杖母何如人，而自谓不如，是可为元良辅导乎？"时鄤狱尚未成，草此揭者应恩也。给事冯元飙疏言："道周至清无徒，数忤执政。项、杨二臣退然自下，为大臣者正宜嘉叹，而至发一揭大不快其言，并迁怒道周，何也？"至发出揭辩，又上"世风宜挽疏"，累数百言，内云："道周出山，缘爱母之心，借一言以周旋郑鄤。岂曰非孝，但不宜以朝廷是非之公，为一己环草之私。"又云："有一二人焉，建坛坫，执牛耳，自命于人曰：'吾将主持世风。'已而自命者与之附者，入主出奴，了不得其何缘何故。"末又请禁投刺往来："自今士大夫门尽可罗，席尽可尘，夫人而能为廉也，夫人而能为让也。"终推重于温体仁，颂其孤执不欺，窃愿学之云云。或言此疏亦出应恩代草者。

本兵杨嗣昌之父鹤，以三边总督逮问遣戍，至是，宁夏叙功，复官给诰命。旧例，赠恤诰命，中书撰文章者为之，应恩为杨鹤撰文，极力洗发。进呈，上涂抹发下，令查职名议处。淄川欲上公揭申救，孔句容曰："去年许士柔事，正与此同。彼时未申救，今奈何救之？"淄川愤曰："难道阁中少得此人？我自救之。"连上三揭，上不允，御批云："撰文自注职名，新经申饬，应恩供役阁中，首先违玩。人臣功罪各不相掩，'蒙冤'等语，视当日处分为何如？应恩着革职为民。"嗣昌亦上疏救，不听。既而大理寺副曹荃疏参首辅并应恩纳贿诸事件，奉旨："首辅素矢清慎，何得牵诋？应恩刑部提问。"

郑三俊为刑部尚书，适当科臣宋之普以马豆事参户部尚书侯恂下狱，先有谗言谓三俊与侯恂皆东林契友，必且屈法徇私，上入其言。狱上，果多为恂卸罪，上大怒，并三俊亦下狱。宣大总督卢象升先具疏称冤。卢昔为郑司属，素服其清公者也。继卢者不下十余疏，应天府丞徐石麒疏尤剀切。阁票“回话”，发改。阁票“为民”。又发改。阁票“提问”，御批云：“可将三俊罪状一一讲明，不必更处奏事官。”阁中拟旨进，即批出。

时当考选，行取官既集，推敲词林台省，虽据官评，而亦别有营私者。陈启新疏论其事，奉旨：“据实回奏。”又旨下吏部，将访册进览，特处圈多滥徇者。卿贰中，姜逢元、王业浩闲住；科道中，傅元初等六人闲住，孙晋等三人降调，刘含辉等十一人降级、照旧。启新回奏，指泾县尹民兴、江都颜胤绍及同乡预定之陆自岳，部覆各降处。田唯嘉乃请先推部属，所推二十二人，舆论哗然，与推者各怀不平，独成勇恬然无怨色。不数日，辞朝赴南京吏部任去矣。

二月十一日御经筵毕，召詹翰诸讲臣顾锡畴等二十余人，问：“保举、考选，二者孰为得人？”诸臣各以大意虚对，黄景昉独以郑三俊下狱及朱天麟、成勇不得与考选对。上细讯良久，谕以：“三俊蒙徇，徒清亦不能济事。”至成、朱二人，则李建泰以下同声为之称屈，上命起，序立，有言者独奏。诸臣各陈所见，上曰：“言须可用。如先年讲官姚希孟欲将漕米改折一年，这个行得行不得？"杨廷麟奏："自温体仁之荐唐世济，王应熊之荐王维章，今二臣皆败，而体仁、应熊无恙，是连坐之法先不行于大臣。欲求收保举之效，得乎？"上为色动，久之，无所言。项煜乃奏："成勇不得考选，以任濬为阁臣至发儿女亲家。前任濬列第二，后以有议，以成勇易之。阁臣不欲勇独得考选，若得则俱得，失则俱失云尔。"上曰："谁没有儿女亲家？也不在此。"至发奏请敕抚按勘臣与濬结亲，或见在，或已往，有一于此，则治臣罪。上谕以不必与辩。对毕，出。次日，黄道周、余煌、黄景昉、杨士聪各有疏，而田唯嘉亦有疏，直攻杨廷麟，云："成勇辈各为同乡所引，臣一旦推之部属，安得不触诸臣之怒？廷麟以推部之涂必弘系江西人，特借成勇、天麟为口实耳。至聂明楷，系伊同乡万谷春保举，臣且参革，并谷春降处，是以恨臣，以保举考选为不公也。"奉旨："接引主持，有何凭据？且原奏为黄景昉，何讹为杨廷麟？还着明白具奏。"十六日，御日讲，面谕景昉："昨原切责郑三俊，岂是矜亮？"又谕余煌："昨谕有姚希孟全折漕粮一年之语，煌对行不得，此数语如何不载？"又越日，御门毕，谕百官数百言，内言："郑三俊一案，屯豆墙穴，情弊显然，有何可疑？而欺罔推诿，巧为弥缝，屡奉批驳，玩法愈甚。但念别无赃贿，姑着回家听拟。"盖圣明本乐受言，特不欲恩归于下耳。

姚宗典曰："凡日讲讲章，附论时事一段，犹台省之条陈也。先文毅进讲，在己巳、庚午间，时入夏始兑粮，阻冻闸河，须待来春始得交纳京仓。较之祖制十二月兑粮，二月开帮，五六月到京交纳，七八月回空，何啻天渊。偶引及之，'或不妨改折一年，以通其穷'，亦作商量语耳。若使斯言果拂圣意，亦必面赐谯让如余煌矣。乃历庚午至壬申，直讲又二年，蒙恩如一日，何既赏之于生前，反绳之于身后？盖当时请恤，忮先臣者实多，以例无可驳，乃摘其讲读之谬驳之，冀以此斥先臣也。"

王维章所至以贪墨著，备兵西宁，以克削致军变。应熊力护之，举为四川巡抚。至公然形之揭奏，云："维章，臣畏友、益友也。"等语。及四川，复以贿败，时无敢言之者。

杨士聪回奏疏下，又参及史堃巡按淮扬，署巡盐事，侵匿课银二十一万，有旨："着回话。"堃奏："臣孤立寡援，屡奏奸恶。向年文震孟、姚希孟为词臣之雄，死者死矣，震孟借虚名以入阁，入阁便行私，去后复草疏稿，募成德代上。曾有'纶扉之线索一断，议论之风雨寂然'二语，故士聪借考选之事，硬以'线索'二字诬陷臣也。"士聪复上圣主神明烛弊疏，列惟嘉纳贿事款，奉旨提其家人下锦衣卫究问，惟嘉旋以此去。已又逮其子敬宗下狱，同家人田登第等俱问边卫充军，仍追赃充饷。

南科张焜芳复疏参史堃巡盐赃私狼籍等事，御批云："史堃盐弊多端，比匿攫利，大干法纪，与汪机俱革职，并吏睢承吾俱拿解来京究问。"堃以十月十二日得报，随即赴京潜入薛国观寓，谋定乃投狱，上疏辩，谓昔年以参刘鸿训、钱龙锡，为朋党构陷，并及杨士聪、冯元飙诸人，又言焜芳为中书炳芳之兄，向来旨意泄露，皆炳芳为之。疏下，阁拟票上，发改再三，最后拟杨、冯俱革职，焜芳提问。上不许，御批云："不欲牵累多人。"乃票焜芳革职候讯，止提书吏余伯和问。此疏实出黄应恩构造，欲设谋相陷也。堃奉旨行查，后巡盐太监杨显名为之弥缝，惟于交际六万两，则云："臣不能为之讳。"以故堃久稽狱中。未几，边警至，此案遂不结，堃竟愤死而事始释。

张至发因曹荃疏参，连疏请勘，奉旨："卿连疏请勘，心迹愈昭，何足与辩。"云云。张乃上疏求罢，云："臣佐理无能，当去；谐世无术，当去；窃位妨贤，当去。一去而揆地清，群构息，朝议不至纷纭，天宪不至屑越。"娓娓百言，终篇无一"病"字，昔所谓"贱体颇康"者，于此疏见之，奉旨有"回籍调理"语，时人传笑，以为"遵旨患病"云。然以首臣去位成例，而百金之赏半裁，行人之送复罢，揆席渐轻，往规又一变矣。张去而孔为首，至六月亦即放归，票旨亦同，仅赐路费五十金、彩段二表里而已。

四月十二日，上御经筵毕，召对六部，问边事。本兵杨嗣昌奏，有"善战者服上刑"等语，上谕曰："此是孟子言六国兵争事，今大司马彰九伐之威，当明春秋大一统之义，奈何云云？"随戒以"今后勿复尔"。时上声色俱厉。又言楚抚余应桂用将官事，嗣昌言："应桂任御史时曾有疏参臣父，臣今不敢以私心驳其所用之人，先国家之急而后私仇也。"未几，嗣昌入阁，应桂就逮，其转移甚秘，人不得而测矣。

二十八日，上御中左门，召候考诸臣，亲赐策问："剿寇需兵，养兵需饷，屯盐采铸，难取近效，搜括加派，民力已竭，将何策以处此？又奴逆抵边，不犯而退，是何狡谋？各悉心以意见条对。"钦定取曾就义、朱天麟等五员为编修，张绾彦、汪伟等五员为简讨，王调鼎、熊维典等一十二员为给事中，李嗣京等二十六员为御史，阎嗣科、叶树声、林兰友、詹兆恒为南道御史，其余并授各部主事。时沈迅、张若麒但授刑部，苏壮已升同知，成勇升南吏部，俱先出京，不与考。旋以涂必弘言，拔成勇为南御史，后以论杨嗣昌夺情入阁，革职逮问。越数日，上又传谕吏部，将曾就义等条陈，择可行者各酌议具覆。曾就义，江西人，作县颇著清名，对策中言："百姓之苦，皆由吏之不良。使守吏尽廉，即稍从加派，以济军需，未为不可。"上喜其说，遂擢第一、入词林，未几即有练饷、剿饷之加。

五月，火星示变，上于宫中斋沐祈祷，青服减膳，并谕各衙门素服修省。枢臣杨嗣昌时方倡款议，遂借星变援引前代事，疏奏云云。科臣何楷疏驳之，云："嗣昌引建武款塞故事，欲备以伸市赏之说也；引元和宣慰故事，欲借以伸招抚之说也；引太平兴国连年兵败故事，欲借以伸不敢用兵之说也。其附会诚巧。至永平二年一条，所述皇后马氏等语，更不知其意所指斥何在。且前言后妃，后言阴教，一篇之中，三致意焉，是何为者也？"得旨："不必深求。"是时传田贵妃与中宫不相能，上亦久不见中宫，故嗣昌疏中隐伏挑激语，为何疏奏破，嗣昌遂有辩疏，其词甚危，而于市赏招抚之说，绝不一及。盖前召对"善战上刑"之说，其机括已阴转矣。说者谓杨之大用，实借径于田贵妃，以后有悼灵王事，嗣昌疏请持诵《华严经》，时方在楚中督师，仅隔旬日而疏至，益信其交结有自云。

六月十八日，召府部卿寺院官集中极殿，考阁员，亲命题云："天象频仍，今年为灾甚烈。金星昼见，已逾五旬。四月大雪，冻毙人畜。朝廷腹心耳目，寄托臣工，有司举劾，嚣尤易起，枉直难分。寇尚未灭，剿局难更，奴虏生心，边饷久欠。民贫既甚，正供犹难，侵剥旁出，如火益热。至操守清谨者，又多自傲遂非，须处置得宜，禁戢有法。卿等忠能体国，才足济时，其悉心条对。"先因会推三次，俱不惬上意，至是，拔兵部尚书杨嗣昌、户部尚书程国祥、礼部侍郎方逢年、工部侍郎蔡国用、大理寺卿范复粹，俱入阁办事，嗣昌仍带管兵部事，尚在制中也。当日与对者三十余人，天方大雨，对毕命题，已近一鼓，多草草了事。盖上意已定，特以考为名。所最注意者独嗣昌，程则以房号、蔡则以牙石二事得上心，范与方不过其携带者耳。

房号者，借合京赁居一季之租，及天下会馆，住者亦出修理若干，初谓可得五十万。其后戚畹、勋臣、巨珰概从隐匿，所得仅十三万而已。牙石者，崇文、宣武两大街列之于中，以备驾出而除道者。时培修外罗城，不及取石，蔡建议用此，然用力艰而工费浩，所得不偿所失也。二臣之受知止以此。

宣大总督卢象升疏报丁忧，上命料理候代，员缺该部速推，有不拘在籍守制之旨。因推陈新甲往代。时新甲亦在制中，嗣昌欲援以自解也。于是詹事黄道周连上三疏，其一言："天下无无父之子，亦无不子之臣。卫开方不省其亲，管仲至比之豭狗；李定不丁继母忧，宋世共指为人枭。今遂有不持两服坐司马堂，如杨嗣昌者。自有嗣昌，而海内无行蒙垢、贻祸其亲者，皆掷块投杖，思攘节钺之柄。今卢象升捶心泣血，以俟奔丧，又忽有并推在籍守制之旨。夫使守制者可推，则是闻丧者可以不去也；闻丧者可以不去，则是为子者可以不父、为臣者可以不忠也。夫人遗其亲，必不利其君；坏于家，必不成于国。嗣昌在事，张网溢地之谈，款市乐天之说，才智毕睹矣。更起一不祥之人，予之表里，指枭指虺，说梦捕风，犹狼狈之兽，倚肩并走，亦何益于负重乎？"其二疏言："顷会推陈新甲，闻其丁忧犹未终制，而又闻其走邪径、托捷足。天下即甚无才，未宜借及此也。凡论人才，观其所难，则知其所易。批龙鳞之难，难于履虎尾；冒斧锧之难，难于冒锋镝。今诸负气节、敢直言者，半弃不录，欲使诸软美容悦者叩头折枝，以建非常之功，岂可得乎？古亦多有忠臣孝子无济匡襄之用者，决未有不忠不孝而可进于功名之门者也。天下即无人臣，愿解清华以执锁钥，何必使被林负涂者，被不祥以玷王化哉？"其三论辽抚方一藻引隆庆通市故事："今日情形之不同者有五，事之不同者亦有五。即款矣，成矣，以视宁、锦、遵、蓟、宣、大之师，何处可撤者？而谓款奴之后，可撤兵以讨寇乎？"因又言："兵之不可撤者有十，乃诸臣其为款局，阴设不得不款之情，恫疑圣衷；阳设不得不款之形，摇惑众志。遵抚既无成谋，而内受算于枢臣，枢臣又无成谋，外受算于辽帅。三窟分营，鬼技千出，不幸而成，则逃鬻于朝夕之间，贻衅于三年之后，掠蟒玉以赊膏斧。幸而不成，则委过朝端，谬称筑舍，安受祸败，以自为是。是岂臣子所为乎？"是时内外合谋，已阴遣瞎者周元忠往来商此事矣。惟此一疏，始尽斥之。

七月初五日，上召对廷臣于平台。先召吏部署侍郎商周祚、侍郎董羽宸，责以会推阁臣多滥徇。次召兵部署侍郎许世芑，谕以备边要多备储粮。再次召兵部杨嗣昌，问边报各路情形。嗣昌对："此时或无大举。"又问流贼情形，嗣昌对："洪承畴用兵久，渐有成效。孙传庭亦有才，用兵动支屯课，不待剿饷，尤为难得。"次召刑部尚书刘之凤、侍郎王命璿，谕以："刑狱之事，只是情法理，虚公慎。"又谕："狱情宜疏通，保候各犯宜速审结。"次召工部尚书刘遵宪、侍郎李觉斯，谕以南外城等工宜速完。次召都察院左都钟炌、金都徐烨，谕以："考核诸御史宜严，曾颁宪纲，未见遵行。"次召少詹事黄道周，上曰："朕幼而失学，长而无闻，时从经筵中，略知一二。无所为而为之，谓之天理；有所为而为之，谓之人欲。尔三疏适当枚卜不用之时，可谓无所为乎？"道周奏："天人只是义利之辨。臣三疏皆是天下国家，纲常名教，不曾为一己之私，所以自信初无所为。"上曰："前月二十八日推陈新甲，何能当日成疏？且说厄于时会，何也？"道周奏："因同乡御史林兰友、科臣何楷皆有疏，恐涉嫌疑。"上曰："今遂无嫌疑乎？"道周奏："天下纲常，边疆大计，失今不言，后将无及。"上曰："清原是美德，但不可傲物遂非。如伯夷是圣人之清，若小廉曲谨，止叫廉，不叫清。"道周奏："陈文子不能强谏，大节不可观，夫子说他清而未仁。夷齐大节可观，所以说他是仁。"上曰："你说仁智勇就是清任和，亦多牵强。"道周将仁智勇诚明之义辨说一番，因言："纲常名教，礼义廉耻，皆根本上事。如无根本，岂做得事业。"奏未毕，辅臣嗣昌出班跪奏："道周论臣，止为夺情起复原非常理。臣曾具疏再辞，若'纲常'二字，臣不敢不剖明白。君为臣纲，父为子纲，君臣还在父子之前。古来列国君臣，可以去此适彼。今一统君臣，为臣子者无所逃乎天地，即臣父母皆受君恩而无所逃，臣又逃于何所？祖宗朝非其人不夺情，臣控辞不获命，意词臣中必有博通经义者，可以代臣力言回天。闻道周为人所宗，意必有持正之言，今谓不如郑鄤，臣始叹息绝望。郑鄤杖母，禽兽不如，道周又不如彼，还讲甚么纲常！"道周奏："大臣闻言，义当退避。未有跪在上前争辩，不容臣尽言者。"嗣昌奏："臣为纲常名教，不容不剖，委属非体。望皇上用道周而放臣。"上曰："这疏也不为夺情，近日人情各有所为。"道周奏："臣为一人之私，只用缄默，自取富贵，何苦与他对辩。"上曰："你无端污诋大臣，又以大题目说他，不得不辩。"道周奏："臣与嗣昌比肩事主，比不得诋毁大臣。臣自少读书，于今五十年，无一事不可对君亲。"上曰："既如此，何以又说不如郑鄤？"道周奏："臣原说文章不如郑鄤。"上曰："你说陈新甲走邪径、托捷足，何为邪径？疏中'软美容悦、叩头折枝'者是谁？"道周奏："人心正则行径皆正，邪则行径皆邪。新甲在蜀中，闻命辞谢，往复须八九月不得来，卢象升又不得去。嗣昌在司马堂则可，政府则不可；嗣昌一人为之则可，呼朋引类，使成夺情世界则不可。"上曰："朕正要再问。郑鄤五伦皆绝，许曦等说他罪状甚明，杂职到有公论。"道周奏："臣若有心功名富贵，只当附和说郑鄤不孝，岂不能取悦。正是臣无所为，古今独立敢言之人少，谗谄面谀之人多，故臣不得不言。"上曰："少正卯当时亦称闻人，心逆而险，行僻而坚，言伪而辩，顺非而泽，记丑而博，不免孔子之诛。今人多类此。"道周奏："少正卯心术不好，臣心正无一毫私。"上曰："前以尔偏激，稍示裁抑；后闻操守，随即赐环。前日暑天，仍成一篇文字，才亦可爱。不图这样恣肆。"道周奏："臣今日不尽言，负陛下；陛下杀臣，则陛下负臣。"上曰："你说的都是空话。一生学问，学得这张佞口，起去罢。"道周叩首起，复跪奏："臣还将忠佞二字奏明。人臣在君父之前独立敢言者为佞，是在君父前谗谄面谀为忠耶？忠佞不分，邪正不明矣，何以致治？"上曰："不是轻易加你佞字。说你这边，便遁在那边，非佞而何？若论红牌转换支吾，就当斩。"道周起，诸臣各叩头，上又召面谕曰："朕不才，不能感发公忠为国之道；不智，不能辨别是非邪正；不文，不能宣布德化；不武，不能削平祸乱。凡此皆朕之寡昧，即朕之愆尤，关系国运、世道、人心。今一等机械存心的，专于党同伐异，假公济私，才简用一大臣，百般诋毁。律以祖宗之法，当何如？今虏寇还易治，衣冠之盗却难除。以后再有这等，立置重典。"阁臣以下皆承旨退。道周降五级，调外任。

同时疏论嗣昌夺情者，自何楷、林兰友外，又有修撰刘同升、编修赵士春，皆奉旨降三级，调外用。南京兵部尚书范景文等公疏请允嗣昌守制，召还黄道周、何楷等。上责其朋党把持，查主稿何人，景文再疏认罪，命削职为民。南道御史成勇疏言："臣见嗣昌疏有'仁不遗亲，义不后君'之语，反覆辩论，无非避不忠不孝之名。是嗣昌犹知有君亲，犹可以忠孝之言告也。今即就其言诘之。嗣昌谓古之君臣，列国之君臣，可得而避；今之君臣，一统之君臣，无逃于天地之间。是三年之丧，可行于古而不可行于今。不知嗣昌所引者何古，所指者何臣，所据者何代之经、何国之典，岂非圣谕所谓另一邪说者邪？信如其言，是凡为臣者皆不当终三年之丧，终则为后君、为不臣。先圣之诗书可焚，先王之典礼可废，不举人类而为禽兽不止也。"上责其党同伐异，命逮问。

先是，道周疏御笔票"轻处"，嗣昌惧其复用也，急募张若麒上疏言："道周饰六艺以文奸言，务在假托道理，以把持朝廷，显行其呼朋引类之计。"又有"老魔之赤帜既拔，山魈之秽态难藏"等语。未几，若麒遂以刑部改兵部矣。至壬午年，宁锦告急，若麒奉命阅视，逞臆催战，以至陷没。甲申闯贼之乱，若麒屈膝投诚，得授伪官。其人本末如此，可见矣。

张若麒既营求嗣昌，调部有日矣，御史涂必弘忽出一疏，言："刑部所司民命，而人都厌薄之。是以司官强半皆乡科、任子，偶有一甲科，辄调别部。岂司民命者，当专用不肖乎？请著为令，刑部官不许更调。"奉旨申饬。若麒愤无所泄，乃出"平赋役"疏，谓乡绅隐匿赋税，遗害小民，内有"乡绅豺虎"等语。有旨："'乡绅豺虎'等语，据实回奏。"若麒乃指庄应会、范良彦、袁弘勋，奉旨俱行抚按逮问。若麒初意因与同乡高弘图争一庄田构怨，将指及之，或告以弘图立朝大节，忤珰去位，万不可诬，诬之，必于若麒大不便。不得已，乃以三人充之。袁、范皆巨恶，袁尤逆党护局之魁也。然张之为此，实涂疏激之使然。涂与杨廷麟同乡同年，遂疑杨实使之。后与嗣昌比，所以修怨于杨者不可解矣。

戒谕皇亲驸马，不安分义、受投献霸占者，许科臣纠参。又谕周奎、田弘遇、袁祐尤非他比，宜先率礼，为诸戚臣倡。袁与田系贵妃父也。袁妃居翊坤宫，田妃居承乾宫，袁仅生一女，宠爱去田远甚。祐亦谨畏，与弘遇相反。弘遇好结纳，搢绅皆乐与往还。承乾铺设皆弘遇外备，古玩时器，及壁间字画，无不精好。妃又洞晓音律，管弦琴弈，色色皆工。间侍上鼓琴，圣情悦豫，上因夸于国母曰："后独不能此乎？"国母正色对曰："妾本儒家，惟知蚕绩。"且曰："妃从何人授指法？"上色动。妃自言："妾母所教。"迟数旬，妃母入宫，实能鼓琴，上意始解。

武清侯李诚铭，慈圣太后（神宗生母）内家也。上以国用匮乏为忧，阁臣薛国观首谋劝借，言在内惟戚畹，非上独断不可，因以武清为言。遂传密旨借四十万金。李氏初不在意，督之日急，武清死，督其子国安，国安死，提其家人追比，房产俱行入官。有一女子字嘉定伯之孙，嘉定请命于后，后云："人当急难，自无绝婚理。但取此女归，勿携带一物也。"诸戚畹合词请宽，不允，戚畹遂人人自危。后因皇五子病殛，有"九莲菩萨下降"之语，又见慈圣于空中，上大悔悟，谕停追比，复武清侯爵，房屋禄米仍颁给焉。

上初年崇尚天主教。徐上海，教中人也，既入政府，力进天主之说，将内殿供养诸佛像毁碎。至是，悼灵王病笃，上视之，王指九莲华娘娘现立空中，历数皇爷毁三宝之罪，及苛求武清云云，言讫而薨。上乃痛悔前事，颁谕内外，有"但愿佛天祖宗知，不愿人知"等语，几不成皇言。时阁臣皆从外入，不谙文义。"宰相须用读书人"，初年曾举以讽诸臣，至此何乃懵然？

枢臣杨嗣昌上"四事机宜"疏，请于卿寺科道等官，不拘常格，推补臣部侍郎。其久推不至者，俟其到日，于别衙门填补。盖指惠世扬、吴甡也。末云："职方一司，紊冗之极，时设协理员外分任其劳，而余爵久推不至，请武选主事孙嘉绩升补。而车驾主事漆嘉祉等到任无期，请敕吏部题沈迅调武选，张若麒调车驾。"沈既调，即上疏条陈边务，一云："州县无重臣弹压，故敌所至辄陷。请于定州、蠡县、广平、河间等处，各添设兵备一员。"一云："以天下僧人配天下尼姑，编入里甲，三丁抽一，朝夕训练，可得精兵数十万。"其余条陈别事多类此。嗣昌具覆，盛称其可用，请改迅科员。有旨："沈迅着改兵科给事中。"

九月□日，以边警，命丁忧总督卢象升留督天下勤王兵入卫。十月初三日，漏下二鼓，传圣谕，平台召对。卢即策马夜诣都门，平明入朝。上谕："远来入卫，忠勤可嘉。"赐花银蟒币，毕，问："方略如何？"象升奏："命臣督师，臣意主战。"上色变，有顷曰："朝廷原未言抚，此都是外廷议论。"又曰："御虏与剿寇不同，卿宜慎重。"

先是，枢部曾以"舞干羽于两阶，七旬有苗格"喻虏宜抚，上云："此与三苗不同。三苗止负固不服，逆奴乃凌犯天朝。"所云抚议实出外廷，洵有自矣。

十七日，嗣昌赴军中会议，卢面折之曰："公等坚意言抚，独不闻城下之盟，春秋耻之。且象升叨承剑印，长安口语如风，傥唯唯从议，则袁崇焕之祸立至。况麻衣引绋之身，既不能移孝作忠，将忠孝胥失，何以载颜面于人世乎。"时嗣昌并在制中，不觉色战心怵，奋言曰："若如此说，老先生尚方剑当从学生用起矣。"卢曰："尚方剑当从自己项下过。如不能歼敌，正未易以加人。若舍战言抚，养祸辱国，非象升所知也。"已复以手书折之，云："若获济封疆之事，即胸中有如许怪事，始终不向君父一言。倘闪烁奸欺到底，当洒血丹陛，无言不尽也。"

嗣昌自刻《中枢集》，亦备载卢此书，想其良心亦有所不能讳，不觉自暴其罪矣。

于是嗣昌益用惭沮，定计置之死地矣。

编修杨廷麟疏言："东西从约，墙倾失事，杨嗣昌主款之误，至此极也。"因策事之可忧者，在外有三，在内有五，且言："督臣卢象升以养寇责枢臣，言之痛泣。夫南仲在内，李纲亡功；潜善秉成，宗泽陨恨。陛下宜及此时正言款之罪，谕督臣集诸路援兵，别其强弱以分险易，及今一创，当必不敢再犯。凡天下之功，不成于智而成于愚，愚者之才，不生于巧而生于学。陛下毅然内断，先治内以治外，使诸臣以学自卫，以愚卫国。"疏上，命改兵部主事，赴象升行营赞画。

十一月初七日，召三品以及科道官入对。是日天风霾，久之，上传："俟风少息进见。"诸臣叩头毕，上曰："在内之贼深入南方，闽外又报有贼，作何剿御？钱粮平时压欠，今有警一月，费折色二十万、本色二十万。作何措置接济？有良策，面奏来。"良久，言调度方略，纷纷不一。至言钱粮无措，则有言令在京官民合助者；有言令在京官与亲识商人借贷，俟皇上财用有余之日还之，否则各官回家变产还之。科臣范淑泰奏："戎事要在行法，法不行而忧饷，即天雨粟、地涌金，何益？"上曰："朝廷何尝不欲行法？"淑泰云："今奴临城，尚无定议，不知是要战，是要款？"上问："主款之说何来？"对曰："外边有此议论。"

又言："凡涉边事，邸报一切不钞传，外边皆以为讳。"上曰："关系机密，不许钞传。若塘报，如何不钞传？"上命阁臣："卿等过来。诸臣平日营私，不实心做事。有实心者，又忧谗畏讥不敢做。所以如此。若平日用心只以朝廷之事为事，焉有不济之理？可将诸臣面奏的同商酌奏来。"枢臣嗣昌奏："卢象升先言欲南去，留总监高起潜在京防守。已又言奉旨会同，似难独往。仰请圣裁，或留或遣。"上曰："象升一人岂能专剿？"嗣昌奏："三协抚道守令须得人。"因及推举之难，又言："设处钱粮无策，欲权开事例，行之南方。"上曰："亲民官取偿于民，不可开，其余斟酌开来。"

十一月初十日，□兵陷高阳，原任少师大学士孙承宗死之，子五人、孙六人，与从子孙八人皆死，妇女童稚同死者共三十余人。诸子皆被服儒素，镞砺文行，二郎壬子举人鈜、四郎秀才鉁、五郎尚宝司丞钥尤奇伟，善骑射，晓兵事。城陷之日，钥解裘战死于城下，鈜战败不屈死。鈜子中书舍人之沆、秀才之瀳皆死。三郎钤之子秀才之瀍被执，诳曰："引我得见宰相，以金帛与汝。"曳至老营，见其祖，拜而起，即捽手大骂而死。鉁之子尚宝丞之诘、钥之子之澽，与六郎钸、七郎镐皆战死城下。鉁被重伤，卧积尸中，家僮侯果自任丘逃归，见之，胁中三矢，镞不可拔，口张不能言。果负之归城南庄，觅水半瓢灌之，气上而绝。果以十四日得主尸于圈头，以次行求诸子孙尸，乞于亲戚，松棺柳霎，敛以粗布，而钥、镐二尸终不可得。事闻，上恻然，念惨及阁门，首命优恤，当国者拟其事，久之，部始题覆，仅复官、予祭葬。或曰：高阳令雷觉民，首辅薛国观私人也，尽逐平日守城官兵，克其饷以致城陷，事败，遂匿国观所。长孙锦衣之芳诣阙吁天，语侵县令，以此逢国观之怒，故恤典不获全给。

孙公在天启时，督师关门，镇守有功，以忤逆奄而罢。己巳之役，复起原官，出镇二年，边警顿息，又以其为诸正之领袖也，构而罢之。至是，城破徇难，完节全归，亦何憾哉？

首辅刘宇亮请躬行视师，上命革总督卢象升任，听勘，以刘往代。十二月初六日，上御平台，召见。宇亮奏谢，言："原题督察驱剿畿辅云晋，惟贼是求，非敢独当一面。今奉命代总督，未免是一面之任，不能督察诸方。"上谕："鉴卿忠愤，定可成功，故有此委任。行间有一总督，赐上方行事，无以复加。如止督察驱剿，不过是监军，岂有监军用如此大臣？"杨嗣昌亦奏请行，上曰："一时辅臣无遣两员之理。"诸辅薛国观等同奏："首臣宇亮初具揭时，臣等咸言事体重大，且兵将不相习，还该斟酌。"上以成命已颁，未便挽回。

刘出未几，终以无功罢归，时谓同事者有意逐之也。

十二月十一日，总督卢象升率兵逐虏于贾庄，兵败死之。时卢虽拥总督之名，兵少饷缺，呼应不灵。既奉革任听勘之旨，以中枢为必不相容，因亲率兵尾敌索战，追逐十里，手砍数级。三鼓还营，虏兵大队围贾庄，对面不相视，大帅虎大威犹能认卢，力挽其马。卢以鞭击其手，不肯出围，纵兵血战，自辰至午，矢尽力竭。左乳忽中流矢，方抽矢出镞，已复腰中一箭，脑后、右腮、面门各中一刀，遂殁于阵。从殉者，义勇顾显，掌牧杨凯、陆二。至十五日，副将刘钦始获其尸，赞画杨廷麟迎至真定东关，新年二月二十八日始克大敛，距死之日已八十日矣。同死者众，尸枕藉不可辨，卢以首带白网巾，故识之。总监高起潜匿不以闻，赞画报至，上曰："大臣阵亡，岂不可闵？恨其调度舛错，不准予恤。"盖入杨嗣昌之谮也。千总张国栋至，兵部欲缘饰逗怯之状上闻，国栋不肯，嗣昌大怒，欲刑之。国栋曰："死则死矣，忠臣而以为逗，力战而以为怯，何可诬也？"始愧而释之。

廷麟之题赞画也，因其疏忤本兵，兼以张、沈之憾，故相比为谋，实欲假手于卢以杀之。卢未出师之前，遣廷麟至真定，与孙传庭议事，不及于难。败衄报至，嗣昌首先问曰："杨翰林死否？"报者止知赞画，不知翰林为谁。嗣昌再问曰："杨赞画死否？"报者答以已先奉差，不在营中。嗣昌为不豫者久之。嗟乎，败报之至，正国事危急之时，宜如何震惧失措，乃止计及私仇，未死者欲其死，已死者欲饰以罪，大臣心事如此！

卢公为吾郡宜兴人，少年登第，夙著英略。两任畿辅府道，即以知兵闻，迨为七省总理，所至躬先士卒，斩获甚多，贼亦畏之，相戒不敢犯卢家军也。自卢去，而贼益猖獗不可御矣。使当日终以剿贼事任之，必能成功。倏调之于边，已不能竟其用。又以中枢之龃龉，厄而置之于死地，竟使人才与国运同尽也，悲夫！

十二年己卯正月，北兵自临清分部东下，掠破章丘等县，直趋济南。城中新兵皆叛，劫德王府，开门迎敌，以德王徇于城下。左布政张秉文、参政邓谦、副使周之训、运使唐世熊、知府苟唯善、同知陈虞胤、通判熊献，知县则历城韩承宣、临邑宋希尧、武城李永芳、博平张列宿、茌平黄建极、章丘高仲光等，皆死之。焚掠数日，又出济南，向东北，所过攻城，惟武定不下，连破盐山、庆云等县，复回哨破海丰，已由青山喜峰口出塞。前后□月，破顺天二县、保定九县、河间十一县、真定十九州县、顺德六县、广平四县、济南九县、兖州二县、东昌七县共七十余城。已核东省失事诸臣罪案，以抚臣颜继祖虽奉命守德，凤事虚恢，削籍听议，后竟逮问。同蓟抚张其平，总监邓希韶，总兵倪宠、祖宽等三十三人俱弃市。顺抚陈祖苞先服毒死，其子编修之遴以丁忧请，上追恨祖苞未正法，命锢之遴，永不叙用。先是，沈迅条陈有"东抚不许离德州一步"，部覆如议，继祖遂认定汛地，金谓敌无越德而南之理，不意竟由东昌破丘县、夏津，直趋济南。济南精兵既尽在德州城中，无备，当事又无方略，民溃遂陷。德州闻省城陷，兵心愈扰，鼓噪挟饷。继祖惧，急以数千金塞其望，而兵遂以不可用。继祖疏申言原派不许离德州之地，嗣昌力排之，竟及于祸。

刘宇亮既自请督师，各镇勤王兵皆属焉。时兵将皆视敌所向以为趋避，多蹂践居民，至安平，侦者报房至，皆相顾惊愕，拟趋晋州城以避之。晋州知州陈弘绪素负韬略，闭门不听入城中，士民亦歃血为誓，不许延入兵丁。刘大怒，传令箭，且将以军法从事，弘绪复语督师："以剿敌为任，今房将至，正建功之时，奈何反欲入城？"卒不听，刘遂疏劾之，有旨逮问。晋州士民诣阙讼冤，至愿以身代知州之死者不可胜计，弘绪得以轻处，降四级调外用。上乃颇疑督师扰民矣。

刘既由晋州而南，行间大帅多尾敌不敢击，亦不能击。刘上疏言之，其末带言刘光祚，嗣昌与国观谋以此去刘，上票光祚军前正法。旨到日，诸大帅俱分道前去，并光祚亦不在军前，况原参疏中罪原不至死，适有武清之捷，刘乃置光祚于县狱而复请之，并上武清捷音。奉旨："倏参倏叙，殊属乖谬，着九卿科道看议。"嗣昌明知圣旨往还之间，必至参差，必不能正法，而逐刘之计行矣。部覆："刘宇亮冠带闲住。"陈启新言看重议轻，沈迅言明旨森严，考功之法未尽，于是改议革职为民。国观票旨："仍俟事平另拟。"此杨薛二人主谋排挤，构陷甚巧，故明旨止言看议，而加以议处。

张献忠既降复叛。初，献忠假官军旗号暗袭南阳，屯南阳援剿总兵左良玉适至北关，疑之，使人召之，献忠窘，逸去。良玉追及之，两马相望，一箭射中其肩，一箭中其指于弓靶。献忠怆惶间，良玉举刀劈其面，血流被甲，部下孙可望力前格之，献忠乃得脱，逃至麻城。良玉追剿之，献忠两日夜驰七百里，至谷城，营于王家河。戊寅正月初九，破谷城，出示安民云："本营志在匡乱，已逐闯远遁，本营释甲归朝，尔百姓其无恐。"遂拘耆老具揭，遣可望通贿熊文灿，内有西碧玉二方，长尺余，又有径寸珠二枚，文灿遂一力担当抚之。二月，良玉至襄阳，巡按林铭球、巡道王瑞栴欲诱献忠来见，执之。文灿言杀降不祥，力持不可。献忠恃文灿为援，益无忌，私练士卒，铸军器。谷城诸生徐以显一见如故，教以孙吴兵法。己卯春，叛形昭著，左良玉请讨之，文灿故张露其事，且强留良玉饮饯，稽延时日，俾献忠得预为备。献忠乃得从容运器甲资粮入房山，部署已定，文灿始出令进兵。良玉曰："督台纵虎负嵎，使我撄之，不去，必以逗留罪我。"令旗至，即冒暑进讨，遇伏大败。良玉乃列其事于朝，枢辅杨嗣昌劾之，以十一月逮文灿付法司拟罪，至庚辰十月弃市。次年，复逮总督郑崇俭下狱，以纵兵擅回、失误军机为罪，拟辟，以五月弃市。其罪实轻于文灿，竟同罹大辟，论者为郑冤之。

枢辅杨嗣昌疏议："州县召募乡兵，须专训练之任，或更府佐一员为将领，州佐一员为守备，县佐一员为把总，裁训导之一为武职。府卒一千、州七百、县五百，其工食或量于地亩，或取于牙行，或富义之捐资，或居民之绝产。设法通融，以仿古时文武相兼之制。"上谕行之，工部侍郎疏言其不便者数事，上命责成抚按详议，究竟徒滋骚扰，未能画一奉行也。嗣昌先有疏建议考试生童必兼试骑射；议乡试副榜准作恩贡送入国子监，行积分法，其数视正榜之半，先一日发榜以杜私弊，俱允行。后副榜贡至京送监，但考一二优等，便以科道自居，卒之未尝用一人、得一人也。次科仍停不行。

御史王聚奎劾陈启新缄默失职，上责其妄，下都察院议处。金都李光春议以罚俸，上不说，竟谪调外任。以吏部董羽宸不能驳正，罚俸六月。上怒光春不已，罢黜之。然启新之用，上亦悔之，只是不肯认错。其后姜埰纠之，疏下部看议，部议有"刀笔"之语，上不说，谕辅臣曰："处分可矣，管他甚刀笔。"

八月，命大学士杨嗣昌督师讨贼，赐上方剑、督师辅臣银印，给帑金四万，赏功牌千五百，蟒纻绯绢各五百。九月陛辞，赐宴平台，复赋诗宠其行。诗曰："盐梅今日作干城，上将新开细柳营。一扫寇氛从此靖，还期教养遂民生。"所以宠之者至矣。嗣昌驰至襄阳，申明军令，鼓舞将卒，一时赫然有贼党刘国能来降。国能者，陕西诸生，众乱，推为帅，至是降于嗣昌。嗣昌造其垒，信宿而返，国能感动倾心。嗣昌先遣兵搜捕李自成，自成跳入雒阳深山中，不可得，而均州贼帅王光恩亦来降。嗣昌以左良玉所部多降将，谓可倚以办贼，疏请于上，拜为平贼将军。又奏辟永州推官万元吉为军前监纪。次年二月，复赐内帑万金，赐斗牛服，又赐海骝马一、枣骝马一。嗣昌驻军襄阳，大调各路兵会剿，时老回回、革里眼、左金王、南营四股合二万人，分屯南直英、霍、潜、太诸山寨，犯安庆、桐城诸路。辽将黄得功、川将杜先春屡战屡却贼，贼每避两军。贼购蕲、黄人为间，或携药囊蓍蔡为医卜，或谈青乌姑布星家言，或为缁流黄冠，或为乞丐戏术，分布江、皖诸境，觇虚实，时时突出焚掠，流毒四境。

十三年庚辰正月，考察天下官员，东厂缉获贿册进览，命掌科阮震亨、掌道周堪赓回奏。吏部尚书谢陞疏参震亨通贿败类有据，命下镇抚司打问，震亨竟死杖下。又逮劣处贪官浙江布政司姚永济等三十七人下刑部狱究问。先是，丁丑外计，永济以钱粮积欠，部覆为民，浙省在京诸绅温体仁、姜逢元等五十余人合词保留，称永济居身廉慎、核弊严明，为从来方伯之冠，乃准降级管事。至是，又以贪处。若追问前此保举之罪，不知何以解也。

仙居知县过周谋为薛国观门生，托同乡吏部员外熊文举营转礼曹，令文举之父赍书入京，隐语馈国观五百金。时文举方奉陕西典试命，未还京也，送书人为东厂缉获，上闻。国观疏辩，命逮文举父下狱究问，文举具疏为父代罪，不允，与周谋俱遣戍。

文武品官服色，祖制既定，奉行已久，惟是武弁概服狮子。上至是重行申饬，武臣三、四品俱照制服虎豹。至内臣从无定式，盖直摈之洒扫服役之末，祖制良有深意，虽太监极尊，止于正四品，间有赐蟒，不过旧衣之赏赉耳。是时，上取《山海经》进览，采取各种兽名，定颁服式，以天骡马为极品。识者谓至尊左右环列异兽，盖不祥也。

十三年庚辰三月十五日，上御皇极殿，策诸进士。

上乘步辇，降殿阶，从容周视，距诸生几案咫尺。上亲阅试策，谕礼部传胪展期。十九日，传旨召进士杨琼芳等至会极门中，使执名册传呼某人等四十人至文华门外序立。上御殿，诸进士行一拜三叩头礼毕，上谕曰："尔等前日所对的策，切实的固有，浮纵者亦多。特召尔等四十人来，问报仇雪耻一事。尔等学问之功既久，时势之感又深，各将胸中所见明白奏来，如切实，可不拘常格用。"诸士承旨起过东偏立，中使奉一黄绫函，传御题十幅，即面谕每四人共阅，阅毕，以次跪报姓名对。上注听甚殷，执御笔书录数语，或有名注圈点者，分十班对毕，行礼出。

二十日，传胪，赐魏藻德、葛世振、高尔俨及第。又传圣谕："昨召诸士，奏对明爽者，赵玉森、姚宗衡、刘瑄、孙一脉、严似祖着授翰林，黄云师、周正儒、宣国柱、胡周鼐、李如璧授科员，冯垣登、陈纯德、陈羽白、魏景琦、吴邦臣授御史；稍明者，董国祥、颜浑、张朝綖、葛奇祚、钱志驹、张经、吕阳、卢若腾、蔡肱明、田有年授吏、兵二部司务，即行察缺填补。"初，阁中照例进十二卷，上命取余卷再三，皆以十二卷进，共至四十余卷，皆一一召对，亲拔数人。藻德，北通州人，自言三次守城功，上心识之，遂拔第一。壬午冬，复以面对称旨，超拜詹事，入阁，旋正首揆。甲申之变，不能尽节，为贼夹辱而死，负恩甚矣。

上以考选不列举贡，传谕吏部："将廷试就教举人、贡生二百六十三人吴康侯等，悉照进士选授部寺司属推知。"等语。此系特用，后不为例，于是与选者遂竖黄旗竿，称御进士。此一奇也，然卒无一人可用、可副破格特恩者。

江西巡抚解学龙疏荐布政司都事黄道周，有"学问直贯天人，品行无忝周孔"等语。上以道周党邪乱政、学龙徇私蔑法，俱着缇骑逮问，工部主事叶廷秀疏救之。上怒甚，命廷杖廷秀一百，道周、学龙各八十，俱仍下刑部拟罪。国子生涂仲吉复上疏，言："道周清忠苦节，昔唐太宗恨魏征之面折，至于欲杀而终不果；汉武帝恶汲黯之直谏，虽远黜而实优容。皇上欲远法尧舜，奈何出汉唐主下？"通政司格之不上，仲吉并劾通政使施邦曜遏抑言路。上怒，逮仲吉，廷杖一百，邦曜革职，下道周等镇抚司揭问，逼供同党，锻炼甚酷。乃指数员塞责，因及通政马思理、编修黄文焕、吏部主事陈天工、工部司务董养河、中书文震亨，俱下狱，有昆山诸生朱永明持百、钱贿仲吉亦在招中。刑部司官吴文灿迟案不上，廷杖六十，革为民。诸人杖皆不死，得锦衣郭承昊调护力也。刑部尚书李觉斯亦革职为民。一番具招，一番严驳，淹滞狱中一年余，至宜兴再召，片语回天，始得解网，事详后卷。是时武陵亦已自尽矣。

大学士薛国观冠带闲住，给事中袁恺再疏劾其纳贿有据，并及吏部尚书傅永淳、刑部侍郎蔡奕琛等，并免官，又逮左副都御史叶有声下刑部究问。时株连颇众，旋遣缇骑逮问国观，到京师，赐自尽，籍没家产入官。国观初与嗣昌比谋去刘宇亮，遂正首揆，益无忌惮，任用私人王陛彦，通贿赂于外，怒老中书周国兴、杨余洪不为用，捏泄旨事参之，皆毙于廷杖。两人之家遂密缉其纳贿事件，投于东厂，令具事件密闻于上，上心动久矣。适史䃤死，所辇多金为布置地者，皆入于国观，周、杨二家嗾䃤之家人出首，事已上闻，锦衣卫提其长班鞫问，供吐甚详。国观疏辩云："杨士聪之参史䃤，别有缘故。"又称䃤曾参党人袁崇焕等，为党人报复云云。而已奉旨议处，私人王陛彦下狱，部覆国观闲住。出都之日，赃私累累，用车数百辆。两家复耸逻卒，具事件密奏，圣心益怒，特旨："王陛彦即着会官处斩。"而国观复逮。凡招上，或斩或绞，卷中已详，奉旨止云"即着会官处决"。今陛彦招未成，裁自圣断，故云"斩决"，此旨从来所未有也。后吴昌时之斩，奉旨亦与此同，人谓陛彦之罪实由昌时设谋构成，故天报不爽。国观逮至，候命外寓，而即令自尽之旨下，时已高卧，家人报锦衣赍诏至，蹶然曰："我死矣。"仓卒觅小帽戴之。宣诏毕，顿首不能出声。自尽后，缇帅验视回奏，次日始奉旨准收敛，盖悬梁者凡两昼夜云。

　　十四年辛巳正月十一日，流贼李自成陷洛阳，福

王自杀。先是，河南抚镇分汛御寇，总镇王绍禹主守
雒城。贼在宜阳、永宁杀王戮官，绍禹即揭报抚臣，且
盟在城各官，分门监守，罗、刘二将营于城外。十九
日，贼至，罗、刘战败，贼遂抵城下。二十日，力攻一
日。至更余，有叫喊于城上者，兵士尽哗，先执王守道
索粮。王府中人开北门放贼入，守道王胤昌、知府冯一
俊、乡官尚书吕维祺、寺副邢绍德俱不屈死。贼入王
宫，执福王，将拥戴之，云："神宗皇帝原有意传天位
于大王。"王叱之曰："吾从不闻此语，何故背义造
诬？"贼又请王谕笔，王不可。贼遂以绳进，请王自
裁，王又叱曰："任汝杀我。"贼遂共缢杀之。有小内
官崔升劝王宁死勿屈，抱王至死不去，并见杀。两承奉
告贼以棺敛王尸，亦即自杀。贼尽焚王宫，留十余日，
煮粥以饷饥民，又考赏秀才，于二月初二日弃城闭营，
一路上鲁山，一路上汝州，劫掠满载去。去后，授书办
邵时昌为总理，统守雒城。阅一月，后巡抚李仙风至孟
县，诱执贼将，以兵临雒城，时昌开门迎入，仙风遂以恢
复奏闻，言福王受惊疾死。旨责其欺饰，逮下狱，论斩。

二十四日，上御乾清宫，召阁部科道诸臣入，
谕曰："朕御极十四年，国家多事，复遇饥荒，流寇
猖獗，近且攻陷雒阳，福王被害。夫亲亲仁民，仁民
爱物，亲叔不保，皆朕不德所致。真当愧死。"声泪
俱下。阁臣奏："此系气数所致。"上曰："说不得

气数。就是气数，亦须人事补救，年来何曾补救得几分？"召兵科张缙彦，命将河南事奏来。缙彦奏："福王遇害是真，遇害时，有内员环泣不忍去。"上问何名，缙彦奏是崔升。又问世子有何人跟随，缙彦奏："闻有王府校尉数十人。"上长叹泪下。又奏："福王身死社稷，葬祭慰问都宜从厚。"上曰："说得是。"因召礼科诸臣曰："朕欲差一员前去，各奏来。"李焻奏："督师出兵一年有余，惟初次有玛瑙山一小捷，今遂寂然，须另遣大将帮他。"上曰："督师去河南数千里，如何照管得到，你们亦当设身处地。"李焻奏："因其照管不来，故请再遣。"上又曰："已遣朱大典，便是大将。"章正宸奏："闯贼从四川来……"枢臣陈新甲旁立，急应曰："自秦来，不自川来。"言至再，盖从川来，则其责在嗣昌也。上召新甲，谕曰："卿部职司调度，须为朕执法，如姑息误事，皆卿部之罪。"缙彦奏："雒封失陷，凡王府宫眷、内外官绅士民，焚劫甚惨，急须振济。"上曰："朕即措发。"诸臣叩头退，即传谕驸马都尉冉兴让、太监王裕民、礼科叶高标前去河南慰问世子，详察福王宫眷存亡，及殉难官人等。除前发振济银三万两外，御前发银一万两、坤宁宫四千两、承乾宫三千两、翊坤宫二千两、太子一千两、慈庆宫一千两、慈宁宫皇祖昭妃五百两、皇考定妃五百两，赍去支用。

二月初□日，张献忠陷襄阳，杀襄王，屠王府官民人等数万人。先是，嗣昌在本兵时，议练兵十余万于各边，特加练饷，更浮于辽饷之数。至是，即拨练饷为剿寇之用，饷足而民怨已极。嗣昌进剿张献忠，献忠出战，堕马几被擒，复逸去，逃入玛瑙山中。嗣昌令降将刘国能围之，献忠食尽，分兵四出钞掠，不得粮者归即杀之。其未归者惧杀，诣军门降，国能将之前行，伪称粮至，献忠开营延入。国能乘其不意，纵火大战，扫其营垒，擒其妻孥及贼党徐以显、潘应鳌等送襄阳狱。献忠批藤坠岩涧逃去，率众直走四川，随又困之竹溪、房县，大兵四面固围，无毫发间隙可容片甲遁去。而蜀抚邵捷春与嗣昌不相合，又听谗言杀战将杨茂选，军士皆怒，于是夔关失守，贼复逸出。部署稍定，复返湖广，假称杨阁部兵至，坐乘八轿，并民扛火药，文书印信皆同。道府不疑，延之入城。城上火起，贼尽入，合城鼎沸，狱中者俱出，与之合。先攻襄王府，执襄王，坐之堂下，献忠劝以卮酒，曰："吾欲断杨嗣昌之头，而嗣昌远在蜀。今当借王头，使嗣昌以陷藩伏法，王其努力尽此一杯酒。"因缚王杀之，遂焚其尸，又杀贵阳王常法等四十三人、承奉阎国鼎等八人。知府王承曾保福清王常澄得脱。督辅杨嗣昌在荆州，闻变惧祸，遂自缢死。时三月朔日也。监军杨卓然以病故闻。上谕部院："嗣昌虽二载辛苦，一朝尽瘁，有玛瑙山等诸捷，不能掩闯献鸱张，两藩罹祸，名城屡陷，杀掠频闻。虽病故，还着九卿科道会勘议罪。"

先是，熊文灿檄佥事张大经监献忠军，大经初至，为陈说祸福，献忠颇为致敬。及文灿措置乖方，献忠遂拘大经为质，大经悔为文灿所卖，郁郁死于房县。初，献忠驻扎谷城时，知县阮之钿多方调护，士民赖之。献忠叛，之钿沥血书绝命词于襟，仰药死。其破襄阳也，知县李天觉北面叩首，置印于案，自缢死；推官邝曰广被执不屈死。嗣昌之初出督师，其辎重装入大铳中，寄于固始县库。死后，知县时敏尽取之以归，不下数百万。敏以此营兵科，甲申降贼后，为乡里抢掠其半，乙酉之变，尽行烧毁，并杀其身焉，今其子且不免负薪矣。嗟嗟，此皆民膏民脂也，天意岂容若辈享哉？

蜀抚邵捷春为杨嗣昌疏参，奉旨差官旗逮问。捷春夔关之失，不为无罪，然在地方实得民心，军民因哄然逐散官差，蜀王为之疏请。奉旨："朝廷大法，岂容百姓阻挠，邵捷春着巡按官差护送来京。"下刑部究问，坐以失误军机决不待时斩。旨未下，而先一日报卒。上疑有泄漏情弊，并处该司官。

自邵捷春得罪后，继之者为陈士奇，但清谨而无御乱才，故蜀事益不可为矣。陈绅初举枭司马乾者得民心、有边才，宜推为抚，当事知其为乙榜也，故抑之而别推。噫，此何时也，何地也，而犹拘资格耶？

谕吏部："凡遇侍郎、巡抚员缺，须将资深翰林同推。各部侍郎仍许兼侍读学士，惟巡抚不许。"于是推詹事李绍贤为户部右侍郎，督理钱法，未几又推原任祭酒倪元璐为兵部右侍郎。

刑部胡周藩疏言："外戚张国纪所记懿安皇后事，当日岌岌可危。今皇七子降生，宜加圣后徽号。"上以其无端突发，疑窥伺宫闱，令回奏，旋革职下狱。

内阁范复粹奉旨清狱因，奏各犯官共六十六名，内而尚书、侍郎、都察院、科道、部属，外而督抚、司道、府县等官，无不毕具。如原任尚书侯恂、傅宗龙，府丞戴澳，巡抚黎玉田、常道立、方孔炤，给事中宜国杜、耿始然，御史成勇、魏景琦，两司范良彦、贺弼，司属倪嘉庆、孙嘉绩、熊汝学、朱国寿、朱日燦，诸犯各殊，幽沉则一，当下部作速清理。又特举原任江西布政朱之臣、总兵刘光祚之才，乞复官起用。奉旨："朱之臣准还职，刘光祚准军前效用。"

应天巡抚黄希宪奏报擒获江海大憝黄尚忠，得空船四十余只，为总兵王之仁、守备汤梦复之功。盖尚忠不过海上贩盐之徒，非寇盗比也。抚臣听信将领，妄报邀功，从此海上日多事矣。

上谕吏部，以时事多艰，佐理须人，旧辅周延儒、张至发、贺逢圣俱忠猷未竟，各起原官，入阁办事，着该抚按官敦请就道。三臣各具疏辞，不允。阁中自戊寅年特用杨嗣昌等五人，后己卯年又用费县张四知、滑县魏照乘、蕲水姚明恭三人，庚辰年又用德州谢陞、井研陈演二人，自金溪病故、韩城得罪、武陵督师出，其余相继去位。是时，阁中止范、张、魏、谢四人，而范亦旋予告矣，一时诸辅皆无有当圣意者。众推宜兴才智可以仰辅，且林居以来，又能化洛蜀之异同，皈依众正，优容败类。于是庶吉士张溥、礼部主事吴昌时辈为之营谋，涿州旧辅与商丘、桐城辈亦极力资助，通于内珰，竟得召用。虽及张、贺二人，而意则专属在周，故贺到不久即去，张以病不至。

时朝政严切，岁事凶荒，兵饷掣肘，台省是非，讦直互尚，政府自乌程之后，继以淄川、韩城，皆祖述故智，娼嫉贤才，盈廷重足，久无乐生怀矣。宜兴忧之，思维济之以宽，首引用先朝故老如刘山阴、郑建德辈，召还言事迁谪科道，复絓误举人，广取士额，释漕白欠解户，并蠲民间积逋，赦宥戍罪以下尽还家，再陈"兵残岁歉，地减见年，两税苏松常嘉湖各府许以次年夏麦抵漕兑"，将佐功罪赏罚不逾时，至恤死褒忠等事，向期期不予者，皆朝报夕下。天下仰望丰采，如久污得沐、宿郁临春之快。又特请撤回监视珰差，停止厂卫缉事，尤为不易得之数。使天欲平治，则循此不变，岂非救时宰相？即继美国初三杨，无愧矣。乃美不克终，竟使身名与国运同尽也，悲夫！

谕吏部、吏科曰："朕维足国要在阜民，强兵要在择将，今国用日烦，民生日困，朕心如伤。每廷议足用，则必取之于民；言恤民，则又虑诎于赋，国与民无并足之方矣。建牙设镇，不知凡几，推毂徒勤，登坛阒效。岂以天下之大，竟无明习心计、谋裕折冲者乎？朕拊髀侧席，未获一遇，意者敷求之道未尽也。今特开裕国足民科、奇计异勇科，使海内人士望的而趋，有以自见，至访求验考，征辟选举，更须良法，务期豪杰倾心，弓旌生色，以称朕破格旁求至意。该部科议规则来行。"

四月，差勋臣朱纯臣、戚臣刘文炳、礼臣林欲楫携带识地理的往南京，会同守备太监、南京礼部官恭诣孝陵，循行察勘附陵三十里地方，及龙脉经行之所，俱不许烧灰作窑，并泗州祖陵、凤阳皇陵，一并踏勘。时有奸民诳奏地方居人侵伤陵脉者，故有此遣。上先期御中极殿，召阁部文武诸大臣面谕再三，各赐坐，宴于殿上，又赐钦遣三臣路费彩段。

蒋德璟曰："中极旧名华盖，嘉靖中易今名，前即皇极，后为建极，虽相连，而中极特为高闳。上宝座周围刻金龙形，诸臣就席时，上以斋不用酒，止用茶。计十三人，人各一席，席各三十余器，皆御膳所蔬果，甚精洁，非光禄寺蔬也。上坐览文书，司礼大珰旁立，时跪承旨，而诸臣左右坐，宣德后久无此礼矣。祖制，宴群臣多在午门、文华门外，惟郊祀庆成，宴三品及学士在皇极殿内。永乐中，召坐西内圆殿；宣德中，召宴万岁山广寒殿；嘉靖中，赐宴西苑，不闻侍坐，盖正统中坐礼久废矣。今上十三年，始议行之，而中极自国初赐宴亲王外未有也。"

上既遣三臣往南，成国时总督京营，恋戎政印，因疏请带印往南，又请带京营兵千人护行，托言便道护粮艘北来，相机剿寇。上已许之，部科俱疏言其非。十八日，上复召诸臣入，谕三臣曰："勘陵重典，三公正卿，带千兵不为多，但须严禁骚扰。"成国因言诸臣阻捷，上曰："他们说的亦是。地方供应难，且既有关防，京营印不须带去。若言剿寇，不将勘陵事误了？粮船北来，此兵南去，亦难兼顾。京营印外面亦行不得，只交协理侍郎收了。"

蒋德璟曰："时部科疏并入，成国甚以阻挠为恨。若各将疏意发挥，将成聚讼。上一出，不言有疏，但戒谕再三，严禁骚扰，并解其京营印。诸臣见其言之行，不须再开口，彼此无事，形迹不露，居然杯酒释兵权作用也。"

北兵围祖大寿于锦州，填濠毁堑，声援俱绝。有四卒间出，云城粟足支半年，苦乏薪耳，传大寿语，宜以车营逼之，毋轻战。总督洪承畴集兵待援，未决，奏闻，上忧之，召问中枢陈新甲计将安出。新甲求退与阁臣、侍郎诸臣酌议。请遣司官面商于承畴。时有"七可忧，十可议"之奏，祈皇上察报，因遣郎中张若麒往行营酌视。若麒谓宜亟战，立趣承畴进师。承畴不得已，合兵十万，率总兵曹变蛟、吴三桂、王朴、马科、杨国柱至乳峰，近锦州五六里，方夜连车营，环以木城。部署定，始旦，奴以万骑来攻。独国柱迟至，结营未及掘濠，敌骑乘之，国柱战没，亡失万骑，余营未动。又相持数日，官军大溃。初，锦州被围，急救至，方战未决，虏掘松山，断我归路，遂大败，蹂躏杀溺，不可胜计。若麒走海上，从渔舟潜渡至宁远，承畴等退守松山，未几报全军覆没。关门劲旅，于是尽丧矣。事闻，上惊悼甚，设坛都城，亲临赐祭，所以议褒恤死事者极其隆重云。究所以致败者，则是若麒之催战为之，旋逮若麒下狱拟罪。

五月，赦兵部尚书傅宗龙于狱，以右侍郎兼都御史督兵剿贼。九月，宗龙率兵至新蔡，与保督杨文岳之兵会，贺人龙、李国奇将秦兵，虎大威将保定兵，共结浮桥，渡河合兵，趋项城。初五日，两军毕渡，走龙口。自成、汝才亦结浮桥于上流，将趋汝宁，觇官军至，尽伏精锐于松林中，阳驱诸贼从浮桥西渡。人龙候骑觇贼，飞报曰："贼渡河向汝矣。"次日，宗龙、文岳两军次孟家庄，遇贼伏，败绩。人龙、大威北奔，国奇从之，文岳奔项城，宗龙独立营当贼，飞檄国奇、人龙救，二帅不应。宗龙穿濠筑堑以拒，贼亦穿濠以困之，宗龙兵食尽，杀马骡以享军。至十四日，简卒尚有六千，夜漏二下，潜勒军突贼营，溃围出，诸军星散，宗龙率散卒且战且走。次日，至项城，贼追及，被执至门下，呼于门曰："我秦督官军也，请启门纳秦督。"宗龙大呼曰："我秦督也，不幸堕贼手，左右皆贼，毋为所绐。"贼唾宗龙，宗龙大骂曰："我大臣也，死则死耳，岂能为贼诈城以缓死？"贼以刀击之，遂遇害。事闻，赠太子少保，予世荫。贼遂陷项城，分兵屠商水、扶沟，所在土寇蜂起，中原、山陕无宁宇矣。

按，傅公初巡按贵州，定安酋之乱，即以知兵名。崇祯初年，以枢辅孙公荐，晋抚顺天，督蓟辽，寻以边警逮下狱论罪。复起家巡抚四川，擒治川寇有功，即晋任中枢，在杨嗣昌入阁之后。嗣昌奉命督师讨贼，数上章请兵食，不能悉应，抗章言中枢不称任，傅公亦疏劾嗣昌徒以气凌廷臣，耗国家兵食，不能报效。时上任信嗣昌，为夺傅公官，下之狱。嗣昌败，复起三边总督，任剿寇事，一时竟推其挥霍之才，可以为国家独任重担。然宗其宦迹，按黔一年、抚畿一年、督蓟二年、再起抚蜀一年、为大司马一年、为三边半年，未见其有杀敌定变成效奇功也。盖有才而不用，与用之而不能，竟犹勿用也。今傅公非不用，亦用之不竟也。其按黔治兵有序，何不即以为抚？其抚畿督蓟，虽无显功，亦无偾事，何以罢官论罪？抚蜀未几，何以即入中枢？中枢之席未暖，罪未著，何以复革职下狱？迫仓卒起之图圉，即授以督师，与诸边兵将俱未素习，而驱之使战，遂未免一挫而死。嗟乎，但成一人死节之名，其于天下事竟何益哉？

贼既大败秦督兵，乘势直破归德。督师丁启睿自商城北发檄左良玉，期共击贼，杨文岳亦招集散亡于陈州，兵将稍集。自成、汝才合兵陷叶县，杀守将刘国能。初，国能与自成、汝才同为贼，后降于左良玉，汝才深恨之。至是，闻国能在叶，誓必杀之。国能力战不屈，城破被杀。事闻，诏赠国能左都督。

十一月，陕西巡抚汪乔年率总兵郑家栋、牛成龙、贺人龙，将兵三万趋河南。先是，乔年在陕西发李自成先冢，得小蛇，即斩以徇，誓师进兵，以轻骑万余抵郊县。时襄城先破，乔年迟疑不敢进，襄城贡士张永祺率邑人出迎官军，屯于城下。自成闻之，解郾城围来迎战。乔年安营未定，有二将先逃，官军溃，贼乘之，一军尽覆。乔年收步卒千余，入城困守。五日，城复陷，乔年被执见杀。自成深恨诸生，遂剿刖百九十人，又购永祺，永祺匿免，屠其族九家。

杀守将李万庆。万庆乃降将射塌天也，累功至副将，至是死之，诏赠官，立祠襄城。

自成再破秦师，获马二万，降秦兵数十万，威镇河洛，乘胜围南阳。城陷，总兵猛如虎死之。时杨文岳屯杞县，丁启睿屯汝宁。

太监刘元斌率京军救河南，闻南阳陷，乃拥妇女北去。俄上命御史清军，元斌仓皇悉沉之于河。元斌以纵兵杀掠，冒功论辟，未得旨即奏辩，上怒之，立诛，并诛太监王裕民。

重修太学成，先命太监王德化率群臣习仪。八月十八日，圣驾临雍，升彝伦堂，祭酒南居仁坐讲《皋陶谟》"天叙天秩"至"有土"章，司业罗大任讲《易·咸卦》"天地感而万物化生"一节，命文武官三品以上俱坐听，赐茶毕，行礼退。上入彝伦堂后敬一亭，观世宗所立程子四箴诸碑，遂传礼部将学庙内各碑俱摩拓进览，又有古碑残缺，亦令察补进呈。于是驾自成贤街至安定门，登城，上坐明轿至东北角楼，亲阅楼工，召阁臣、枢臣、工臣，责工部糜费。久之，复谕阁臣，谓宋儒周、程、张、朱、邵六子不宜列于先儒之内，宜有特称，下礼部议。后礼部会同詹翰各官，议周、程、张、朱、邵六子俱进称先贤云。

十二月，黄道周、解学龙、涂仲吉各拟烟瘴地永戍，叶廷秀、马思理各戍边，黄文焕、董养河、陈天定、文震亨分别配杖。初，刑部尚书刘泽深拟道周永戍，上不允，因上言曰："道周之罪，前疏已严矣，过此惟有论死。自来论死诸臣，非封疆则贪酷，未有以建言蒙戮者。且皇上所疑者党耳。党者见诸实事，道周空言无据，如□□者，始未尝不相与，今且斥之，乌有丝毫党气，而烦圣明之震怒、动朝廷之大法耶？当此生死之关，不敢不存一难慎之心。敢仍以原拟上。"疏入，允之。

黄景昉撰《黄公行状》，略云："江抚解公升任荐僚属疏，例下第，不足劳万几。闻有签贴其旁，致上怒者，遂得扭逮之命。比入狱、廷杖，拟罪屡严，声色汹汹，莫必其命。余为拉同乡蒋公德璟、王公家彦，谒谢德州请之，谢太息曰："死矣，迟迟为幸。"闻之失色。总承韩城毒焰之后，余威尚震，武陵虽出督师，柄得遥参，宣督入为中枢，同憾公前疏刺骨，同年费县、井研，年谊漠如，滑县且下石矣。
宜兴周公新召至，众喁喁望丰采，诸名流力怂恿之，
婉代开释，得免死改戍。周公又于讲筵平章他疏，
驯语及公。余与蒋公同赞其说，初冀得免戍幸矣，
竟复原官，实出望表。本圣主乾断，度越百王，天
下亦以是亮周公焉。"

卷七　崇祯朝纪事

（壬午正月起至甲申三月终）

十五年正月元旦，御殿朝贺毕，下宝座，南面立，顾内侍，命召阁臣来。阁臣由殿东门入，再奉旨，遂至殿檐，行叩头礼毕，跪以听。上曰："阁臣西班来！"盖以师席待诸辅也。阁臣起立，不知上意，拟取东西两班。上又曰："阁臣西班来！"随有一阉下引而前。上宣"阁臣来"，诸辅趋进。

上曰："古来圣帝明王，皆崇师道。今日讲犹称先生，尚存遗意。卿等即朕师也，敬于元旦端冕而求！"圣躬即转面西向阁臣一揖，曰："经言：'尊贤也，敬大臣也。'朕之此礼，原不为过。今而后，道德惟诸先生训诲之，政务惟诸先生匡赞之。调和燮理，奠安宗社民生，惟诸先生是赖。"

又曰："自古君臣志同道合，而天下治平，朕于诸先生有厚望焉！"诸辅臣逊谢不敢当。上曰："先生正是当敬的！"言之再三，随谕："先生起！"诸辅臣始起，转下叩头。上还宫后，复补赐圣谕。时辅臣为周延儒、贺逢圣、张四知、谢陞、魏照乘、陈演六人。

谕各省直十二年以前，一应存留起解上供本折钱价，尽行蠲免。又以江南荒旱，许各府、州、县以来抵漕，百姓欢呼称庆。又从刑部侍郎惠世扬请，豁免十二年以前赃罚银两。又发帑金二万赈山东。

先是十三四年，苏、松、常、镇四府皆大旱，蝗虫食苗，民皆告饥。浙西三府，又大水为灾，一望漂溺。漕储缺额，征比无方，而湖州一府尤甚。十四年七月，浙抚参德清、崇德两县尤迟兑误漕。时政府方尚严切，遂奉旨差缇骑拿解两县印官，崇德令赵夔自缢死，德清令朱实莲逮至京，下狱拟罪。时漕事亦已报竣，实莲因具疏陈地方荒苦状，始得释罪调用，则属宜兴为政矣。

朱君字子洁，广东南海人。天启辛酉方弱冠，受知于先忠毅，拔冠一经。工诗文，重气谊，屡踬春闱，以荐举授是官，到任未一年也。被逮后，所著诗，有《冬春草》。吴峦稚先生序之曰："诗以言乎心之所之也。心乎亲者，其言之乎孝；心乎君者，其言之乎忠；心乎民者，其言之乎仁。吾友子洁氏令海溪，著循廉声，忽诏狱，寻诏释之，还其官。所撰《冬春草》言孝，言忠，言仁，令读者流连嗟叹，而不容已，因以知其心焉。

"先是，其师李侍御仲达，亦吾友也。以触珰诏狱，所撰有《授命草》，亦言孝，言忠，言仁，足令人嗟叹而不容已。然侍御之冤，当其身不白也。今子洁幸遇圣明，复得出以展其大用。凡所言孝，言忠，言仁，虑无不可发而措诸事业者，其重勉乎哉！侍御可谓有生友矣！"

御史张肯堂疏请还向来言事迁谪诸臣，略曰："在诸臣率意敷陈，罪止成于狂戆；在圣明薄从降罚，法姑予以困衡。常读其封事：或议征求宜缓，或陈刑狱宜宽，或纠行间功罪之淆，或争朝端名节之重，或指弹巨奸于气焰方张之日，或抵牾近习于威权思窃之时。一腔忠爱，天日共鉴。偶经摧折，便作逐臣。虽盛世原无弃人，何官不可自效？然使之回翔中外，何如特加环召，赐复原职之大快人心乎？"奉旨："下部察核。"于是原降用李清、刘昌、周一敬十人，俱准复给事、御史云。

张公在言路颇著謇谔声，后官闽抚，遇变不屈。蹈海从王，全节而死，事另有纪。

三月，召对考选诸臣于中左门，问解围急着："中原御贼，何策？兵至之处，作何转输？灾荒之民，作何生聚？足食足兵，何以使民生不困？议征议缓，何以使国用仍充？其各悉心条奏！"时行取各官待命阙下，皆仰宜兴援引，适漕运愆期，宜兴因请速下诸科道，使之分头催攒，于是考选四十四人朱徽、马嘉植等，咸授科道，无改部曹者。内惟刘熙祚以巡按湖南，为贼所执，不屈死难。姜埰在谏垣，直言著节，几毙诏狱。此外无一人足副特恩者矣！

礼部倪仁祯疏言："臣等初授科道，例于朝房候见，阁臣谢陛言及兵饷时事，忽曰：'皇上惟自用聪明，以察为明，致天下俱坏。'陛居位辅弼，敢归罪天子如此！"吏科朱徽、廖国遴亦劾奏同之。上怒，下廷臣议处，命削籍为民。陛先任冢宰，与唐世济合谋荐逆案霍维华。世济下狱，陛闲住。唯嘉罢后，以南京右都御史庄钦邻为冢宰。钦邻久不到任，奉旨诘责调用，复召陛为之。庚辰，又同陈演入阁，圣眷颇隆。次年辛巳，上命追写孝纯皇后同孝元皇后，光宗皇帝御容，一同迎入。上亲致祭，诸阁臣陪祭，陛独后至。台省参之，陛疏辩，谓："将出门而衣带忽断，以是后期，乞提裁衣者同班。"后下法司讯鞫，虽奉旨免究，而上意已动，至是罢斥之。夫以大臣而委罪下役，其作事之乖，亦见一斑矣。陛后降清，仍为大学士。

御史徐殿臣、刘之渤各疏纠辅臣魏照乘，得旨，准其请告。魏初与韩城善，每票拟，辄效其深文驳摘。宜兴入后，诸辅皆请教惟谨，魏专行自如。宜兴心不然。至是，纠疏入，方一疏引退，即有旨允归。未几，费县、江夏亦相继予告去。

起升马士英兵部右侍郎，兼都察院佥都御史，总督庐、凤等处军务。马先任宣府巡抚，为总监王坤参其支用库银事，逮问遣戍。马本贵州人，久侨居金陵，与东南诸绅往来颇善，至是以流贼横行江北，会推凤督，列士英名其中。上颇怒，谓："会推大典，辄用废弃众臣，欺蔽殊甚！"宜兴奏曰："众臣岂敢？实以士英曾历边疆，有才可惜！今止开列，候皇上裁用。惟是不先奏明为有罪耳。"上怒始霁，曰："马士英既有边才，即着他去！"以此起官。驯至有南渡之柄用矣。

上以寇氛未靖，民罹锋刃，建斋南城。每子刻自中宫往，诵佛移时，然后还内。礼科姜埰疏言："宗社之安危，非佛氏之祸福也。以九重之尊，对西竺之繁文，臣不敢以为可。且正德年之往事，皇上岂不见及此耶？"御史廖惟义疏请驱真人羽士各还原籍，侍郎王锡衮请驱真人张应京归，皆不听。

先是，召应京入都，即传礼部宴待。部奏：《会典》，宴法王在大慈恩寺，则宴真人宜在宫观。上迟回久之，始报可。旋召应京至会极门，赐赉甚渥，比洪熙时所赐逾数十倍，诸司无敢执奏者。已，加王锡衮服俸一级，嘉其谏上事佛，寓规于爱也。

宫中旧规，上每年冬底，书符召仙，或召将，叩以来岁事，无不应者。至是年召之不至，良久，玄帝下临乩，批云："天将皆已降生人间，无可应召者。"上再拜叩问："天将降生，意欲何为？尚有未降生者否？"乩答云："惟汉寿亭侯受明厚恩，不肯降生，余无在者！"批毕，寂然，再叩不应矣。

六月十九日，上召会推诸臣：吏尚李日宣，礼尚林欲楫，左都王道直，礼侍王锡衮、蒋德璟，左副都房可壮，掌詹李绍贤，兵侍吴甡，刑侍惠世扬、徐石麒，工侍宋玫，詹事黄景昉、丘瑜，通政使沈惟炳，大理卿张三谟，谕德杨观光，共十六人，来中左门。徐以病不至，同辅臣赐饭毕，先召诸辅臣入德政殿，赐坐。次辅贺逢圣时已奉旨允放，犹被召入见，忽放声大哭不止。久之，召兵部询边事。又召日宣、道直入。顷之，谕曰："卿二人不须召对。"俱令出。上移驾入中极殿，辅臣亦入殿，留坐。贺复放声大哭，拜跪数十不止。命之出殿，行五拜三叩头辞朝，复大哭不止。见者怪之。

既出，方召预推诸臣入，行礼毕，令入殿内，依班鱼贯立御床东。上曰："东虏未灭，流寇猖獗，天变民穷，卿等有何嘉猷奏来？"即令各依会推次序进奏。奏对毕，殿内先备酒六桌，将赐诸臣坐宴，而房、宋、张三人奏对不称旨，上遽传令各回衙门，遂俱出。是夜，传旨命德璟、景昉、甡三人入阁，而以滥推多人责吏部回话。

贺公居身清正，不谐于时，故再召未久，旋即告归，家居武昌。十六年献寇破城，全家殉难，大节凛然。此时陛辞痛哭，岂非忧国忧君，明知祸败之将至，有不能言、不忍言者耶？同辈泄泄者流，或反以怪异目之矣！噫！

二十一日，上召府部九卿科道入弘政门，赐饭。上御中左门，皇太子、定王、永王左右侍立，各官行一拜三叩头礼，朝东宫亦一拜三叩头，朝二王一拜一叩头。上服黄服，东宫、二王俱服红袍。上唤吏部尚书李日宣，其声甚厉。次唤吏科都章正宸、河南道张瑃、副都御史房可壮、工部侍郎宋玫、大理卿张三谟各进跪。

上曰："枚卜大典，如何滥推许多？如房可壮等三人，果堪推举么？责令回话，尚是支吾！"日宣奏："从不敢徇私。"

上曰："前尔奏当秉公执法，惟知有君父，不知有私交；知有国法，不知有情面。尔那一件不是情面？朕数次优容，全然不悛！"正宸奏："日宣素是游移，臣前有公疏纠他，此番实不敢徇私！"日宣奏："可壮素有丰采，宋玫年少向学，三谟亦曾掌河南道过。"

上怒曰："住了！锦衣卫通着拿了！王锡衮着改吏部侍郎署印，日宣等六人，去冠拿出！"

天怒方震，诸臣相顾失色。德璟、吴甡跪辞新命，因奏："臣等亦在会推中，诸臣既有罪，臣等岂能自安？"上曰："已有旨了！"辅臣奏："枚卜大典，尚望圣慈宽宥。"左都王道直奏："顷会推俱是众臣与科道商榷，臣不敢署一语。"上谕："此后枚卜，只用翰林，其各衙门间陪一二人，不许多推！"旋令各赐茶饼讫。

明日有旨：下六人刑部。问日宣等三人戍边，可壮等三人削籍。又以议罪不当，罢刑部侍郎惠世扬。或谓初次不与推者，流言入内，及再推，又有不与者，阴行中伤，复有二十四气之目，径达御前。皆以小人倾陷，故致上怒如此。

增乡试解额：北直生员七名，监生十名；南直生员十名，监生五名；浙江、江西、福建、湖广各十名；山东、山西、河南、陕西、四川各八名；广东六名；云、贵各二名；独河南以寇乱停试，至次年春始补。何瑞徵、朱统𬬿主考南北，公行贿卖，以关节中者，居其大半。时有对云："不用孔子，不用孟子，只取公子；不要古文，不要今文，只取真纹。"吴郡有卷堂文，又有四书成语编文，悉快人口。

起孙传庭为兵部侍郎，兼都察院佥都御史，总督陕西军务剿寇。传庭至西安，檄召诸将听令，各以兵来会。既集，乃缚贺人龙责之，曰："尔奉命入川讨寇，开县噪归，猛帅以孤军失利，献贼出柙，职尔之由。尔为大帅，遇寇先溃，致秦督、秦抚委命贼手，一死不足塞责也！”遂正法军前，诸将莫不动色。因以人龙兵分隶诸将，刻期进讨。

人龙，米脂人，初以诸生效用，佐督抚讨贼有功，总全陕兵，降贼多归之。人龙推诚以待，往往得其死力。襄城之役，朝廷疑人龙与贼通，密敕传庭杀之。贼闻人龙死，酌酒相庆曰：“贺疯子死，取关中如拾芥矣！”

命侯恂以兵部侍郎总督援剿官兵讨贼，与孙传庭协力援开封。七月，贼围开封久，先召总兵许定国以山西兵援之，兵溃于覃怀。时督帅丁启睿、保督杨文岳，合左良玉、虎大威、杨德政、方国安诸军，次于朱仙镇，与贼垒相望。启睿督诸军进战，良玉曰：“贼锋方锐，未可击也！”启睿曰：“汴围已急，岂能持久？必击之。”诸将请诘朝战。良玉以其兵南走襄阳，诸军相次而退，营乱。启睿、文岳联骑奔汝宁。贼渡河逐之，追奔四百里，丧兵马数万。启睿印、剑俱失，事闻，逮启睿下狱，文岳革职听勘。后闰十一月，贼攻汝宁，文岳以兵救之，不克。城破，贼执杨文岳及分巡佥事王世琮，杀之。世琮屡却贼有功。贼射矢贯耳不动，号“王铁耳”。

贼久围开封，城中食尽，人相食。周王先后捐库金一百二十万，复捐岁禄万石以养兵。国帑空虚，宫人咸有饥色。

城北十里枕黄河，巡抚高名衡、推官黄澍等守且不支，特引河水环濠以自固，更决堤灌贼，可溃也。九月河决，贼先营高处，然移营不及，亦沉其卒万人。河流直冲至城，势如山岳，自北门入，穿东南门出，流入涡水。水骤长二丈，士民溺死数十万，巡抚各官咸乘小舟至城头。周王府第已没，从后山逸出西城楼，率宫眷及诸王露栖城上雨中七日。督师侯恂以舟迎王及巡抚，推官黄澍从王乘城夜渡，达堤口。诸军列营朱家寨。贼乘高据筏以矢石击城北渡者。城中遗民尚存数万，贼浮舟入城，尽掳以去。河北诸军以大炮击之，夺回子女五千余人。旧河故道清浅不容尺，归德隔断在河北，邳、亳以下，皆被其灾。

汴城佳丽甲天下，群寇心艳已久，前后三攻之，士马死者无算。贼积恨誓必拔，久怀灌城之谋。顾以子女珍宝山积，不忍弃之水族。至是河大决，百姓生齿尽属波臣，断垣矗水上，数寸隐见而已。黄澍以守御功，召对。特授御史，即发十万金，令澍赍往。以三万赐周王，余分赈宗室及被难饥民。

礼部疏题："谥典五年一举，今自特赐外，不无久停。即如逆珰一案，诸臣惨死者甚多，内得谥者，止杨涟、高攀龙、魏大中、周顺昌、周起元、缪昌期六人无容议外，其未得谥者，则尚有左光斗、李应昇、周宗建等九人。今恭绎明纶，仰见当时惨死多人，若左光斗等，正在皇上垂怜洞鉴中。谨将诸臣本末开列，上请一体加恩易名。"云云。

奉圣旨:"易名大典,宜核公评。所列惨死各官,即着该部科会同詹翰儒臣,察明触奸本末,章疏实据,及本官生平品行,是否允惬,逐一核议具奏。"

按:谥典必由部疏请旨俞允,然后詹翰诸臣拟议送阁,阁中具揭题奏。崇祯初,蒲州为政,因姚文毅之议,先题赵忠毅公等十二人。同难中惟杨忠烈、高忠宪、魏忠节、周忠介与焉。续经邹惟琏、张国维、凌义渠、姚思孝诸公催请,虽有旨下部,终束高阁。至十一年,给谏熊惟典特疏举先公,亦奉旨下部,部不为题覆也。宜兴再召,颇留意此事。言路如李清、沈允培、戴明说诸公极力耸之,疏请再三,又因同难诸后人之陈乞,严旨催复。时宗伯林欲楫、祠司吴康侯于恤忠大典漠不关心,亦不知诸君子之始末,但凭胥吏呈稿,至以未谥周、缪二公为已谥,又以不在惨死之列如丁乾学者亦混入焉。因奉核议实据之旨,遂终于见格矣。此沈公面语逊之云然。弘光时,复赖李、沈二公疏催,宗伯管公绍宁疏请,乃得全给,一代褒忠之典,始大备矣!

八月十九日,早朝毕,上即登文昭阁,阁在皇极殿东。上步下阁,御德政殿,召五阁臣,言:"文昭阁两边可建直房，以不时召对，及讲读。偶有疑问，先生每往来亦便。宋人言：亲贤士大夫之时多，亲宦官宫妾之时少。"又问："《永乐大典》及《大学》用人、理财论"，人各有奏对。上因言："京中宜积储本色。"又言，"屯田也是要紧。"又言："漕运、海运诸事，黄河一带修筑如何？"德璟对："自董家河起即用泇河不用黄河，一路较平稳。"上言京中运粮车户之苦，德璟对："车户脚价原有轻赍银可用，只须给发。外面百姓尤苦练饷之加，须是渐渐减省。"上默然。翌日命："于文昭阁左右各设直房"云云。

八月廿四日，讲读毕，上召五辅臣入文华后殿，手执一本问："张溥、张采何如人？"延儒对："读书的好秀才。"上曰："张溥已死，张采小官，科道官如何说他好？"延儒对："他胸中颇有书，会做文章。科道官做秀才时，见其文章，又以其用未竟，而惜之。"上曰："亦不免偏。"延儒曰："张溥、黄道周皆有些偏，只是会读书，所以人人惜他。"上默然。德璟曰："道周前日蒙放，他极感圣恩。只是永远充军，家贫子幼，还望天恩赦宥。"上微笑。延儒曰："道周在狱中，尚写许多书，即前上章奏，俱是亲笔写的。"德璟曰："道周写有《孝经》一百本，每本做有一篇文字，多是感颂圣恩。"景旸言："皇上表章《孝经》，所以道周写的有《圣德颂》，极感圣恩。"演言："他事亲亦极孝。"德璟言："皇上问知乐之人，即道周便能知乐。"甡言："道周无不博通，且极清苦。"德璟言："道周子方十岁，但得免其永戍，便好。"延儒言："道周也不在永戍不永戍，就是读书亦还用得。"上不答，但微笑而已。翌日，遂奉手敕云："昨先生面奏黄道周清操博学，见今戍远子幼，朕心不觉怜悯。彼虽偏迂，经此番惩创，想亦改悔。人才当惜，作何赦罪酌用，先生每审议来奏。"辅臣具揭回覆，即奉御批："黄道周准赦罪复原官。特谕吏、兵二部。"一时臣民无不鼓舞，以为圣主转圜之美，而宜兴之巽言匡君者，亦其一端已！

九月十八日，御日讲。讲《论语》"子罕言"节，上召辅臣题："夫子论仁，如欲立、欲达，克己复礼，天下归仁，及出门、使民等章，言仁最多，何云罕言？"延儒对："此即'性与天道不可得而闻'之意。"德璟对："圣人未尝不言，及门弟子悟者，以为言；不悟者，以为不言耳。"又问："命与仁如何分别？"德璟对："总是一理。在天为命，在心为仁。"又问："一日克复，天下归仁，便是修己以安百姓。意诸臣于圣见悟言修。"延儒言："帝王学问，只是明德新民。"德璟言："明明德于天下，便是天下归仁。"顷之，诸臣言及起废事，举叶廷秀、成勇，最在清望。上颔之。又谕："孟冬祭太庙，宜用何时？"德璟对："《会典》原无定时。"上因商子、丑二时。德璟对："古祭礼只言'厥明''质明'，似用寅时为妥。"

十月十七日，讲毕，上与阁臣议东宫移宫事，出黄匣，内钦定官属条约八款，皆御笔也。首款"离间亲亲"，上因言潜邸孤危情事，且指"诳吓绐诱"四字云："中难尽言！"时方有选九嫔之旨，又东宫年当选婚，故议移居于外。然婚尚未选，又方在严冬，德璟因微言天气寒冻，甡即继之云："天气正寒，稍缓如何？"上曰："即俟二三月不妨。"未几，罢选嫔，东宫因亦不迁。

皇极门外两庑四十八间。除旷八间，实四十间。东二十间，为实录、玉牒诸馆，及东阁会坐公揖处。西二十间：上十间为诸王馆；下十间为会英诸馆。定王书房在西第六间；第五间悬先师画像，四配侍侧。及永王出阁，移定王第四间，永王在第六间。王初出，向先师四拜三叩头，以后一拜三叩头。第三间、第七间、第六间，王退屋处；余三间则大珰、内阁、讲官会集处也。

定王，中宫周后出。辛巳受封，年方十岁。壬午正月出阁。永王，东宫田妃出，壬午受封，年十六岁，癸未八月出阁。皆命选新进士及简讨、助教等官为待诏，充讲读；以两房两殿中书充侍书。

故事：初开馆，内阁连到三日，提调讲读，以后不复到。上爱诸王，令隔一日则轮一阁臣提调。初开讲，行四拜礼，以后一拜不叩头。读四书、《书》经，各五遍；讲四书、《书》经各两遍。用酒饭毕，再入侍王写仿。阁臣至案前，观王亲写十字，余俟诸臣退后写足送阁，阁臣批圈，进呈御览。

十一月初一日，诏诛兵部尚书陈新甲。新甲起家乙科，由边道升巡抚。丁忧，杨嗣昌荐其才，夺情，起宣大总督。嗣昌入阁，继任中枢者为傅宗龙。宗龙既得罪，遂升新甲为大司马，附嗣昌，力主款议。当张若麒督战败逃后，特遣马绍瑜往义州议款，竟得嫚书，绍瑜几被杀，匍匐窜归。台省恶其辱国，交章发新甲奸状。上虽怒，隐忍未即发。适新甲有疏，细陈款事，中多援引圣谕，此疏误为书役发科抄传。兵科据疏纠参。上意新甲见卖，严旨切责回话。新甲回奏，绝不引罪，反自诩其功，有"某事人以为功，而实臣之大罪"等语。上大怒，着刑部提问，部引失陷城寨律，秋后处决。左右有为营解者，以虏未薄城为言。上曰："虏辱我七亲藩，不更甚薄城乎！"下部再议。司寇徐石麒因言："新甲陷亲藩七，此从来失事未有之奇祸，亦刊书所不忍载之条例者也。当照临敌缺乏，不依期进兵策应，因而失误军机者，斩决不待时。"旨下："即会官处决。"

左都御史刘宗周到任，上言六事："一曰建道揆。京师首善之地，光臣冯从吾立首善书院，请复之以昭圣明致治之本。一曰贞法守。高皇帝焚锦衣刑具，请本末校补。一切狱词专听法司，不必下锦衣，并请罢东厂缉事。一曰崇国礼。大臣自三品而上，犯罪者，宜令九卿科道会详之，乃付司寇，司寇拟辟，乃得收系。此于刑辱之中，不忘礼遇之意。一曰清伏奸。凡禁地匿名文书，一切立毁。一曰惩官邪。京师士大夫与外官交际，愈多愈巧。弹劾之后，惟祈严断。一曰饬吏治。吏治之败，无如催科火耗，词讼赎锾，已复为常例矣。朝廷颁一令，一令即为奥蹊之始；地方有一事，一事即为科敛之藉。至于营升谢荐，巡方尤甚。请以台宪受赃之律，为科道考核之第一义。"上嘉纳之。未几，有武英殿中书王育民谒宗周于私寓，出员外郎孙顺所馈金。宗周自劾，逮育民下刑部究问。

赠故辅臣文震孟礼部尚书、詹事，姚希孟工部右侍郎，各荫一子入监，给与应得祭葬。

震孟以日讲受知，特简入阁，为温体仁构诬，疏参闲住。亡后，温犹在事，抚按不敢具题。戊寅年，吏科吴麟徵有疏言之，韩城拟票："恤典之出朝廷，何得徇私市恩？"御笔抹去，止票该部予恤。

希孟以乡闱事谪南，先震孟一月卒。抚按以旧讲官例为之疏请，部覆，如例议恤典。张至发当国，票旨，以骈语四六，新经申饬，疏语违式，议处抚按部科各官，而寝其所请。至是已越四年，莫敢言及矣。宜兴当国，方博采公论，以收舆望，遂从部覆，得如例予恤。

八月初八日，北兵大举分三道：由墙子路入东界岭、青山；即破迁安、三河、通州、蓟州等处，各分道，一往保定，一次河间，一至香河。又分别部破临清等。又分路，势如破竹，直抵山东兖州破之，执鲁王，索金玉，不胜辱，自缢死。信阳王及监军道于维新、知府邓藩锡、推官李昌期、滋阳知县郝鲁声、副将丁文明俱死之。又破莱阳，乡绅侍郎宋玫、吏部员外宋应亨、中书赵士骥俱被执，不屈死。事闻，上素服御中左门，召百官戒谕数百言，深自引咎。诸臣皆叩头谢罪。次日，下诏罪己，曰："比者灾害频仍，干戈扰攘。兴思祸变，罪在朕躬。勿敢自宽，敬于宫中默告上帝，修省戴罪视事。勋戚文武诸司等官，有奏事者，赴弘政门报名候召。"盖自十月至次年四月，北兵方始出口，所破城邑，自蓟、通等处，直至山东一省，无不被蹂躏者。己巳以来，四次警变，未有甚于此番者也。

行人司副熊开元因见上罪己求言诏，即疏求独对，上因召入德政殿。开元请屏辅臣退，然后有言。上曰："辅臣原管密勿，可以不退。"开元奏："皇上圣不自圣，求贤自辅，使大臣皆以皇上之方寸为方寸，天下太平矣！"又奏"见贤焉，然后用之"等语。上曰："见字最重，要见如何是贤？"开元奏："庸人在高位，相继为奸。迨言官发其罪而诛之，所败坏已不可救。"上云："多事之秋，责备人主，责备辅臣，是大题目！"又云："军兴旁午，多有小人挟私罔上，尔必有私意！"开元奏："臣如有私，乞敕辅臣面奏。"上因令补本。逾日补本，言："昔日辅臣繁刑重敛，屏弃忠良，故人得而攻之。今日辅臣奉行德意，释累蠲逋起弃，贤才皆其所引用。偶有不平，私相慨叹而已，孰便起而攻之？若皇上不加体察，一时将吏狃于贿赂，虽失地丧师，皆得无罪。谁复为皇上捐躯报国者？"疏入，上大怒，批旨，以其谗谮辅弼，狡托机密，着锦衣卫拿问。

给事中姜埰疏言："皇上修省罪己，于言官谆谆致戒，岂有厌薄之心哉？言官持论太急，无当圣心，此言官之过也。圣论所云，代人脱制，为人出脱者，皇上何所见而云然乎？于章奏知之乎？抑出于圣心之悬揣乎？今如二十四气之语，必大奸巨憝恶言官之不利于己，而无以中之，不激皇上之怒，不能钳言官之口。人将争效寒蝉，谁复为皇上言之者？"时有投匿名文书者，诋各臣为二十四气者，故埰疏及之。上大怒，命送锦衣卫打问，与开元同日下狱。已而以廷臣救，重下严旨，并责锦衣溺职，着再行严讯。打问再四。谳上，刑部议罪，司寇徐石麒议坐二人罚赎。圣旨以不具招罪司官，石麒闲住，该司刘春沂革职。开元、埰各廷杖一百，仍发刑部拟罪。再问再驳，系狱年余，至十七年二月，始各遣戍放归。

熊公《自序》略云："二十九日召对，既罪刘宗周等，独谕金吾骆养性曰：'熊开元必有主使，不行拷讯，是汝不忠！'骆方出，沉吟道上，中使忽以手敕至，则令：'取开元、埰毕命，以病闻。'密诏也。骆失色，语同列，同列曰：'是何可杀！珰党乱政时，田尔耕毙诸言者，足鉴矣！'明日十二月朔，取开元百端拷掠，求主者，但举一腔忠愤，及姻朋辈私相感叹，浼开元勿语者以对。先一拶，一百敲，又一夹，打五十棍，掠至垂毙，始还狱。初二日，又一夹，打五十棍，复去衣，打四十棍，自分死矣。金吾法已穷，思之三日，似有鬼神之通，乃以所谳无大碍于首辅者为一纸，开元所供娓娓千言为一纸同进，并缴前密谕曰：'诚如圣谕，天下只畏臣衙门之刑，不畏朝廷之法，合无将开元发部拟罪，肆诸市朝，始可昭垂后世。'初四日，上以谳词发阁，延儒叩首曰：'熊开元南人不任刑，今已至矣！愿付刑曹。'上用其言，下部，且手诏答金吾曰：'开元、埰前诏不必行。'始惊且喜，呼圣明也！

"刑部疏上，以不审不招为欺藐玩徇，责堂司官。开元、埰各杖一百。开元已抵夜台再四，稍有人心，莫不泪落。而科臣廖国遴语同官曹良直以缓死之故。良直即疏言：'金吾漏泄机密，归功于己，归过于君。毒哉此举！虽磔金吾，不足赎罪，何况开元？'上忽召金吾谕曰：'外廷有人言汝。'金吾曰：'不识言臣何事？'上曰：'言熊开元事，汝泄漏机密。'金吾曰：'臣岂不明利害，何敢泄漏？且臣西班，不与东班往还，何处泄漏？但开元属臣问，姜埰属镇抚司问。臣奉诏，不得不商于该司吴邦辅。邦辅弟邦臣，见官御史，或与邦臣商议，遂闻于外欤？'上曰：'朕今亦不究矣。'嗟乎！人皆一死，开元独于百死，非至尊宏宥，能免兹辣手乎？"

闰十一月二十九日，召对百官，议督抚去留。事毕，谕科道官来。吏科都吴麟徵首为姜埰求宽，上曰："目今奴入已及两月，任其焚掠，惨不忍言！"时圣容恻然，且垂涕言曰："朕无面目见尔等！尔等言官，当言的不言，二十四气之说，事同匿名，屡见章奏，不得不于姜埰疏上一问。言官为朝廷耳目，自己不正，何能正人？"麟徵奏："熊开元亦以诘奏辅臣得罪，谚曰：'家贫思贤妻，国乱思贤相。'封疆败坏，岂得不责备首辅？总是姜埰出语不伦，开元亦是热肠！"上曰："开元假托机密，阴行谗谮，渐不可长，前旨已明！"

　　各科道俱有奏对，言督抚封疆诸事。御史杨若桥举西洋人汤若望制大炮御敌。左都刘宗周奏："国之大事以仁义为本，若望向来倡说邪教。堂堂中国，若用其小技以御敌，岂不贻笑？"上曰："火器是中国长技，若望比不得外夷。"宗周奏："若望小技，何益成败？目今要慎选督抚，若文官不要钱，武官不怕死，何愁不太平？只说选才望，不论操守。使贪使诈，贻祸不小！"因言："范志完操守不好，贪克昌兵，以致军心涣散。"又奏："朝廷待言官当有体。即有罪，乞下法司，今熊开元、姜埰因言下诏狱，大于国体有伤。"又言："臣宗周前亦因言得罪，荷皇上优容，臣何幸而遇圣恩，二臣何不幸而不蒙宽宥？又如黄道周言语激烈，有朋友不能堪者，皇上既待以不死，又蒙起废。二臣戆直不如道周，道周何幸而遇圣恩，二臣何不幸而不蒙宽宥？"上曰："三法司，锦衣卫，俱是朝廷衙门。你说‘待言官有体’，假使贪赃坏法，欺君罔上，通不该问了？"宗周伏地引罪。上曰："黄道周闻他有学有守，用系特恩，怎得引他比例！似你愎拗偏迂，成何都察院！卿等起来，刘宗周候旨处分。"辅臣周延儒出班跪，为宗周求宽，礼尚林欲楫、刑尚徐石麒、工尚范景文、兵尚张国维、兵侍冯元飙亦皆跪求。上曰："熊开元这疏定有主使，想是刘宗周主使了！"

金都金光宸奏："宗周赋性硁直，客也不会，与开元不相往来。臣与同官，极知他在衙门百事整顿，老成可念。"上曰："金光宸也着议处！"已而五府勋臣同出班跪求宽宥，上曰："面谕甚明，卿等不必申救！"宗周、光宸先出候旨，诸臣各退。上召辅臣再入，随传旨："刘宗周革职，刑部议罪。"阁臣持不发，将原旨同捧至御前，跪奏力救。首辅延儒言之甚缓，上不许。德璟奏："昔唐太宗恶魏徵直谏，几欲杀他，入宫尚说：'须杀此田舍翁！'皇后具服贺曰：'君仁则臣直。'"语未毕，上遽曰："唐太宗朕所不如，若闺门德行，朕亦不学他。"德璟奏："皇上是尧舜，安肯学唐太宗！只唐太宗巧于取名。"上曰："如何巧于取名？"德璟对："人臣敢言的，用之，则名在人主；罪之，则名在臣下。太宗本不喜魏徵，故优容他，以自成其名。"上意颇回，诸辅臣复缓解之，上遂举笔抹去"刑部议罪"四字。

冢宰郑三俊上"直臣可惜"疏，曰："刘宗周与臣出处略同，迂愚每足贾罪于明时，拙诚亦恒见原于君父。昔年罢弃，分正首丘；今春起废，忽动圣怀。其特达蒙知，一也。自入朝端，独行踽步，华年茂质者，相率视为朽人；同气合污者，又争目为怪物。群猜满腹，冰炭难入，其忧谗畏讥，又一也。"司寇徐石麒疏曰："若《鲁论》'古者民有三疾'，三疾之中，‘矜’‘愚’居二。矜者不必皆廉，廉者必矜；愚者不必皆直，直者必愚，故孔子思之。今刘宗周兼有此二疾，其矜愚可厌，其廉直可思。皇上欲求变通趋时之臣，举朝不乏。若欲求廉顽立懦、维风易俗之臣，舍宗周无与归矣。及今用之，犹可收其后效，自兹以往，耄矣已矣，欲再见此正襟危度、岩岩冷冷之老臣，不可得矣。"时又有举人祝渊，上疏请用宗周，命下刑部议罪。

副院张玮疏参极贪御史王志举，前按苏松，惟赃赎是求，郡县争伺富民，缘饰赃款以供其意，每一访犯，赎即盈千、谳上，又加五六百两不等。京师绸铺多本地巨商，召各商写会票，十余万金，不胫而走其家，复捆载辎重，扬扬入都，至今数其婪横之迹，犹人人切齿。又举极廉御史成勇。时二人皆以参枢辅得罪，然立身既殊，起会各别，在勇直抒所见，可谓拂士之科，志举自知公论不容，止如奸人之盖丑而已。奉旨："志举提问，勇部议起用。"

十六年癸未，正月当大计外吏，二月当会试取士。以边警隔阻，外官入觐与举人会试者，俱不得前，乃改五月大计、八月会试、九月廷试。届期，钦命井研陈演、通州魏藻德为主考官。通州系庚辰科进士，不三年即入阁，又越同事三人为副考，皆出特简云。

三月，改礼部郎中吴昌时为吏部文选司郎中。昌时好结纳，宜兴之再召，实昌时奔走效力居多。至是，出入幕中，与侍史交通，探听阁中消息，在外招摇市权，而醉心吏部，谓诚得一日称吏部郎，即死可不恨。宜兴亦欲借此塞其望而远之，及入吏部而愈不可远。先是，郑三俊尝问徐石麒曰："昌时何如人？"石麒曰："君子也。"盖畏其机深，故誉之。三俊不悟。往时科道年例在二、八月，科一人，道二人。昌时为政，特广其数，例转科臣范士髦等四人，御史陈茝等八人，科道群起大哗。掌科吴麟征、掌道祁彪佳率同官面折之，昌时怙过自如，科道皆恶之矣。又宜兴自恃圣眷，忽视同官，同官咸愠之。而罢内操、撤厂诸事，皆内监所不喜。司礼王之心尝告宜兴云："我辈才力有限，求老先生包容。"宜兴不以为意。及以督师出，误信门生范志完之大言，一以军情委之，迄无成功。上方时时遣人侦候，于是左右之谮入，而祸不可解矣。

上谕内阁："楚寇披猖，朕当亲讨。次辅吴牲仰体朕意，命以原官兼兵部尚书，督师剿寇，特赐尚方剑以重事权，加赐银蟒等项以示眷礼。又给银五万两，银牌、银花等项，充犒赏之用。"

四月，上谕首辅周延儒："卿以元臣，自请行边，星驰就道，深可嘉尚。特赐军前赏功银十万两，银币各项俱全。"又特赐手谕云："卿以原官督师，关、宁、蓟、密、昌、宣、通、津、保、东一切督抚镇将、主客兵马，并京营兵将，悉听节制，重者竟以军法从事，有功的立行升赏。仍着兵科方士亮、职方尹民兴随行监纪，功罪不时驰报。惟卿股肱元辅，方倚赖匡襄，不忍暂离左右。周召虎奉命专征，唐裴度朝天奏凯，名高青史，千古同符。指日功成，星驰入阁，慰朕侧席伫望之意。"时北兵将出口，宜兴得谕即行，而兴化先奉命讨贼者，尚迟回未出，旋奉上谕曰："辅臣吴甡，奉命督师，三月以来，迁延不前，将出都门，筹画不固，若在行间，何以致胜？还宜在阁料理，不必督师。"因具疏请罪，即奉旨着致仕。未几，与宜兴相继遣缇骑逮问。南兵尚书史可法有疏申救，得免死遣戍。

北兵以十月初八日入口，由蓟、通直至山东，于三月初，入莒州城养马休息，京师寂然无警矣。四月初一，赤羽忽自南来，举朝复大惊。初五日，上御平台，召三阁臣，词气甚厉，云："朕欲亲征。"首揆周跪云："臣愿代往。"上仰面而视，摇首不言。周起，陈演跪云："首揆阁务殷繁，臣可去。"上摇首如故。陈起，蒋德璟跪云："臣可去。"上复如前。蒋起，周再跪请行，上回顾冷笑曰："先生果愿往，朕在宫中看过奇门，正在此刻。一出朝门，直向东门行，慎勿转西。"（知首揆寓在西。）当时一无料理，不得不谢恩而出。至齐化门，权宿城楼，题请随征官，及勤王已到四镇刘泽清、唐通、周遇吉、黄得功。初六日，至通驻扎。北返劲兵，东起津门，西至涿鹿，亘三百余里，车载骡驼，横排挤拥，远近炮声日夜不绝。首撰在通城，与四镇暨随征各官，一无事事，惟内惊面谕之谆切，外惊出口之骄嘶，近忧通城之脆薄，及兵将之寡弱而已。五月初六日，烽火顿息，各处解严，通城诸文武再庆太平。越四日还朝，为初十上午，即入文华殿陛见。上欢迎，亲手扶握，慰劳倍至，告假休沐，不允。十五日，赐阁臣羊酒，陈、蒋二相疏辞，谓伴食方负惭，遂收成命，首辅亦疏辞，竟同准允。十八日，谕吏、礼、兵三部："查阁臣视师凯旋，优礼之宴，如何隆重。"各两进仪，俱驳："情理未尽。"廿三日，传府部九卿申刻平台候旨，接出圣谕："首辅周延儒，朕所敬信，不谓亦有蒙蔽，着议处。"逾日，议处疏上，旨下，犹予致仕，赐路费银百两。后参疏日甚，向之最相昵者，出词更毒，如袁彭年之辈，皆各自为地，急自别其非周党也。蒋拱宸"朋比为奸"一疏，参吴昌时赃款多实。七月廿五日，中左门亲谳昌时，（事详于后。）即日遣缇骑逮首撰。十月初八日，抵京，自疏愿戍冲边，不报，举朝亦无敢有下援救语者矣。

五月，以倪元璐为户部尚书、仍兼翰林院学士。故事，浙人不为户部，又以儒臣改任，皆破格也。上召对面谕，嘉其志念忠诚、才猷敏练、论奏井井有条，又谕曰："帝王用才致治，原只一二人，周之四友、汉之三杰，即太祖所用文臣，亦不过刘、宋数人耳。"

又谕："祖制，不用浙人为户部，今用之，为急，只得通融。"又谕以"饷不清则兵不强、民不安，今以安民为本"。元璐曰："臣本无能，今皇上必欲臣做，臣有三做：一实做，与兵部合算，必能准饷以权兵，因准兵以权饷。一大做，求民间大利大害，一举兴除，不以小小生节，徒然报数。一正做，以仁义为根本，礼乐为权舆，政有厉民者，臣必为民请命。"上曰："有学问之言。"既受事，与兵部尚书冯元飙商互稽之籍，即请以户部一司官兼职方，俾得察核诸镇将士。有崇明人沈廷扬献海运策，元璐奏闻，请试行，乃以庙湾船六只听运进。月余，廷扬见元璐，元璐惊曰："我已奏闻，上谓公去矣，何尚在此？"廷扬曰："已去来矣，运已至。"元璐又惊喜，奏闻上，上亦喜，命酌议，乃议每岁粮船，漕与海各相半行焉。至甲申二月，首辅陈演以元璐词臣不达钱谷，奏上，命罢司农任，仍还讲幄。三月之变，从容自缢死。倪解任后，以吴履中继之。

五月十六日，上御皇极门，召阁臣及吏、户、兵掌印官，兵科都给事中过跽，出手敕，钦定督抚去留，云："蓟辽只须总督一员，择敏练干才任之。辽抚一员黎玉田，镇臣一员吴三桂，专任关宁剿寇。山永抚臣一员李希沆，照旧。镇臣一员卢天福，是否堪任，着另推。蓟、密不必分作二镇，但着顺抚、三屯镇管辖，即着王继谟、唐通料理。督师、保督，俱不必设，吕大器、赵维岳回京另用。保抚徐标新任可用，镇臣另推。通州只设镇，照旧以副将统领。其余要害，须派明，设信守防，先时有备，不致临事张皇。"时以督抚增设太多，因议裁汰，赫然整顿一新，然总兵费滥数百员，副、参以下尤多，皆未及汰。大抵枢部以此为交结纳贿地，虽屡经票拟驳催，亦置之高阁，此边事败坏大病根也。

上召保定巡抚徐标入对，标曰："臣自江淮来数千里，见城陷处固荡然一空，即有完城，仅余四壁蓬蒿，鸡犬无声，曾未遇一耕者。土地人民，如今有几，皇上亦何以致治乎？"上歔欷泣下。标又曰："天下以边疆为门户，门户固则堂奥安。其要更莫若修内治，重守令。守令贤，则政简刑清，而盗自息。"上曰："诸臣不实心任事，以至于此，皆朕之罪。"标又言车战、垦田，上善之。标四月己卯受事，辛卯陛见，赐金币，至是复召。盖上深悯畿民，欲得其详也。标在任，能殚力任事。甲申春，大寇临城，竭节固守。知府丘茂华先已通贼输款，标执之下狱，亲自登城，画策守御，而叛兵劫标杀之，出茂华于狱，遂檄属县，俱叛于寇。

命孙传庭特加督师，总制应、凤、江、楚、豫、川剿寇军务，兼总督三边，兵部尚书；吕大器以兵部侍郎总督江、楚、应、皖等处军务。各给以行间赏功银币等项，差官星夜解至军前听用。

悬赏格，擒斩闯贼李自成，赏万金，爵通侯。擒斩张献忠，赏五千两，官一品，世锦衣指挥使。

六月癸亥朔，戮叛帅刘超、刘越，各凌迟，传首九边，妻子给付功臣为奴，财产入官。旧制，朔望停刑。时以超等拷问垂毙，改初一日辰时祭告，午时献俘，上御皇极门，兵部行献俘礼，百官致词称贺。超，永城人，中河南武解元，跛而知书，为贵州总兵，坐罪免。后上疏言兵事，中枢陈新甲起为河南总兵，以私怨杀御史魏景琦、举人乔明楷、生员王奇珍三家百余人，遂据城称叛。巡抚王汉奉密旨讨之，为兵部所泄，汉率兵至，反为所杀，执永城乡绅丁魁楚、练国事等，迫令上疏保之。未几，凤督马士英合兵围讨，超困出降，解赴京师正法。献俘时，于阙下大声呼"冤枉"者再三，上亦不问。

七月初十日，上召三法司、锦衣卫、刑科掌印官、山东武德道佥事雷演祚来中左门，命该卫提范志完门外伺候。先是，演祚疏言："志完两年佥事，遽陟督师，不闻知兵善战，徒恃行贿躐升，非有大党，何以至是？方北兵攻德不下，去陷临清，越五日而志完始至，闻破景州，惧欲避入德城，臣未之许。乃托德州大绅谢陛、侨寓词林方拱乾晤臣于南城古庙，臣答以援兵非守垛之用，督师非入城之官，不闻蓟州之陷，由夷丁内溃乎？此臣目睹最真者也。若夫座师当朝，罔利代庇，玉带明珠，悬作市赏抚镇之圈子，部堂台省，半属颐指气使之私人，称功颂德，遍于班联，君前臣名，通废常礼。至于中枢主计，惟喜虚文，请饷必馈常例，万金必叩三千。兵部则推升有估缺之价，叙功凭孔方为优。一则木偶昏贪，听司官吏胥作弊，一则深揖长跪，亏阁部科道免参。虎猖寇獗，惟以添抚添督，卸脱诿推，徒为破甑燃灰之巧图，何有金城枣祗之实着？"上览疏异之，命旧计臣李待问、傅淑训，枢臣张国维，及户、兵科俱议处。志完拿解质究，随召演祚入京。至是，召问演祚："前劾志完纵兵淫掠，及金银托方拱乾行贿，果否？"演祚对如前奏，因召拱乾入。又问演祚："称功颂德，遍于班联，是指何人？"对曰："周延儒招权纳贿，如起废、清狱、蠲租，俱认为己功，两次考选，收为门下。凡卖巡抚总兵，必经幕客董心葵之手，又令冯铨之子送物回家。"上命立逮心葵，又问志完逗留淫掠之状，志完辩无有，且曰："是日臣在大王庄，督总兵贾芳名等御敌，乘大风却之。"上斥其妄，又问吴履中："尔察核志完云何？"履中对如演祚言。上曰："赵光忭亦逗留，但参志完，何以服之？"命并逮光忭、薛敏中，而拱乾辩无受贿事，上不问。

二十六日，上御中左门，东宫、二王左右侍，召三法司等官，及御史蒋拱宸、郎中吴昌时。上问昌时："结交厂卫，存何意见？"昌时辩其无。又问："冯铨结亲，受其万金？"昌时言："行聘从无万金之理。"

又问数款，皆拱宸疏中所参也，昌时一一辩对不服。上令夹起，将昌时二夹，敲四十杠，断杠二根。上疑有弊，着锦衣乔可用门外候旨。昌时晕绝而苏，复奏云："五案之大法，失事必诛，行间之功罪，察饰同任。东协失事，拱宸何得免脱？"上问拱宸行间失事情形，拱宸不能答，因并拿下候旨，随下谕云："吴昌时大奸巨猾，郑三俊何以破格录用？着议处。张国维职任中枢，失事重大；侯恂弃汴不援，坐糜粮饷，俱拿解来京究问。郝烱、蒋拱宸、方士亮、尹民兴扶同欺饰，并乔可用俱着法司提问。"郝、蒋以参昌时赃款不实，方、尹则先奉命随辅臣出征者也。

谕吏部："朕览辅臣奏，严禁寓所通谒。其于事关职掌，俱于朝房会议，或重大机要，不妨过东阁密商。并不许擅诣私宅投谒，送递私揭。犯者缉纠论斩。"盖内阁陈演有揭严饬往来也。说者谓演如此自慎，不知日后为闯贼所炙，献多金何来。

谕吏部，差官召上江漕储副使方岳贡来京陛见，寻以召对称旨，特升协院左副都。未几，即以原官同李建泰入阁办事。从来阁臣无仅带副都御史衔者，三百年来，惟岳贡一人而已。先一日，召对，适上诘责吏部某事，尚书郑三俊云："臣正行纠驳。"岳贡云："何不即行题奏？"一语深当上意，遂得大拜，后闯贼破城，不早引决，竟被刑辱而死。时有给事中时敏，部拟例推金华知府，托同乡求援于方，方令急具一条陈疏进来，敏即具一套疏。忽奉严旨，下部议处。众相讶，不解所谓。适例推疏上，方票旨："时敏正当议处，何得遽行升擢？员缺另推。"后议处疏，奉旨："时敏降三级，照旧管事。"仍俨然掖垣矣。其舞文弄权如此。

岳贡以崇祯元年为松江府守，历十四年不迁，同时苏州守陈洪谧，则历八年不迁，皆以钱粮不清，降罚至二十余级。两人于粮务实未精明，任吏胥耗蠹，不能辨也。陈过于仁厚，然与民休息，民皆德之。方则惟奉声气要津，日以词讼作书帕，因得延誉内廷，躐位宰辅，卒致身名俱败。使不遇国变，几同汉家良二千石并传矣。

八月，谕刑部："瘟疫盛行，民间罹灾甚惨。大小各官，都着洗心涤虑，共图挽回。狱中情轻罪犯，先行释放候旨，事涉矜疑者，作速问结。"未几，上召刑部尚书张忻问曰："狱中各犯，可尽该放否？"忻曰："此时瘟疫遍行，物故者多，惨不忍见，所以取保放出。若失误封疆者，仍禁不放。"上曰："放也罢了，各犯就带方巾，穿色衣，在外拜客，如熊开元、姜埰、尹民兴等，这等可恶！"忻出，即拘唤数人还监收禁。时京城瘟疫盛行，朝病夕逝，人人惴恐，有全家数十人一夕并命者。上特令张真人建醮祈安，而终无验。日中鬼出为市，店家至有收纸钱者，乃各置水一盆于门，投银钱于水，以辨真伪。民间终夜击铜铁器声，以驱厉祟，声达九重，上不能禁。景象萧条，识者早知有甲申之祸矣。

谕内阁："禁奢靡，止宴乐，前已与先生面谕，还宜拟旨通饬。朕于元旦、冬至、寿节、端阳、中秋，及诸大典礼，升殿方许作乐，其余皆免。朕浣衣减膳，已有谕旨，今用锡木器，以示俭约，金银各器关典礼者留用，余贮库以备赏赉。内外文武诸臣，俱宜省约，专力办贼。先生每将先年旧旨再参看，议妥来行。"

上性俭约，常服多用浣衣。庚辰秋后，以念圣母，矢心斋素、用汤，初系金玉，自后止用磁漆器，袍服大袖止留尺五寸，命阁部大臣亦以尺五寸为则。辛巳六月，瀛国太夫人徐氏言："梦皇太后銮舆下降，笑语如家人，请上除斋戒日外，不妨量进肉味。"奉旨："圣母托梦，朕心不胜思慕。除郊庙、祭告、遣谒、忌辰、朔望仍斋戒外，其余日用尝膳，于奉先殿收回祭器量用。"自是始用荤。然每当祭祀，散斋七日、致斋三日，皆出宿文华殿或武英殿，俟礼毕始回宫云。

十一月□□日，刑部奉旨："周延儒机械欺蔽，比匪营私，滥用匪人，封疆贻误，屡旨已明，所拟岂足蔽辜？姑念一品大臣，着锦衣卫会同法司，于寓所勒令自裁，准其棺敛回籍。"先是部院看议云："周延儒召起田间，隆以师保，可称千古殊遇，受事之初，将顺圣明，有蠲租、起废、解网、肆赦诸大政，天下想望太平。自宜永矢精白，仰赞宸谟，乃防简疏于比匪，居身涉于营私。"又云："精神惯用之揣摩，伎俩总归于闪烁。一时之幸窦日甚，狐假公行，自误因以误国，嗟何及矣！以大官受财枉法律，拟令发烟瘴地方充军。"奉旨勒令自裁，盖自出圣断云。

部院看语，略摘数句，实中情罪，受者当亦心服。若如流传种种，至有受贿纵敌之说，夫力能歼敌，方能纵敌，漫坐以莫须有之案，有识者俱不以为然也。

同日，奉圣谕："罪督范志完、赵光忭、薛敏中，失陷封疆，着即会官处决。吴昌时把持朝政，奸狡百端，也着斩决了罢。吴甡发云南金齿充军。"

法司看议云："吴昌时遍身鳞甲，转眼戈矛。生平伎俩，在于依附逢迎，昼夜营谋，惟是挑构反覆。望门依附，则改头换面以呈身，入幕求容，则舐痔吮痈而献媚。阳为诡谲，反夸作驱除奸党之功，明肆倾排，偏矜有护翊正人之力。投拜罪辅薛国观，遂觊觎乎考选，串通逆案冯铨，而假窃其声灵。旧冢臣清执之品，自昌时入而铨政乱，是累冢臣者昌时也；旧辅臣柄政之时，自昌时用而议论烦滋，是误辅臣者亦昌时也。"数语描写已尽，可作昌时小传也。

光忭由兵部任密云巡抚，以劾总监邓光韶谪戍。蓟州破日，廷臣咸荐其才，起任蓟辽总督，竭家资以练兵，竟与志完同戮，识者冤之。

张献忠既破襄阳，后破黄安，破黄梅，癸未正月，破蕲州，荆王播迁，兵备许文岐死之。遂陷黄州，破麻城，从鸭蛋洲渡。五月□日，破武昌。先是，贼至江北，省中官府皆泄泄，无言城守者，忽中夜有呼于街者曰："贼至矣！"阖城男女惊起，狂奔至晓，寂然未见有贼。如是者数夜，人皆玩之，不以为意。及是晓，登城望之，满江皆贼船矣，兵民一时惊溃。贼入城，盘踞楚王府，搜取库藏，及劫掠绅民无遗，以筤舆笼王，沉之江，屠戮数万人。驱男女数万人于教场，声言点名，众既集，传令跪上者乱砍，跪下者乱箭射死，百无一存，积尸浮江，江水为赤。其未杀者，多刖断手足，凿毁目鼻，无一全形。献忠遂僭称伪号，铸西王之宝，称武昌曰京城，伪设六部五府，开科取士，殿试取三十人为进士，授郡县官。在城各官死难者：参将崔文荣，与贼格斗死。长史徐学颜为众贼断左臂，右手持刀不仆，贼支解之。乡绅大学士贺逢圣与文荣守德胜门，城陷归家，衣冠向北再拜，以巨舟载其家出墩子湖，凿舟，全家溺死，子觐明、光明俱夫妇同死。逢圣尸沉百七十日不坏，至十一月壬子，始克敛。自此后，岳、长、衡、永相继告陷。八月，破岳州，长沙巡按刘熙祚、长沙推官蔡道宪，俱被执不屈，殉义最烈，别有详记。同时殉难者，又有知县嘉鱼王良鉴、钟祥萧汉、蒲圻曾栻、均州胡承熙、衡阳张鹏翼，兴都留守徐寿崇，武昌通判李毓，经历任文熙。

上闻闯贼在荥、汜、密、禹之间，严令孙传庭出关，相机扫荡。先是，贼盘踞楚、豫间，有窥关中、逼金陵之意，廷议催传庭进剿。传庭故将家子，九边精锐悉隶麾下，又据潼关之险，初试小胜，遂欲一大创之，恃高杰为摧锋。杰不肯用命，再三止传庭勿出。秦抚冯师孔数言："顿兵久安，非朝廷命战意也。且寇日强横，将何所底？"传庭不得已，以八月二十日出师逼贼，贼匿精锐，驱残民诱我，屡有斩获，遽以捷闻。前行三百余里，贼伏尽起，进退失据，刍粮不继，兵众大溃。时将士家属尽在泾原，高杰谓潼必不可守，莫若收合各兵，保西安以固根本。传庭不许，曰："若退则溃不可止，不如声言进战，使贼闻而遁，我可待饷。"贼侦知之，明旦挑精骑压垒，我师即奔溃，器甲山积，骑兵悉退入关，步卒后至。贼尾之，获所弃甲仗甚众，乃伪为步卒装，杂入关。关内伏兵既多，炮声一响，关门即开，时九月初六日也。诸帅仓皇四散，西安人王根子私降贼，纵贼大人。道臣杨王休、布政陆之祺以下皆降，西安遂陷。传庭方在关上，为所留西番喇嘛僧二百余拥之西行，死于乱兵。自传庭死，而秦地悉陷，遂破榆林，入太原，直逼京师矣。一时殉难死节者，省城则巡抚冯师孔、按察司王纲、长安知县吴从义、渭南知县杨暄；商雒则道臣黄世清、蒲城知县朱一纯；商州乡官则原任尚书南企仲，诰封副都御史朱崇德，原任巡抚焦源清、焦源溥，御史王道纯，参政田时震，主事南居业；蒲州乡官则副使祝万龄，咸宁举人朱谊泉；中部知县则朱新趚，有一未配妾，亦投缳死，都司一吏丘从周，亦骂贼死。

孙公以将种奋迹甲科，由知县升吏部，有吏才。至崇祯七年，任陕西巡抚，御贼有功，既迁保定总督，以同事不相能，称病求去。言官论其卸责误事，革职下狱。张献忠既降复叛，杨嗣昌失事自尽，傅宗龙、汪乔年相继败死，孙从狱中请讨贼自赎，乃复官总督剿寇。初奉密谕，诛贺人龙，抚其部众，分将领之，誓师出关，颇有成画。方捷报至京，廷臣动色相贺，未几而败报踵至矣。考其所由，皆冯抚趣之。又是时熊给事人霖方奉使在秦，亦责以奉命讨贼，宜速进毋退。不得已微幸一出，竟至于败。嗟乎，国之将亡，神夺其鉴。四路出师，决于红旗之踵至；松杏败绩，成于职方之坐催；潼关不守，陷于熊、冯之谠议。遂至于一败涂地，中原为墟，是谁之咎欤？然而冯卒能殉职，熊于国亡之后，亦航海全节而死，悉可免后人之苛论矣。

自成自初起，至是剽掠十余年，既席卷楚、豫，始有大志。然地面通皆战场，所得郡县，官军旋复之，既奄有全秦，百二山河，遂不可制。自成据秦府，伪授秦王存枢权将军。世子妃刘氏曰："国破家亡，愿求一死。"自成遣归外家。秦藩富甲天下，贼之犯秦也，户部尚书倪元璐奏曰："天下诸藩，无如秦、晋，山险用武国也。宜谕两藩，能任杀贼，不妨假之以大将之权。如不知兵，宜悉输所有，与其赍盗，何如饷军？贼平之后，益封两藩各一子，如亲王例，亦足以报之。两王独不鉴十一宗之祸乎？贤王忠而熟于计，必知所处矣。"书上，不省。贼初专事杀掠，牛金星劝以不嗜杀，于是禁戢其下，民间安堵，遂改西安府为长安府。

　　自潼关既破，贼乘胜长驱，如入无人之境，京师大震。廷议以兵部侍郎余应桂为总督，命御史霍达为监军。十一月初三日，上召对，谕应桂曰："逆寇入秦，特命前往，早平狂寇，早安万民。有真剿，然后有真抚，有好将，自然有好兵，有好有司，自然有好百姓。在尔实心去做。"应桂再三称难，言："贼已入关，州县瓦解。所发臣兵三万及粮饷，尚无实着。陕西既为贼所蹂躏，本地粮饷，如何追征。所拨川饷，亦隔省为梗。"上呼户臣倪元璐，问该部何以应之。元璐奏："怀庆现贮有饷银十五万，又司官刘邦弼催到十万，又剩有五万。秦中剿饷原额七十余万，如西安未破，凭该督设法督催接应。"应桂奏："催征已难，只有山西就近可以接济。"元璐奏："山西近京，只有此项可济边需，不敢轻许。"上曰："也要拨些与他。"应桂奏："要几员好将官。"上呼署兵部张伯鲸，谕："宜选两员与他。"伯鲸奏："他讨马岱，已推保镇，尤翟文已回，止有孙献捷见在京营。"应桂奏："原任保镇姜瑄以通贿，蓟镇薛敏中以失事，二人可用。"上不许，着另推。呼霍达过，命作速前去料理，达奏："昨据按臣孙毓峒报，孙传庭不知下落，按臣东走，抚臣冯师孔西走，未知存亡。如有兵有饷，臣不惜一死以报皇上，无兵无饷，空死无济。"因恸哭伏地。上许其熟练地形，实心任事，令照谕内事，有功破格升赏。上命阁臣拟谕，颁给银币纻绢各项，为犒赏用，又令御马监拨马数十匹，与家丁骑坐，令兵部速选将官同去，又命吏部李遇知察边抚宜易者，因议易甘肃巡抚林日瑞云。时贼已入关，方推秦督，无肯行者，上谓："罪废诸臣，原以知兵举，何至欲推督抚，便若无人？"圣意盖有所指，应桂亦其一也，部中不得已推之，然实非边料。上特赐宴于中左门直房，令阁臣侍宴，应桂得命后，日夜悲泣，勉出都门，则伪官充斥，赴任无地矣。

是时朝无确报，相率自愚，莫有以贼在意者。阁中票旨，但云以匹马不入为功，兵部议兵，但云以死报国，未闻作何调遣。上下相蒙，驯至败亡，莫之省也。

李自成既破西安，遂破延安，破凤翔，以达榆林。兵备副使都任及故总兵王世显、侯世禄、侯拱极、尤世威、惠显、李昌龄、尤翟文等，敛各堡精锐入镇城，大集将士，问之曰："若等守乎，降乎？"各言效死无二，遂推世威为长，主号令，缮甲兵。贼遣伪官说降，不听。贼怒，环四面攻之，城上强弩叠射，杀贼无算。贼稍却，已复益兵力攻，逾旬不克。贼以冲车环城穴之，城崩数十丈，贼拥入，城遂陷。都任合室自经死，尤世威纵火焚其家百余口，挥刀突战死。诸将各率所部巷战，杀贼千计，贼大至，杀伤殆尽，无一降者。合城妇女俱自尽，文武将吏以及士民死者数万人。榆林为天下劲兵处，频年缺饷，军士饥困，而殚义殉城，志不少挫。榆林既屠，贼捣宁夏，总兵官抚民迎降。三边俱没，贼无后顾，长驱而东矣。攻庆阳，城守不支，遂陷，执韩王，兵备段复兴、知府董琬、乡绅太常少卿麻僖俱死之。已，复遣贼陷甘州。贼渡河，庄浪、凉州二卫俱降，遂围甘州。巡抚甘肃林日瑞已奉旨罢职，尚未离任，同总兵郭天吉、同知蓝台等，并以力屈死之，杀居民四万七千余人。西宁坚守不下，至明年二月诈降，杀伪官贺锦等。

张献忠既破武昌，随返兵破长沙，一路至四川，陷涪州、泸州，围佛图关，进围重庆，悉力拒守，四日而陷。瑞王合宫被难，旧抚陈士奇、知府王行俭皆死之。贼屠重庆，取丁壮万余，刳耳鼻，断一手，驱至各州县。兵至不降者，视此为例，但能杀王官府吏，封府库以待，则秋毫无犯。由是所至官民自乱，无不解甲投降者矣。进陷成都，蜀王亦合宫被难，巡抚龙文光及道府各官皆死之，姓名不能详记，所知者惟推官刘士斗、华阳知县沈云祚、仁寿知县顾绳贻、成都知县吴继善。继善一门四十余口皆同日并命，为尤惨云。献忠大索全蜀官绅至成都，皆杀之。既而出榜试士，诸生远近争赴，献忠以兵围之，击杀数千人，皆挟纸握笔以死，蜀中士类俱尽。复大杀百姓，全蜀数千里萧条，绝无人迹。盖甲申年秋冬事也。中原多故，献忠遂奄有两川。李自成败后，益发兵攻汉中，陷之。献忠逡巡自守，不敢出。未几，献忠以病死于蜀，以养子孙可望嗣，领其众焉。

当日破京师、弑君后者，闯之罪恶实甚于献，而蹂躏楚蜀、杀人盈野者，献之暴虐尤甚于闯。盖天实生此二贼以乱天下，迹其所为，固多史册以来所不经见之事。近娄吴梅村先生记两寇始末颇详，兹不具述。

上念宣镇陵京藩屏，援剿必先，以马缺，发御前银三万给镇臣唐钰，令市马。阁臣蒋德璟奏言："该镇买马额银，兵部岁发不赀，未见作何收买。兹复另发，既非例，且恐钰复浪费一掷也。"上不听，未几，大同、山海各镇臣，引例讨御前银买马。上思璟言，不复发。钰以贪淫，为宣镇督王继谟参提，前银竟不可问。

吏部文选司、兵部职方司为用人之地，历任正郎多不能副上意，因特起原任太常少卿沈自彰，以原官管文选事，原任四川布政张法孔，以太仆少卿管职方事。沈系辛丑科，由县令历任部曹府道，以天启年布政升常少，崇祯元年致仕。张系庚戌科，由户部历任司道，丁丑年，以四川布政考察革职。兹忽以陈、方二辅荐，特起废籍，改授吏、兵司官，皆未有之异事也。到任未久，即遭国变，不能殉节，为贼夹辱而死。

浙、粤二镇缺已一年，因营求者多，相持久不推。有大珰王之心之弟之仁，久欲得之，兵部堂司引嫌，置为缓局，以致蜚语上闻。特召职方郎王永积入德政殿，诘其不推之故，永积以"边镇方急，未暇推及内地"为对，亦实语也。上怒，镌其官，实欲出此缺以予新职方也，有大力者亦果得二镇以去。

十七年正月，大风霾，占曰："风从乾起，主暴兵破城。"凤阳地震。闯贼李自成称王于西安，僭国号曰顺，改元永昌，以牛金星为伪丞相，立六政府尚书等伪官，恣掠河东、河津、稷山、荣河、绛州一路，遣伪牌投于兵部，言三月十日至会同馆缴。兵部执牌者讯之，则京师人，自涿州还，值逆旅客，与十金代投，以为诈，斩之。

宫中向有密室，累朝不开，至是上忽欲开视，大珰固谏不听。开进，见空屋三间，中惟小红箱一只，启视之，有小画三轴，其一画文武百官，俱手执朝冠，披发乱走状，上曰："此殆言官多法乱耶？"其一画兵将倒戈弃甲，穷民负襁奔逃状，上曰："此是军民背叛耶？"其第三轴止画有一人，短衣跣足披发中悬，俨然御容也，群珰相顾失色，上为怃然而出。

吏科吴麟征疏请弃山海关外宁远、前屯二城，檄吴三桂入关，屯宿近郊，以卫京师。盖宁远在关外，徒守甚难，先年职方赵光忭出关察核，已有此疏，议者谓："无故弃地，不可。"今当有警，徙三桂精兵入援，实要计也。上下廷臣议，阁臣谓："关门兵未可轻调，弃地作何名目？"持不可，且咎麟征言之失，乃不果行。三月中，警报益急，兵部亦以为言，上独断其是，内阁乃肯行，犹请降旨吴三桂，问撤兵事如何，往返经日，遂迟师期。三桂以二十日抵丰润，京师先以十九日陷矣。

罢兵部尚书冯元飙，以原任兵部都给事中、新升添设兵部右侍郎张缙彦代之，仍兼翰林院学士。

缙彦初任县令，以御寇有功，考选户曹，以召试改翰林。时杨嗣昌为枢辅，属其私人沈迅荐缙彦才，改授兵科都给事，本欲收为同党也。缙彦到任，即疏参嗣昌，且于召对时言之，而议五案大法一疏，尤为严切，可谓克称其职矣。至是，方以科臣起复，遂超拜佐部，即正枢席，皆出帝心特简。受事未久，忽遭大故，先既不能画一策以济变，后复不能拚一死以报国。南渡之日，幸借名以复官，鼎革之后，又反颜而受职。究以饰名获罪，祸及身家，可不哀哉？

元飙与其兄元飚同以文章声气，名振一时，推为大小冯云。飙在谏垣，颇多说论，晋任中枢，已值时事艰难之秋，自知不能胜任，故托病坚辞，幸得卸责归，未几即以病终。飚任天津巡抚，北都变后，洁身言旋，未几相继赍志而没，识者悲其所遇之不幸矣。

命免金声逮问，授翰林修撰，来京陛见。声初任庶吉士，己巳之警，同刘之纶请缨自效，改授御史监军。事平，解任养亲家居，值寇警，练乡兵以卫地方。凤督马士英所募黔兵过徽，争斗失事，士英具疏参之，奉旨逮问。声亦先具疏辩，上察其枉，且追念昔年旧劳，故有是命，并谕追恤之纶云。声是时已丁艰，未遑赴召，乙酉之变，起义不克，挺身赴难，从容殉节于旧都。

正月三十日，上召阁臣及吏、户二部臣入文华殿，谕吏尚李遇知曰："廷臣所举知兵及清官，皆当核实，不得滥徇。"又谕户部倪元璐曰："各边需饷日急，目前即要措处百万。"元璐言："外解未到，途中梗阻。"因言浙中东阳土寇之变，上曰："不必奏。"即与辅臣商议措置。因取光时亨疏目阁臣曰："先生每票拟，须体朕意，这票内'聚敛小人'是何人？"阁臣蒋德璟对曰："即是系练饷部科。"上曰："部科何人？"璟曰："原任户部尚书李待问，科臣偶记不真。"上曰："朕如何是聚敛？当时只欲练兵。"璟曰："既有旧饷五百万，新饷九百余万，复增出练饷七百三十万，当时部科实不得辞其责。且所练兵马，今皆安在？"上曰："倪元璐已并三饷为一了。"璟曰："户部虽并三饷为一，州县追征，只是三饷。"上怒曰："前票孙晋本，既是徇纵，这光时亨本内所参何人，并不明言。这等票拟，显是朋比！"璟奏："臣孤踪独立，与二臣并无一面，一向在御前说练饷当蠲、聚敛之非，不是今日方说。"诸辅臣同李遇知、倪元璐皆为求宽，倪止以钞饷系户部职掌自引咎，上曰："起来。"诸臣承旨退。退后，璟具揭待罪，奉御批："朕知道了，而饷钞法已停免，练饷亦议裁矣。"璟连疏求罢，至三月初二日，始得旨允放，仍赐银币乘传云。先时有建议行钞法者，钞背书写行使姓名，五年填满缴换，上以堂印钤之，命侍郎督宝钞提举司，阁中票拟，屡不合旨。上于宫中传钞式，令铸印二面相连，又改五年为四年云。

命大学士李建泰出师剿寇。二十六日，行遣将礼，命驸马都尉万炜以特牲告太庙，上亲御正阳门，授建泰节剑，备法驾警跸，赐宴饯之，五府掌印侯伯、内阁六部都察院掌印官，及京营总协侍立，鸿胪赞礼，御史纠仪，大汉将军侍卫，设宴作乐。上亲赐建泰御酒三杯，即以杯赐之，慰谕再三曰："先生此去，如朕亲行。"

令内珰为之挂红簪花，鼓乐导尚方剑而出，上目送之，又赐手敕，有"愿卿早荡寇氛，旋师奏凯，封侯进爵，鼎彝勒铭"语。官军旗幡十余万，自午门排列至正阳门，旌旗金鼓甚盛，建泰御肩舆，行不数武，扛折，识者知为不祥。是日大风沙，占曰："不利行师。"授进士凌駉职方主事，随辅臣监军，赦李政修罪，军前效用，以郭中杰为副总兵，充中军旗鼓，西洋人汤若望随行修火攻水利。建泰出都，道闻山西烽火甚急，因迟其行，日三十里。师次涿州，营兵逃归者三千人，次东光，绅衿城守不纳。留攻三日，破之，笞知县张弘基，杀乡绅王佐，是日即移师出城。初，建泰承上宠命，恃有家财可佐军需，后闻家已破，进退失措，有逡巡畿内而已。

二十九日，上传命工部尚书范景文、礼部侍郎丘瑜，俱以原官入阁办事。后城破，上崩，阁臣中从死者惟景文一人，不然，黄扉一席地，尽作南寇楚囚矣。

李自成陷蒲州及汾州，遂以二月初五日薄太原。山西巡抚蔡懋德遣牙将牛勇、朱孔训出战，孔训伤于炮，牛勇陷阵死，一军皆没，城中夺气。困守两昼夜，初七夜，风霾大作，初八辰刻，风愈烈，飞沙扬尘，贼乘风缘梯而入，城遂陷。懋德先已知不支，手写遗疏付监纪贾士璋曰："君将此疏上闻，俾朝廷知今日尚有不逃不降、从容死节之臣也。"时紧随惟中军应时盛，时盛先谓妻孥曰:"外无救,内难守,抚院忠义自矢,吾自誓必相从。汝辈不若从吾皆为厉鬼,毋为贼辱也。"先将妻妾及一子手刃之,次日同抚院被执不屈,骂贼而死。同死者,布政赵建极、守道毛文炳而下,共四十六人。(姓名俱未详。)贼破太原,后遂至忻州,攻代州,薄宁武关,总兵周遇吉悉力拒守,杀贼万余。或言:"贼势重,可款也。"遇吉曰:"战三日,已杀万贼。能胜之,一军尽为忠义。万一不支,缚我以献,若辈可无恙。"于是众心益固。会兵少食尽,不敌而败,城破,犹挥刀力斗,被执磔死,遂屠宁武。贼遂移檄远近,有云:"君非甚暗,孤立而炀蔽恒多,臣尽行私,比党而公忠绝少。甚至贿通宫府,朝廷之威福日移,利入戚绅,闾左之脂膏尽竭。"又云:"公侯皆食肉纨袴,而倚为腹心,宦官悉龁糠犬豚,而借其耳目。狱囚累累,士无报礼之心,征敛重重,民有偕亡之恨。"人读之,无不扼腕愤恨者。

上下罪己诏曰:"朕嗣守鸿绪,十有七年,深念上帝陟降之威,祖宗付托之重,宵旦兢惕,罔敢怠荒。乃者灾害频仍,流氛日炽,忘累世豢养,肆廿载凶残,赦之益骄,抚而辄叛,甚有受其煽惑,顿忘敌忾者。朕为民父母,不得而卵翼之,民为朕赤子,不得而怀保之,坐令秦豫丘墟,江楚腥秽,罪非朕躬,谁任其责?所以使民罹锋镝,蹈水火,殚量以壑,骸积成丘者,皆朕之过也。使民输刍挽粟,居送行赍,加赋多无艺之征,预征有称贷之过者,又朕之过也。使民室如悬磬,田卒污莱,望烟火而无门,号冷风而绝命者,又朕之过也。使民日月告凶,旱潦洊至,师旅所处,疫厉为殃,上干天地之和,下丛室家之怨者,又朕之过也。至于任大臣而不法,用小臣而不廉,言官首鼠而议不清,武将骄懦而功不奏,皆由朕抚御失道,诚感未孚,中夜以思,局蹐无地。朕自今痛加创艾,深省夙愆,要在惜人才以培元气,守旧制以息烦嚣,行不忍之政以收人心,蠲额外之科以省民力。至于废罪诸臣,有公忠正直、廉洁干才、尚堪用者,不拘文武,吏、兵二部确核推用。草泽豪杰,有恢复一郡一邑者,分官世袭,功等开疆。即陷没胁从之流,能舍逆返正,率众来归,许赦罪立功,能擒斩闯、献,仍予通侯之赏。于戏!忠君爱国,人有同心,雪耻除逆,谁无公愤?尚怀祖宗之厚泽,助成底定之大功,思克厥愆,历告朕意。"

吏部奏:"大寇就擒。"奉旨:"陈子龙定变可嘉,着授兵科给事中。"先是,东阳之变,实推许都为主。都故任侠好义,远近信服。邑令姚孙棐贪虐残民,借名备乱,横派士民输金,而坐都以万计。都实中人产,勉输数百,自诣告减。因有忤言,适有奸民假中珰名招兵者,于都无涉也,事发,文致之,又摘其所刻社稿姓字,谓是结党谋叛。会都葬母,宾客咸集,负气者互煽之，因发愤举兵，以诛贪吏为名。民怨毒已深，旬日之间，遂聚众数万，掠东阳、义乌、浦江三邑。巡按左光先闻变，即调兵行剿，民各保寨拒敌，官兵大败。子龙时为绍兴推官，命之监军。子龙谓都实非反，不过为贪令所激耳，令亲信赍书往谕，都即率其同事十三人解甲投降。子龙为之请命，光先不许，悉斩之，余党尽散，浙乱以平。子龙向以文章名世，南渡时，为谏官，有声，国变之后，谋起大义，不克而死。

出原任兵部尚书张国维于狱，召对中左门，命以原官督浙、直兵饷。国维拜命后，知贼信渐迫，星夜率数骑南行，得不及于难。吏科马嘉植、韩如愈等，亦借催银等差，连辔而南。至山东，如愈为刘泽清差兵杀死于道。

国维本浙人，在谏垣时，能不附同乡乌程之党，然亦不为崖异，故乌程容之。镇抚苏松，历七年之久，虽无大功绩，而与民休息，民颇颂之。至中枢重任，本不能胜，况值时事多艰，前人败坏之后耶？时科道交章论列，有曰："深揖打恭，便成职业。"亦略其大而苛其细也。弘光时，再任戎政，与马、阮不合，先几乞身，人谓："其愚不可及。"南都既覆，钱塘画守，卒能竭力尽节，一死以毕其事。噫！亦可以传矣。

　　召对文华殿，上问："左都御史李邦华密奏，内云'辅臣知而未敢言，其试问'之语，指询何事？"辅臣陈演对中允李明睿疏及少詹项煜议单，上即简阅，默然。蒋德璟奏："廷议俱言东宫宜往南京监国。"上不应。次日，给事中光时亨即疏参李明睿南迁为邪说。明睿疏辩，上即召光时亨面诘曰："一样邪说，却只参李明睿，何也？显是朋党，姑且不究。"又曰："诸臣平日所言若何，今国事至此，无一忠臣义士为朝廷分忧，而所谋乃若此耶？"至三月初四日召对，复谕阁臣曰："督辅李建泰有疏劝朕南迁，国君死社稷，朕将何往？"大学士范景文、左都李邦华、襄城伯李国桢请先奉太子抚军江南，光时亨曰："奉太子往南，诸臣意欲何为，将欲为唐肃宗灵武故事乎？"景文等遂不敢言。上复问战守策，众皆默然，上叹曰："朕非亡国之君，诸臣尽亡国之臣也。"遂拂衣起。

　　呜呼，迁国图存，古人有行之者。至于东宫抚军，虽属权宜，实为要计。但迁亦何易言，斯时贼锋已蔓齐鲁，南北声息中断，即出国门，能一往无咎哉？上之英明，早已见及，故屡次召对，环顾无人，不禁傍徨慨叹耳。闻曾私语首辅演曰："凡事要先生一担。"演默不答，既复有"朕要做，先生偏不要做"之语，上意可知已。此时计复何之，惟有断然守君死社稷之义为正矣。悲哉，"朕非亡国之君，诸臣皆亡国之臣"之语也，此真千古至恨，岂直遗民私痛已哉？

诏封各总兵，吴三桂平西伯，左良玉宁南伯，唐通定西伯，黄得功靖南伯，刘泽清实升一级，刘良佐、高杰、马岱、马科、姜瓖、孔希贵、黄斐、葛汝芝、高第、许定国、王承胤、刘芳名、李栖凤、曹友义、杜允登、赵光远、卜从吉、杨御蕃等各升署一级，各督抚亦分别加升。始征吴三桂、王永吉率兵入卫，又召唐通、刘泽清入，泽清前命移镇彰德，因纵兵劫掠临清南奔。通以八千人入壁齐化门外，陛见，上慰劳倍至，寻出内帑十万，命太监杜之秩监其军。通倨傲甚，谓："上大帅我，又以内臣节制我，是我不敌一奴才也。"随奏："兵寡贼众，不敌，当往居庸关设险以待。"拜疏即行，不俟朝命。既至居庸，即倒戈降贼矣。

命太监高起潜、杜勋等，分往天津、真保、宣府各镇监军，兵部言："各处物力不继，而事权纷拿，反使督抚各官有所藉口。"上不听。

命进魏藻德礼部尚书、文渊阁大学士，总督河道屯练，往天津；方岳贡户部兼兵部尚书、文渊阁大学士，总督漕运屯练，往济宁。会有言各官不可令出，出即潜遁，遂止不遣。未几，陈演、蒋德璟相继告归，藻德即为首辅。当罢演之先一日，上语演曰："朕不要做的，先生偏要做，朕要做的，先生偏不要做。"盖指言南迁及遣两辅诸事也。

贼犯大同，兵民皆欲降，命守城，众不应。总兵朱三乐自刎，巡抚卫景瑗、督理粮储户部郎中徐有声、巡道朱家仕俱死之。文学李若葵合家九人自缢，先题曰："一门完节。"李自成入大同，杀代府宗室殆尽，留伪将张天琳守之。天琳杀戮凶暴，后为阳和军民约镇城军民内应，杀天琳。

贼犯保定，督师李建泰已病，中军郭中杰缒城降贼。贼入城，建泰被执。御史金毓峒守西门，贼执之入三皇庙见贼帅，毓峒奋拳殴贼帅仆地，跃入井中死。妻王氏自经。从子振孙以武举效力行间，登城射贼，多应弦而毙。城陷，众解戎衣自匿，振孙衣裲裆大呼曰："我金御史侄也。"贼支解之。毓峒子妇陈氏，年十八，与其祖母张氏、母杨氏、嫂常氏尽投于井。张抱一孙于怀而下，侍婢四人亦同下。时三月廿一日，京城已先三日破矣。

贼陷阳和，遂长驱向宣府，宣府叛将白广恩贻总兵姜瓖书约降，监视太监杜勋绯袍八骑郊迎，军民聚谋籍籍。巡抚朱之冯独行巡城，见大炮，曰："汝曹试发之，可杀数百人。贼虽杀我，无恨矣。"众又不应。之冯不得已，乃自起燃火，兵民竞挽其手，之冯乃夺刀自刎死，军民遂迎降。乡绅张罗彦自杀。

时京师以西诸郡县望风瓦解，将吏或降或遁，贼移檄至京，曰："十八日至幽州会同馆缴。"京师大震。十六日，陷昌平州。十七日，上方御殿，召考选诸臣问裕饷安民策，对未及半，秘封入，上览之色变，即起入，诸臣立候多时，命俱退，始知为昌平失守也。是夜，贼由沙河直犯平则门，竟夜焚掠，火光烛天。十八早朝，上召对诸臣而泣，俯首书御案十二字以示司礼监王之心，即拭去。诸臣方侍班，襄城伯李国桢匹马驰阙下，汗浃沾衣，内臣呵止之，国桢曰："此何时也！君臣即求相见，不可多得矣。"上召入，奏守城军不用命，鞭一人起，一人复卧如故，上乃命内臣俱往守城。十九日早大雨，雨止，贼攻城，炮声不绝，上幸南宫，登万岁山，望烽火不绝，徘徊逾时，回乾清宫，朱书谕："内阁、成国公提督内外诸军事，夹辅东宫。"时诸阁臣已出，内臣置几上而去。上入中宫，视后缢毕，仍回南宫，登万岁山之寿皇斋，自缢。亭新建，阅内操处也。太监王之心对缢。诸文武臣相随死难者，阁臣范景文而下，凡二十余人，另有纪。

国变难臣钞

〔明〕佚　名

国变难臣钞

雍正癸丑夏，沙博士伟业出敝纸一卷，曰《国变难臣钞》，云明崇祯甲申三月十九日之变，其先世自燕邸札记者。纸坏败，然诸人姓名颇完好，即不无一二蠹蚀者，名不全而姓尚存也。

凡分目为七：一曰死难姓名，一曰刑辱姓名，一曰囚辱姓名，一曰潜身姓名，一曰叛逆奸臣姓名，一曰受贼官职姓名，一曰诛戮姓名。

其死难姓名：自缢死者九人，为李邦华、施邦耀、凌义渠、吴麟徵、吴甘来、许直、成德、张庆臻、巩永固；其自缢为家人解救，赋诗投古井死者，为范景文；其自缢，并妻、幼女俱缢死者，为倪元璐；其自缢，并合门缢死，为贼数百人跪哭者，为刘理顺；其自缢，与其子新进士讳章明皆缢死者，为孟兆祥；其同妻俱朝服，饮酒、自缢死者，为汪伟；其于二十一日入朝回自缢死者，为周凤翔；其具衣冠赴朝内金水桥死者，为金铉；其骂贼被贼杀者，为宣府巡抚朱之冯；其骂贼不跪被磔骂不绝口死者，为大同巡抚卫景瑗；其驱一家老幼俱上楼，放火自焚死者，为刘文炳、刘文耀。凡死者

353

二十有二人，皆致命赴义，争光日月者也。

其首列刑辱姓名者，为方岳贡，夹二夹，完赃三千两，不死，留用；次丘瑜，夹与岳贡同，完赃倍之，而减其六之一；若雷耀龙、郝晋、王鳌永、沈日章、吕兆龙，虽侥幸，而夹皆与岳贡同；其夹二夹仍不留用者，则有陈必谦、李明睿、张凤翔、金之俊、沈惟炳、胡世安、张忻诸人；其夹二夹，并子亦夹一夹、拶一拶者，为王志正；其夹二夹，头箍一箍，仍夹其仆二夹，夺贼刀自刎死者，为张维机；其以古玉杯、金壶及诸赂器丐周钟贿王旗鼓，得复授职者，一为夹一夹之汤汝成，一为夹一夹之吴履中；其以削发夹二夹者，方拱乾、杨昌祚、卫胤文、刘明侯、吴孳昌；夹四夹，追银四万两，死于家者，孙从度；夹四夹，死尤惨者，李士淳、林增；其他如陈德纯、方以智、王□、顾铉、郑楚勋、冯垣登、沈邦臣、萧时丰、万□、黄熙胤、张正英、赵士锦、吴伯宗、李起龙、郝杰、陆禹思、郑逢阆、范方、谢于陛、陈翔、林兰友、蔡国光、刘中藻、何肇元、曹维才、李逢甲、钱增、邹逢吉，或夹一夹、二夹不等。凡夹者共五十五人，虽为人好丑不类，而皆不免于辱者也。

宋之绳削发，以杨廷鉴、周钟力荐于王旗鼓，免夹；汪光绪、杨若侨、周亮工、刘令尹俱未夹，此所谓囚辱者也。

蒋德璟十三日辞朝，出住崇文门外；郑二阳、曾樱、施元徵、张伯鲸、汪维效、翁希禹、程北科、宫伟镠、程子奇、彭遇凯、施升、蒋臣、谭良友、史夏隆、严通、林铪、王崇简，所谓潜身者也。

其叛逆奸臣姓名，则张缙彦、周奎、宋企郊等四人。其时以太子献者，周奎也；以十九日同太监开齐化、东便二门献城，仍被夹者，张缙彦也。

其受贼官职姓名，则刘太巩、光时亨、杨枝起三人，倡为助饷之说，各写五千金，丐宋企郊投名召见授职。梁兆阳召见凡二，授兵部侍郎。杨观光亦召见二，授礼部侍郎。周钟授检讨，撰劝进表，登极诏，并献下江南策。逢人即自诩牛老师极为叹赏者，周钟也。项煜授太常丞，煜门生黎志升为□腹心，欲大拜之，即昌言于众曰："大丈夫名节既不全，当立盖世功名，如管仲、魏徵可也。"后授本职，始沮丧逃归。南渡时，煜亦被人执而沉诸河死。钱位坤授国子监丞。初贼不用坤，丐周钟夤缘伪文选顾扬。赴部时，对人曰："我明日此时，便非凡人矣！"京师有《不凡人传》。薛所蕴授祭酒。何瑞徵授教习馆元。宋学显、赵京士、叶初春授大理丞。贺王圣、吴家周授原职。董家恒、杨廷鉴、韩四维、高尔严、陈名夏、张之琦、赵玉森、傅鼎铨、杨名琅、魏学濂、张元琳、吴尔埙、刘馀谟、魏天赏、史可程、朱积、萧卓、王自超、刘廷琮、何九□、张九锡、刘肇国、李化□、姚文然、高衍、胡统虞、傅学禹、罗献炆、梁清标、白胤谦、何胤光、李呈祥、龚鼎、赵颎、杨梅鹗、黄灿、成克巩、张端、吕崇烈、刘廷谏、熊文举、侯佐，俱原职。杨元锡、孙承泽、戴明说、傅振铎、时敏、申芝芳、高翔烦、芮元益、郭元、金汝砺、朱徽、彭琯、林鸣球、柳寅东、陈白羽、张明骏、蔡鹏霄、卫祯国、涂必泓、王于曜、邹魁明、吴刚思、徐家林、吴元谦、缪沅、李之琦、胡显、李丕著、张元辅、吕兆龙、龚彝、汤有庆、黄徽胤、吴之琦、张琦、程玉成、王皋、黄国琦、王孙蕙、孙以敬、王尔禄、吴泰来、武愫、李登云，俱授职。龚□授防御使。朱□授四川府尹。张家玉以建言捆三昼夜，仍授原职。凡为人一百有五，半皆一世知名之士也！

所谓诛戮姓名者，首辅则陈演，夹一夹，追黄金三百六十两，银四万七千两，逮夜杀之；魏藻德夹一夹，追银一万七千两，其妻二拶，子二夹，饮□死；吏部尚书则李遇知，夹二夹，拶一拶，追银四万六千两，仍夹死。其见于敝纸札记如此。

案：卫胤文、吴尔埙殉扬州难，曾樱殉贵州难，张伯鲸殉扬州难，各有传。

傅鼎迁南还，为乡人非笑，尝欲求一死所，与揭公重熙同举义旗死，附见揭公传。

魏学濂欲有所为未遂，自缢死，无锡顾瑞徵与如皋冒襄尝雪其冤，自有传。

张家玉起兵广东，屡破连州、博罗、连平、长宁诸县，转战一年，入据增城。清兵环攻之，战十日乃败。遍拜诸将，赴野塘死，附见瞿公式耜传。

方以智为僧入粤，清帅物色絷之，逼令更服则生，不更服则死，袍帽在左，白刃在右，惟其自择。以智辞左而受右。帅起，亲解其缚，听为僧。钱澄之记一事云：“顺治甲午，方密之以智既为僧，闭关高座寺。余往看之，寓报恩寺，坐卖卜周勿庵肆中。有老僧与同坐，故中官也，问余，知为桐城人，因曰：‘桐城有一方以智尚存乎？昔于内廷供事烈皇，一日御经筵回，天颜不怿，忽叹曰：“求忠臣必于孝子之门！”如是者再，某跪请其故，上曰：“今早经筵上，有展书官陈某，乃陈某子。其父巡抚河南，失机问大辟，系狱候决。某衣锦薰香，展书朕前，略无戚容。不孝如此，其能忠乎？”某跪进曰：“展书官旧例皆然，跪进上前，防有不洁之气上触，故衣必鲜华，薰香盈袖，要令展书时芳香袭御座耳。”上曰：“既如此，便当辞官。不然，辞差可也！朕闻新进士中有方以智，其父方孔炤，亦以巡抚湖广，与陈某同罪下狱。闻以智怀有血疏，日日于朝门外候百官过，叩头呼号，求为上达。此亦是人子！”

言讫，又叹曰："求忠臣必于孝子之门！"未几时，释孔炤而辟某。孔炤之得生由此，外廷岂知之乎！'余闻其语，随到竹关，说与以智，以智伏地哭失声，北向九叩头谢恩，甲午秋九月事也。"

按：他书载襄城伯李国桢以三事要贼，礼葬烈帝，遂死帝后旁，此事殊伪。宁都魏禧《新乐侯传后》已详辩之，其书具在，无可疑者。且国桢城守，尽撤守御，福王时，姜公曰广诬为狂稚。果国桢有大节可取，姜公决不违心抹杀也。况谭吉聪《肃松录》、吴陈琰《旷园杂志》，所著赵一桂葬烈帝事俱甚详，何独无一语及国桢耶？而邵长蘅且云："以一桂事考之，襄城未尝一至陵下无疑，而争三大事及自杀，似传伪。名节甚重，未易轻以与人也。"国桢死帝后旁事，具见无锡邹漪《明季遗闻》。其书顺治间最先出，他书遂踵而袭之，正史亦据以为断，而魏禧文集都未寓目矣。吴梅村赠刘雪舫诗云："宁为英国死，不为襄城生。"英国为张世泽，襄城则李国桢也，此又一证矣。

张捷为东林僧人逼死鸡鸣寺。杨维垣诈称殉难，置三棺于中庭，挟二妾宵遁，半道遭仇家击死。某氏《记略》则谓二人皆马、阮党，晚节自全，人皆异之，传闻异辞耶？正史亦与死节诸公并书，据某氏言耶？抑别有见而不宁惟是耶？

过江七事

[明] 姜曰广

目　录

计迎立

闯贼之变，邸报断绝。民间颇有流传，中外大震。金陵群亡赖挟饥军思逞，汹甚，勋绅富室重足立矣。大司马史可法将有勤王之行，诸言路属宫詹曰广止之，且内顾根本地。曰广力折之，怂恿趣严计守御，即发。越日集议，部分兵各门，仍责成巡城御史督察，而郭维经则中城行栅，以维经官金陵久，素得民故也。其护陵防江，则守备太监韩赞周，同魏国公徐弘基、诚意伯刘孔昭，咸加慭焉。韩珰复布诸珰，特严门禁，搜选卒骑五千，属锐司徒，尽摆甲秣马，饬垒居中地而阵，厉士奋□□，防不测也。粤东解饷金适至，计部尚书高弘图立取以给饥军，军亦戢，于是奸人惮不敢动矣。久之，魏国约卿贰言路集其家，招入密室，边遽在焉。先帝果鼎成也，乃咸大痛，北拜稽颡，而号哭尽哀，抆泪出。约冠服姑如常，禁讹言者，杀亡赦。

先是，诸臣耳语，亦微及迎立事矣，金推属主兵者，江南北诸绅则群起拥潞王。曰广曰："神宗皇帝圣子神孙，济济具在也。四十八载之深仁，何负于天下，而轻持其座，别与图功耶？恐天下有起而议其后者

矣！"可法闻而是之，曰："此兵端也，惟分定可以已
之，说在获免矣！"曰广曰："虽然，今日之事，守
犹创也，可辅则辅之。□实在复，子其图之！"可法
曰："以齐桓之伯也，听管仲则治，听易牙开方则乱。
今吾辈之所立者，岂其不惟是听，而又何患焉？"拥潞
者闻之大哗。以询诸绅，又颇于福推恶，可法于是引避
不言矣。江干之饯，弘图私谓曰广曰："渠即不为他人
言，亦可不为公言耶！"曰广叩之急，乃曰："福、桂
两题也，前与凤督商之。"凤督者，马士英也。及晤士
英图计，以亲以贤，惟桂乃可。

　　议既定，士英欲自以为功，即约诸臣晤于江浦，规
布腹心。曰广不往，诸卿贰亦不往，语详曰广辨镇将疏
中。往受语者，科臣李沾、台臣郭维经也。归而布之，
凤督定迎桂矣。越日，可法亦以手书晓诸臣："迎桂者
何，以福、惠之有遗议也，乃舍而立桂也。其潞藩，则
仿古兵马元帅之制，暂借统兵马。"见者咸唯唯。曰广
援笔答之曰："亲贤两尽，理也。事则书生弗敢与知，
但桂藩远在天末，诸藩迄集淮阳，恐奸人居奇，卒有黄
袍加身之事。且太阿轻授，或至假是弄而真且成，则是
重贻先恨也。而吾辈他日死，亦何面目见神宗皇帝于天
上乎？"众读之，亦唯唯。

　　时南中咸知主兵者定议，已拟仪郎戒乘舆法物往
粤矣。及士英归凤，则闻诸将高杰、黄得功、刘良佐毕

集，大骇。诇之，乃知守备大珰卢九德合盟，亦有所拥立，而所立者福也。士英度势之成也，敢无支吾，遂隐其前说，且乞附盟。于是士英称定策矣。卢珰者，幼常给使恭皇帝，宫号"胎里红"者也，其首宣力以此故。而可法概未知之也，复书与士英，讼言福不宜立，多指斥语。士英得之，乃大喜，由此以挟可法也。于是揆席中枢，惟其所欲得矣。已即贻书南中曰："吾已奉福藩，主三军也。"士英自是定策俨然矣。众集韩珰宅。是日，见其书者，初咸错愕，久之，亦复唯唯。

韩珰见诸臣无言，乃呼前置几，徐布笔，执簿而请曰："诸公既无遗议，请北拜押名。"众起趣拜。曰广曰："不可！夫为天下立君，而若是之草草，非所以光昭令典也。是举也，高皇帝在天之灵，其实式凭之，盍出而大号焉！明晨祭告，然后行事。"众曰："诺！"而阮大铖刺得曰广语，遂文致以不画花押传邸报矣。士英闻之，则又大喜。以为是役也，吾即自以为功，恨碌碌耳。幸可法以异议书与我，今曰广又不画押。此两人者，世所指名人也，又相善。此真可坐以异党，而发明吾之劳苦功高矣！乃属大铖等浸流恶言，冀以耸动福藩。及福王入宫，士英驰启云："闻南中有臣，尚持异议。臣谨勒兵五万，驻扎江干，以备非常，志危险也。"自是士英定策功渐隆高矣。

自士英之卖可法也，可法失势，悯墨而已，而攻史驸马者亦遂出。祭告之举，诸臣毕集，内官监未成行，而魏国大有言矣。弘基之言曰：“史君，可杀也！勤王无功，何以返为！”曰广愤然曰：“若夫握兵而不勤王者，又应生也乎哉！夫既忍死以图兴复，而乃尔长城之俾坏乎？夫低节首公，知兵急病，史真其人，若之何甘心之！昔史公受知先帝也，尔曹顶奉天人不啻焉。权寄稍移，下石随起，此贾竖之行也！窃为世臣羞之！”语毕，大呼：“高祖在天，实闻斯语！”时曰广情词慷慨，须髯尽张，勋臣俱面相觑无言，而给事中李沾之咆哮忽起，众咸惊怪之。沾则攘袂大呼：“今日尚不立福王耶？吾撞死于此！”掖御史陈良弼佐之，刘孔昭亦作索剑状，曰：“大家死！大家死！”曰广呼语之曰：“尔辈何为者？吾为群椓史公发愤耳！若夫迎立，昨已定矣，序实应也。兵以临之，势成分定，其孰敢推迁以自干戮辱？此何为者？甚矣，其淡也！”旁观者皆相视微嘻。及出，乃知是日福邸有人刺候，沾等诇知为此也。自是李沾亦俨然定策矣。韩趚出，趣祭告文，曰广撰，吕大器书。吏白：“文办。”咸诣奉先殿，祭告如常仪。痛哭久之，乃起押名而退。弘图出，搯曰广手曰：“史乎史乎，危杀之矣！不图忠肃之事，再见今日！”大器曰：“将为救死，便图居功，人之无耻如是！”

　　亡何，福王舟至矣，可法尾焉，诸臣次第入见。

通名毕，诉以国难家难之频仍也，哀痛不自胜，诸臣亦泣，旋请监国，王曰："宗社事重，不谷不佞，不足以称宗社。愿请讨宜者，不谷不敢当。"群臣皆伏固请，王谦让者再。曰广曰："以亲以贤，无如殿下，但愿他日无忘今日之难耳！"王曰："且晓所言。诸先生既谬推不谷，且不敢辞！"退而弘图、曰广询于可法："议何而贰？"可法咄咄张目吐舌而已，盖不敢斥言士英之卖己也。

越日，诸臣奉法驾入宫，憩于寺，坐方定，而可法同李沾、陈良弼至矣。遽捽曰广，跪而盟曰："所不与同心者，神其殛之！"曰广愕然，起而问故，可法曰："二三言路言公尚怀贰也。"曰广曰："怪哉！此辈又定策一功矣！"

及可法入直，曰广复以前事问之，曰："立今上者，亦子之初心也，因而成之，不亦善乎！"曰："贵阳不与也，诋极口焉，且曰渠守洛阳之所目也。"曰广曰："渠今定策矣！"可法笑。居久之，士英至。曰广亦问之，曰："颇忆前事乎？江浦之晤，言犹在耳，史公亦告尔故图矣，其书犹在余所也！"士英面赤，曰："立桂，史意也。予曰：'亦佳，但须速耳！'"曰广乃大笑，曰："果然立桂，子共主之矣。今日之事，如深相批引，水落石出，首功者不岿然一卢豹乎？"士英默然。

一日酒酣，曰广调之曰："向读子疏，词气壮烈，董卓入洛阳时语，何以加焉？惜哉大才而小用之也！杀一措大而用兵五万也！"盖士英谋所以居功者甚憯，以故阴折之。乃曰广则语人曰："是亦有功焉。微贵阳，事尽出诸将，不光。"而士英故暗大体，至沾沾时自伐："皇帝非我不立也！"曰广曰："此非子所宜言！"士英勃然曰："何谓也？"曰："天子惟天所授，非人力也。如可立也，亦可废也，轻朝廷矣。且上序实应尔，天也。贪天功为己力，智者不为也。今有仕于此，吾子私之爵禄，而日翘明震矜之，难乎其受者矣。见施之德，几于不报，况君臣之间乎？且子毋以定策□也，吾与子言者，史公之定议而出别也。"曰："何以教我？"曰广曰："是举也，子实首矣，子其阴主而迹避之。《易》称'群龙无首'《老》戒'无为权者'。日月之际，其光焚铄。以伊周之圣也，而有忧患焉。绛侯狱，博陆族，韩富隙，贾似道无讥焉。爰及昭代，于忠肃有功而辟，杨文忠无罪而戍。故曰'暴得大名者不祥，威震主者不畜'，非虚语也。子其避之，而以奉魏国，魏国尚可受也。然则今日之事，吾子自知之矣！"士英曰："微子言，吾初不及此！吾乃今知之，吾将以告皇上。"然其意不怿也。

士英既以与定策，因得内外援，遂大鬻爵，下至驴儿灶养，几于朱赫赫、枣五囊十囊矣。日致多口，不胜，则思于威权镇服天下。首斥科臣袁彭年，而外议益藉。曰广风焉，士英愤而吽曰："彼□我手，吾能杀之而已！遑恤其他！"曰广曰："子其殆矣！不竞于德而竞于威，天下其孰能悦之？且死生，人之命也；应死应生，国之法也。法不可诬，命不能改。抑吾子精释而昧因果乎？袁自如杀毛文龙矣，袁亦不良死；梁大胸又不戒而杀袁，梁亦不良死。吴来之之杀薛宾廷也，陈赞皇之杀周宜兴也，其后皆不良死。死者有知，冥报不爽。人之杀人也，杀人也乎哉！夫负人两而卒偿之，甘以其身为戮辱，而取快于一时，则亦不智，而不可为也。子其慎之！"士英大不怿。

已而时录一小词示曰广，其事曰："若使同官不相妒，也应快杀窦连波。"曰广见而笑曰："图快耶？抑愁杀耶？"士英曰："何谓也？"曰："愁者造夹造打耳！"复问，曰："凡事之来也，必造其端，故云簇曰'造雨'，面酿曰'造酒'。长安前事之所造，吾子知之矣，而造又何乐焉！"士英愈不怿。时主计者告国用不足，士英大言曰："新建公言朝政宜清，今何不作一清皇帝乎？"恚前语也。

一日，忽抚几大呼语曰广曰："尔之折辱我也，屡矣！尔不知我性非人性，牛性也。昔在总角，先君一语呵斥，使性两年矣！"曰广笑曰："佳乎，子之性也！天之生是使独也。然则人之性犹牛之性，牛之性犹马之性耎！”士英亦失笑。曰广曰：“吾实爱人也，抑心所谓危，便以告耳。面折人过，坐此热肠。昔在讲筵，乌程恒语敝门：‘贵师性过方严，难以适用矣！’吾旨其言而不能改也。古人云：‘非敢异物，亦性所得耳。’虽然，‘正言药也’，‘所以为蚳蛙则善矣’，子其勉之！”士英终不怿，曰：“甚矣，新建公之善愧人也。实忌我功也！”

正纠参

国变时，诸勋臣日藉藉，归狱文臣误国。宫詹姜曰广曰："误国者可诛也！予数载林居，诸公当日召对，胡不言？"语稍塞。会立国，群谋援高皇帝开国时以魏国徐达为左丞相例，尚未发。一日朝罢，魏国公徐弘基、诚意伯刘孔昭等面奏："文臣朋党误国。"并言："吏部尚书张慎言专权结党，擅引旧辅吴甡。"科道官李沾、郭维经等亦言："诸勋臣不勤王，不忠；乃乘国变侵官乱政，并觊觎入阁事。"相攉久之，庭大哗。阁臣曰广请上处分，因求罢斥。上不允，谕以："朝廷用人，自是吏部职掌。但有不当，许勋臣科道纠参。"于是孔昭立起，手招诸勋臣曰："来！圣明已许吾辈纠参矣！速谢恩！"乃尽膝行前叩头，大呼"万岁"。

阁臣马士英忽奏："不啻如勋臣言，皇上亦身在异同中！"阁臣高弘图、顾士英曰："岂谓迎立耶？圣明在上，愚臣谨据实奏明。方难之殷也，讹言百出，或云先帝微行来矣，或云皇太子航海来矣，亦果有传立潞王者，则又有言桂王者。皆出旁人风影，所谓道听

371

途说也。臣等姑听而姑置之。及闻主兵者乐推，实有同心，其孰敢怀贰，以自速罪戾？"曰广奏："迎立关利害不浅，臣等俱缄口，听主兵者云何。二三翊戴，劳之应图。若借题兴狱，可寒心，兴朝所不宜有，惟皇上早赐裁察，国家幸甚！"上顾监臣韩赞周曰："朕亦何心，此位大伴之所知也！万斤重担，付在朕躬。万一大家撒手，回思先帝，岂所忍言！"是日，上微不怿。越日召对，上谕："勋臣嚣争，卿等何不力折之？"曰广曰："天颜不违咫尺，诸臣乃敢愤争，已为辱国。臣等不能调和而镇戢之，仰烦明谕处分，良用自惭。亦以德薄望轻至此，故求罢斥谢之。若迹涉佐闻，事益沸羹，非臣所以待罪纶扉之体也。"上是之。

退，复同弘图乞罢，旋以宣谕入直。曰广语弘图曰："官不易方，为政之善物也。上在位日浅，未明习国家故事，并许勋臣纠参。此曹纨绮子，易动以利，天下事使渠辈得操长短，败矣！急挽勿失。"弘图曰："为之奈何？具疏耶？"曰广曰："差须之，言路中自有起而驳争者。"

亡何，科臣罗万象至矣，疏意大略如曰广言，两人读之甚喜。曰广即条旨云："朝政阙失，原许诸人直言无隐，矧乃勋臣？但朕既而思之，朝廷设官，各有职掌。票拟归之阁臣，官守归之各部，纠参归之言官，乃便责成，并息嚣竞。祖宗二百年良法，岂容顿更？所奏甚是！今后纠参还责成科道等官，别衙门不得借端旁挠，着申饬行。"旨下，诸勋臣计沮，知出曰广意，衔之深，厥后借端集啄矣。

禁缉事

弘光登极，从龙诸珰势渐张，又时若窘急，日思出为渔猎计。先朝奸珰王坤首借催饷，营差吴越，以阁臣高弘图等力持寝。亡何，奸人导之缉事，群珰心动，谋设东厂矣。以弘图、曰广俱在告，群噪王铎出谕行，铎不可。越日，曰广入直，铎备言状，曰广曰："今发不遂，必再发，请摩厉须之！"

已而御史祁彪佳疏至，指陈缉事、诏狱、廷杖为三大弊政，力请禁革。曰广读之而喜，曰："佳哉！吾辈有题目矣！"即条旨云："所奏三大弊政，虽系旧制，实为奸府，生事害人，屡见事前，失祖宗忠厚立国之意，结臣民怨恨解体之端，朕痛心之日久矣！览奏，洞悉情隐，犁然当心，有裨新政，其如议行，且著为令，并播告天下，示朕更始之意！今后敢有奏请者，以违制论，科道官立行纠参。阁臣拟谕，朕将览焉！"条上，旋发改，曰广持不可，珰趣者三矣，曰广谩应之，曰："自有说在。"至是，复交趣，曰广乃变文云："国家新造，人情未附。朕多难孤立，时凛渊冰。

若寡恩多事，府怨臣民，朕虽凉德，不至于此！所奏三弊政，洞悉至隐，深当朕心。但先朝署建缉事，原为判送营干，关系匪轻。奸恶不剪，良善不安，如有前情，着五城御史不时纠察以闻。其知情容隐，及不留心体访者，俱以溺职论。"

方条毕，而罪珰孙承绣之旨下。承绣者，先朝防河大珰也，以部变潜逃，致有言，曰广拟重功降调，戴罪立功自赎。会旨下，竟复原官。曰广恚甚，乃疏摘之。并上所改旨，大约言："朝廷有法则重，守法则法存。法者，君与天下共守之，不宜有偏私。若夫君有短垣，而君自逾之，其又何诛焉？监臣孙承绣封疆潜逃，罪坐重典。臣从薄隐，因奉上传。及见疏下，超然法外，臣甚骇之！夫罪重于丘山，而罚不动其毫毛；根批于疏远，而网漏于贵近。此非所以信赏罚，而昭宫府一体之义也。又先朝缉事之设，贻毒最深。汪直、刘瑾，乘之窃弄，既凶于国，亦及其身。先帝初年，误听尝试。究使利归群小，怨结朝廷。末造虽除，已成噬脐之悔。矧今何日，而有此声？将使釜鱼风鹤之民，转益惊怖，不至鸟兽散不止。若然，宗社不可知，何厂卫也？诚宜以此时昭示，遏绝其原，不意重烦乾断，臣不敢奉诏不谨，亦不敢顿负初心。伏乞陛下自为宗社计，少凝睿听，断于持法，毋使奸人得窥浅深。幸甚！"疏入，旨乃报可，事由此复寝。而所以答疏语者，已有旨，非阁体也。曰广以让韩珰，韩惶恐，引罪谢不知，云："皆从龙新进不谙大体所为也。"曰广因为言先朝贤珰怀恩、李芳强谏故事，赞周曰："解如不听何！吾昨有言矣：先帝读学勤政，十七年如一日，则诚贤君也，徒以听信内官，一旦至此！一剂毒药，皇上并不调引，便嗑耶？"曰广曰："上闻公言云何？"赞周默然久之曰："亦似惭也。终两可。"曰："缉事之说何如？"曰："亦似止。"

亡何而谋复作，群珰又度非上震怒，则阁臣终持不下；非频争忤旨，则上亦不怒；事不见端，则阁臣亦不争。于是令群小珰，故以坐厂分司者书之幛扇矣，出入扬扬，意得甚也。弘图见而怪之，果谓曰广曰："事急矣！为之奈何？"曰广曰："前已尽言之。即言之，亦无加焉，事不可絮。夫渔者非为浴也，而浴在其中。毋己，其托之请谕惩贪乎？谕惩贪，并缉事而申明之矣。"于是曰广拟谕一道，谕曰："朕惟周官六计，所冠惟廉。官方清浊，国家治乱关焉。先圣云：'苟子之不欲，虽赏之不窃。'盗何由炽？先朝末习，朕不忍言。岂法网阔疏欤？由廉耻道丧，无以感发其良心故也。周成刑措不设，汉文耻言人过，朕甚慕之。顷禁缉事，断自朕衷。夫约束愈宽，所以期待者愈重，朕意岂有极哉？谁实无良，尔诸臣其曲体朕意，勉自砺也，岂惟国家之休！夫君臣之道，期无相负。或有不率，莠盛苗秽，何可不锄？科道官其不时纠参以闻，朕将力明赠典，以法负朕者！"

谕草具，缮疏并上，以发明求出谕之意，示呵训也。旋发票，弘图条旨："缉事允属弊政。览卿奏，洵救时针砭，着申饬行。谕即宜部院。"条上，发改，弘图果力持不可，具疏争，而上亦果大怒。是日即召弘图对，切责以："尔辈党同把持，视圣旨为故纸。朕作一事，便禁切不得，但使我寄坐，可乎？"弘图龂龂不奉诏，仰奏："皇上即威震雷霆，微臣不避斧钺，敢昧死再进一言：缉事乱政，必不可行。"上愈不能平，复责以忮狠藐肆，弘图乃叩头谢："臣愚不识忌讳，逆隆旨，亡状，万死！臣起家非文学，臣又衰庸，自知不称任使，不宜辱政本地。负主恩，当罢，请得乞骸骨！"上意乃解。弘图退以语曰广："数月君臣鱼水之欢，是日已尽失矣！"盖群竖日挑激，先入甚深故也。然是役也，卒以弘图、曰广力持寝。

护总宪

上监国，首起故御史大夫刘宗周复总宪，从人望也。宗周疏陈国是，多所诋呵，而末攻马士英犹力。士英故黔产，毋奇贵易高也。方宠幸，骄溢弗堪。愤甚，语亡状。贻书阁中，詈："宗周奸贼，必驰斩其头！"并讥切弘图、曰广、铎皆公死党，必尽发奸私上闻，破坏徒党如草。盖以宗周疏称草莽孤臣，而阁臣条宗周旨，语多嘉与故也。书视，弘图怒曰：（按：此下有阙文。）曰广笑呼其仆曰："语而公：第疾驰馘总宪头归，即相过饮至，无他言！"

先是，士英亦乞罢。是日午，上特遣从龙珰宣谕，异数也。次日，士英出，有旨，并召弘图等至。士英仰天盛□一揖，默然移时。上御殿，士英奏谢。上慰问，士英叩头乞奏："臣以拥立皇上触东林奸党，必欲杀臣……"语未毕而号，内监卢九德等亦泣。士英复奏："臣知奸党必不相容。臣孤踪，诚不能以一躯称快万众，乞皇上念臣拥戴微劳，放臣归田里，以此全活微躯，矢来生再效犬马，臣不能复事皇上矣！"语毕，头抢地，呜咽伏地。上曰："卿起！"士英啼伏不肯起，上于是益大感动，温言曰："卿起！卿自爱！朕与卿作主，谁敢螫卿耶？"士英奏："臣之残生，托在皇上！臣切愤刘宗周欺藐皇上，疏称'草莽孤臣'，既已奉恩诏幸列大臣，不思竭忠报主恩，乃敢阴怀观望，明示不臣，无人臣礼。臣矢以死奉皇上，天必杀此老奸！"

上色动。曰广愤然曰："士英言太谬！宗周屡朝耆旧，守道坚固，清确之节，黄发罔渝，真所称古社稷臣。臣此素著狂直，屡触先帝忌，先帝犹卒优容之，其谁得而杀之！"士英曰："曰广与宗周，此即所谓东林奸党，此即俱不立皇上者也！"曰广曰："尔梦语耶？迎立时，宗周尚在越。臣书生，又不握兵！"士英曰："若无声尔，不画花押，明矣！"曰广曰："花押簿今犹在监臣所，可覆视也。又梦语耶？"士英曰："人有是言矣！"曰广曰："信如人言也，即今言汝反者遍国中，汝反，真耶？"士英曰："雷演祚之招兵，谁为为之？固汝门人也！"曰广曰："兵在何所。请下案验覆奏分明！演祚以国难之殷也，檄劝勤王，悬而布之通国，焉可诬也？"士英愤然曰："我如捏诬者，吐鲜血矣！"曰广曰："弥天之虐，女则造之！既怀奸面欺，又重之以信矢。欺天乎？知尔今之不畏皇上也，尚亦有阎罗之拔舌在。死，亦不畏耶？若尔持斋，何为也！"

士英曰："南中诸臣谤皇上不应立者二十四款，

议单入臣手。史可法迫而取之，臣初不与也，可法言：'汝杀我耶？'臣乃还之。而属臣绝口，然原稿臣尚录在也！"曰广曰："议单之说，微士英今奏，臣等未之知也。如其言也，诸臣多矣，士英胡独闻焉？密书之贻，非其亲昵，谁则与之？两人同心，一朝反舌，俱臣之所未解也。皇上天授，众臣乐推，士英拥戴，实有微劳。小人希功，遂怀非异。觖望未盈，日构人罪以高己功。富贵迷人，良心尽丧。惟皇上念功，大加恩赏，平其怏怏，免使无端造狱，横杀忠良，失海内人心，伤国家元气矣！"

上见相攉不已，目韩珰久之。韩珰无言，上乃言："惟天降罚于我家，朕以凉德勉服厥命，恐坠祖宗之遗绪，用托二卿，以匡不逮。亦冀卿同心戮力，集乃事，宗社无疆之庆，朕亦尚有余休！乃嚾嚾交恶，予将畴依！呜呼！人各自见，细故可捐。自兹以往，毋介乃衷，毋复有言。我闻在昔圣朝，时则良弼同寅和衷，卿其敬听朕命，罔俾昔人专美于前。予嘉乃德，惟汝永念！"复目韩珰，韩珰出而言曰："皇上日月之明，无所不照；天地之量，无所不容。"上复峻起，谕以前事："朕德弗克，实则何心！两卿心事，朕所深鉴。其即入直，同归于好。惟公家是急，用慰朕悬衷。其无复补牍，出亦毋以语人，以滋藤葛。其切听朕言，言不再！"于是曰广、士英叩头退。

　　至阁，士英则攘臂抚几指曰广曰："冤对也，必同命！"曰广笑曰："硁硁者尚存此七尺，皆逆竖权奸刀俎之余也。君如惠顾同谱，其赦之，则君之高谊也。必欲择肉焉，亦惟命！"

　　先是，宗周疏至，士英故心疑曰广，至是见曰广为宗周发愤，谓信然，恨益深。久之，诇得宗周疏语，具出故礼部郎中周镳手，士英由此以杀周镳也。

　　曰广语方竟，而大珰韩赞周、李承芳、田成、卢九德至矣。奉上命矣。坐定，久之，屏人密申前谕，如是者三。曰广等求附奏谢恩。别，曰广语弘图曰："苦哉！不敢遂行矣，送行文至矣！"

　　亡何，鏖宗四镇果应募起，曰广行。举朝争者，少司寇刘士祯，大银台侯峒曾，科臣熊汝霖、吴适、章正宸、罗万象，台臣詹兆恒、郭维经，部臣张采，后先章满公车，而江右争犹力。弘图语人曰："微江右不及此。美哉，其理学节义之遗乎？而新建公之为人益信！"盖往事，阁臣去国，其乡人必离逖示异，甚则操戈故也。

裁镇将

弘光御极，群臣上言："皇上龙飞应运，实惟总兵官。至高杰、黄得功、刘良佐、刘泽清早决大计，拥立圣躬，功在社稷，宜锡五等爵，剖符延世。"诏曰："可。"封黄得功靖南伯，高杰兴平，良佐广昌，刘泽清东平，四镇由此起矣。

盖先是变时，杰持闯公爵来挟封，时议以我方不利，从之便，封杰实以此故。其封泽清，亦实以泽清攘臂言先帝时以议封故。其封得功、良佐，则实以积战功故。得功骁勇殊绝，荡决无前，人以黄闯呼之。良佐勇亦差等，有花名马，常骑之，当者辟易，亦称花马刘也。江淮间无不畏惮此两人。然其为人皆不知书，贪财物，好妇女，为气使酒，无良将风。

杰，故闯将翻山鹞也。归降孙督，为军锋，复为闯败，挟众南奔。朝廷不能问，散处河干，为淮抚路振飞所扼。时马士英在凤，入其贿，纵之渡。自杰得渡河，剽掠无虚日，江淮间骚然矣。泽清亦五营盗魁，亦以受抚援远，大衄逃归，朝廷置不问。后夤缘入故相周延儒幕，握兵江淮，横甚。以修隙，至拉杀科臣韩如愈，剐其心，朝廷亦不敢问。其在先帝时已如是。

四将既起牧竖盗贼，粗暴犷悍，其天性也。及得主定策盟，人人有门生天子心，□桀骜无等矣。督师史可法在行间发言，多所引指，杰怫然曰："'旨''旨'，何旨也！尔曾见皇极殿中有人走马耶？"而得功一日伏受诏语，不当意。不待竟，即起，攘袂掀案，大詈曰："去！速去！吾不知是何诏也！"其跋扈至此。犹婴视朝士，日思所以谁何者，有所噬。奏上，辄云乞付军前正法。朝士以此畏恶之，而士英独喜，以为其威可为系援也，连附俯仰，犹恐失之。曰广则鳃鳃县官有天下日浅，实恃二三大臣正己肃物，使人知朝廷有人，务在肃宪典以重主权而已。以故抚接镇将，词色乏温润，而事亦多乖反焉。

颁爵后，受地，有成议矣。杰瓜步州，得功真州，良佐临淮，泽清淮阳，扬州则属督师，居中调度。杰垂涎扬烟花地，家焉。三镇起狷争，得功至治兵相纷拏，杀伤大当。督师请优诏解之，不听。上忧甚。召阁臣谕以镇臣争地，势难左右袒，不如探策便。监臣韩赞周曰："不可！此衰世苟且法也。皇上中兴，作事宜法周宣王、汉光武。"上复问："镇臣难驭，恩法两穷，为之奈何？"曰广曰："唐之末造，藩镇犹张，裴度有云：'岂朝廷威力能制死命哉？亦处置得宜，有以服其心尔！'皇上亦惟是懋昭明德以临之，以迄于行政用人，无私是奉。明德惟威，有道不议，何忧乎镇将？"
上是之。会杰、得功以相持久，兵亦解。

先是得功首朝，见上虚己敛容，礼下之己甚。礼
竣，上呼："先生起！"朝罢，曰广语韩赞曰："今
朝廷未尊，上宜肃臣下以礼。得功，将官也，奈何起
而'先生'之！昔者夷王下堂而朝见，惠帝下车而止
拜，有识知其不振。彼武人何知焉，既悻悻有骄主色，
上又损威重以长其跋扈，真所谓臣主俱失者也！"得功闻
而嗛之。

亡何，良佐至，称贺竣，叩头请死，盖犹知不入援
先帝为有罪也。随即益兵。上曰："兵不贵多，且难者
饷耳。"良佐覆奏临淮士民击毁其兵，愤甚，矢必报，
至齿击髯张矣。上曰："兵民一体矣，卿毋觭视焉。"
良佐怫然，气蟊勃，语垒涌不休。上不应，而目阁臣者
再。曰广乃呼斥之，曰："刘良佐毋多言！尔刺刺而嚣
嚣，何故？当朝廷待尔恩良厚，外议则藉藉。分封，弊
政也，阁臣碌碌困入耳。良佐，尔辈簪缨五等，而令阁
中待尔包羞乎为！出语尔侪辈，能贾勇杀贼，为先帝报
仇也者，是即为皇上增重，为阁臣洗羞，吾且稽首纳拜
所甘心。其他不须多言！"良佐唯唯退。

最后则泽清至，而所不至者杰也。泽清差知书，于
四镇为独狡矣。犹喜事，关预朝政。陛见即盛言："东
林奸党冤诬先皇帝久，近且图立潞王。"上曰："往事

已矣！大宝，朕何心焉？潞叔其人贤，实可立！"泽清
又言："祖宗天下，为白面书生坏尽，此曹宜束之高
阁。俟臣杀贼后，取而拂拭用之，以听其受享，可也！
今请罢制科勿设便。"上曰："此无与卿事！今急者防
河也！"泽清亦唯唯退。弘图晚过曰广所，为言其狂悖
如此。

越日，泽清亦过焉。曰广延之入曰："闻昔得交
敝门张天如，信有之矣？"曰："然！吾尝笑天如，门
户，须吾将官守也。不意其党多利吾赇，且下石焉，吾
是以叛。"曰："其中亦有清德乎？"曰："有之。"
曰："然则贤者何罪？夫何门之不可守，而必一家为人
情乎？吾闻公等频言击贼，要须手击耳。曩守济日，胡
以牵率河臣，齐驱南渡？今旦夕发缇骑矣，朝廷宪典，
固不文臣贷也！"泽清面赤，发声曰："时已无主矣，
又为谁守耶？"曰广曰："曩金陵而骚动矣，今日半壁
依然，朝署无改，固惟一人之庆，亦当日绸缪之不失措
也。备盛筵而召嘉客，何患乎无人？"泽清语塞，然心
衔之，退即烦言矣。

泽清自其先朝杀科臣后，人为之寒心。至是入朝，
益多侧目之。泽清心知，亦每微自解说。而士英则笑
让之曰："有此一杀，燥皮之甚，胡辞让为！"闻者
骇之。士英既夙与四镇比，及泽清、得功等来，则益
尽其私佞，谨奉之。乃大治具，出女乐侑觞，命其子侍

酒，跪起如子侄礼。曰广闻谓士英："信有此乎？"士英知情得，趑趄久之，曰："然！奈何！凡吾所为不惮降意者，处此辈为极难耳！此辈之脸，不可破也。破而缝，拙矣。吾今日实告情于吾子，微独四镇也，即其阃以内，室人亦为结娣姒行。官袍玉带，时则馈之。"曰广曰："昔者王威宁拜老卒于马前，胡梅林赏将官以爱妾，恩威不测。鼓之舞之，督臣事也。今吾子俨然具瞻矣，官各有体，亦惟大道之是务也。子其大居正以服之，积至诚以动之，用亦有憬于厥志。谁则无良？杨绾登而元勋戢，李勉列而朝廷尊，其谓此物夫！"士英则大笑，以为迂阔而远于事情也。

亡何，四镇求玺书矣。先是封事起仓卒，诸将条上事宜，上许焉。一切诛戮署置，盐课商税，以及正供之赋，俱得便宜从事，俨然藩镇矣。旧例，敕尾阁臣书名，曰广至是见之，持不可。会江北大司寇解学龙、词臣姚思孝、科臣李清等亦集言：不改，深酿地方忧。曰广以语士英，曰："此所谓许而不与也！史送之，令吾夺之，不能！"曰广曰："此事自关君门户，愿缔思之，无忽也！"曰广具疏言："五大在边，尾大不掉，非所以为久安计。乞下枢部驳正行。"弘图持示士英，士英悟，遂改如疏，而曰广疏亦寝不上。

一日，泽清疏至，为故相周延儒减赃也。曰广曰："将官何乃与朝政！"及之，曰广意非有所靳，盖欲发自言路，既报可而后下之。而言路不知，以为阁中自避部鼎嫌也，以故久商之，无一应，疏成复毁者数矣。士英索前疏特急，及得之，喜甚，即以属曰广。曰广曰："固吾心也！先帝壬午之政，比于轮台，实惟宜兴初出之功。是举也，以彰帷盖，不亦可乎？惜也言者镇将，人谓吾诡而恭，畏其威而奖之，制朝权也。抑有他疑焉，且徐图之。"士英亦废然止。厥后泽清烦言有敕不发，有疏不票，新建之辣者，此也。

镇将既恚曰广不得逞，而士英、阮大铖复挑之，于是合疏为恶语相攻，至云称兵，朝中大震骇。先是疏攻总宪刘宗周，宗周不疏辩，第应以揭。至是咸劝曰广姑隐忍之。曰广不听，具疏辩讦，语颇厉。曰广心知镇将有此，先时讼言："'归与归与'，志久决矣。闻镇将之猖也，行行且止。若辈真反耶，宁惟阁臣可逐，恐天下健者更自有人。如其不敢不臣也，吾又何患焉。夫跋扈无上，不可长也。既为朝廷心膂臣，若之何为将官撼也？而长之，吾必处此！"闻者危之，门人以告。曰广曰："吾义无可留，人岂谓吾真在此耶！先师之遇桓魋也，曰：'天生德于予，桓魋其如予何！'未几，而微服过宋矣。乃所谓一龙一蛇也。向言，存阁体耳，吾亦从此逝矣。"可法闻广讼言，忧甚，从师中书与弘图，盛言镇锋恶，盍谨避之。弘阁为道曰广本指，可法乃书与曰广，称先见且得体云。

防左镇

　　弘光监国亡几，凤督马士英入趣即真，阁臣姜曰广曰："盍徐之，示不忍忘先帝也。且吾甚忧上游，左镇拥重兵劝进，而不首之，祸必始此矣。"士英曰："何谓也？"曰广曰："立君，大功也，事出吾辈，彼趹韦跗注者，其何说之词？今者问谁执牛耳，则四将尸焉。左镇视黄得功、刘良佐，乃与哙等伍，其他毛贼耳，容堪笮其头否乎？"士英曰："上适在河北，四镇之遇，天也。左何为者？"曰广曰："子亦知人情乎？今有豪家于此，格伯重事悉听焉。单门鼠獝，素仰奉之不遑。一旦阴主大狱，而厚利是私，大豪必怒，且掀翻之矣。今日之情，得毋类是乎？"士英默然。

　　居久之，曰广复为言，士英引他语乱之。已而曰："天下事，我寻当自判！"一日曰广复重言曰："此亦子他日之忧也。"士英瞠目良久曰："子岂以予难左，左曾足为大虞乎？昔渠居楚食绝，又眈视金陵也，已焚楚，拔营蔽江抵皖矣，当事咸虩虩。予于时有鸠兵之役，黄闯、刘花马实左右焉。左闻，丧魂返。又刘超之叛，吾殪无噍类，左念之，岂不犹心悸也？渠即愤而思

388

逞，岂能冒訇磕者之疡，而飞渡此长江哉？即令渡而抵城，彼来者巨舰也，乘其继而蹙杀之，尽为流尸矣。是役也，吾真可以封！"曰广曰："如震惊宫阙、荼毒生灵何！固知吾子能，家之多难，未堪横出一枝耳。脱外接两而内寻戈，斯亦卢兔相持，自献于田父者矣！"自是士英辄向人言："新建公奈何以左镇恫喝我也！"

亡几，御史黄澍自楚至矣，有旨召对，而难端忽发。先是吏部侍郎吕大器疏抨士英奸贪雄诈，心事等温懿操莽。士英疏辩，旨慰问。及朝参，方思廷辱大器，鼻息拂然，而御史黄澍叩贺礼竣，即呼奏："臣今舆樑来，矢以死击奸贼。"上问为谁，澍曰："马士英也！士英从荷戈擢凤督，受先帝殊恩。及先帝围困，此贼拥兵坐视，河干之不一望焉，忍心无人臣礼至此，天下之恶一也。既不忠于先帝，谊岂忠于皇上哉？且凤泗祖陵，千万世发祥根本重地也，祖制特命督臣建牙，正为今日。今士英闻警而抱头窜矣，将毋送祖宗藏玉，惟贼之蹂躏乎？曾不若细民之家，苟有一抔土，付细仆守之，缓急犹相保也。祖宗在天之灵，实怨且恫深矣。士英身为不忠之乱贼，并陷皇上为不孝之子孙，万死有余戮！"

是日，闻御史言，群臣无不洒然易容倾听。澍则且奏、且泣、且骂，搏颡不休，涕下纵横覆面。上亦面赤，熟视良久，语阁臣曰："御史言是！前来，试为再奏！"澍言："士英不学无术，非宰相才。既雅负知兵，王室而多故矣，疆场之役，胡不戮力焉？皇上天之所启，士英妄贪天功，窜身政本，乃惟贿是闻，真怀奸败类之尤，王法所必诛，下士所羞伍者也。新朝具瞻，犹关风听，奈何令此小人尘点日月？使四方闻之，轻朝廷无人矣！臣姑摘其凤督赃私陈之：受武弁某某赇若干，娄文官及乡绅某某赇若干……"语未既，而何珰突出跪奏："黄御史所列秽状皆实！臣奉差在楚，可为左证！"因戟手指天，顾士英而唾。监臣韩赞周斥之曰："公论在外廷，内官无廷辱阁臣理，汝何为者！"是日，士英卒惶急无以应，气索声嘶，叩头乞罢而已。

亡何，澍过曰广所，曰广曰："公昨庭奏侃侃然，得毋造次？夫贵阳未可动也，渠定策而有内援。"澍曰："若然，奈何？其人非德类也，不可与图事，且左镇见水火焉。"曰广曰："宰相待罪，古之制也。若夫将官逐阁臣，此岂盛德事？而左冒行之，脱朝廷之难割恩也，君臣从此郄矣。即令胁而勉从，其功庸可居乎？鬻拳兵谏，自纳于刑矣。李怀光、卢杞之胡不闻焉？怀光暴扬之表为杞宿奸，犯天下垒久矣，又奉天之功，于唐再造，然且万有余丧也。今左镇诚乃心王室，然未见殊勋，贵阳柄政，又席未暖。自古将相调和，国之福也。幸为左镇言，麟阁席地，吾实心奉之。国之安危，在此一举，毋轻动也。"

越日，澍以左书致御史郑友玄转示曰广，书言：“贵阳已兼四镇有之，今又据司马堂，将来杀我疆臣，此君侧奸贼，矢必逐之！”曰广寄语黄御史：“左疏来，必力寝！”次日，曰广讼言于阁，高弘图曰：“置之！不忆恫喝之说乎？无益也！”曰广曰：“性无欺也，且惧及焉。”士英至，曰广卒述之，士英默笑而已。其后颇用阮大铖言，多赍金珠美女结左欢。然隙已深，左终疑且厌薄之。乙酉春，左移檄以清君侧为名，称兵犯顺，士英疑出曰广、史可法嗾，两人几不测。夏五，清兵来，亦称伐马、阮罪，兵渡江。士英逃，旋以降磔。

旧史氏曰：“予记事至此，未尝不仰天号泣，为之三叹息也！易称‘覆悚负乘’，岂不犹彰明哉？夫谋国一不慎，而蹉跌至此！嗟嗟！彼一身固不足恤也！”

持逆案

先皇帝时，政令多所更改，独持逆案甚力。群小百计掀翻，不能得。给事中阮大铖，名厕逆案中，海内正人，犹切齿辜未蔽，以通逆珰杀左、魏故也。侨居金陵无聊，置女乐治具，日结纳诸贵人。亡赖子亦多为爪牙用者，相率娄金钱。而马士英从抚宣府罢归，亦寓金陵。以同籍，旦夕过从为欢昵。而大铖故阴贼善，因事中人，目得马而益雄也。厥后士英从谪籍督师凤阳。具出大铖援，感且刺骨，大铖乘国变，谋急燃灰。时有为延说者，兵部尚书史可法以语宫詹姜曰广，曰广盛言不可。可法曰："吾亦惊外间有此声论。虽然，公慎语自重，渠恨公绝不通，此君真刽子手也！"曰广曰："有命！龙鳞虎口，予数试焉，邀天，今年已六十一矣！"

亡何，诸臣传单会议，时勋臣刘孔昭已揣知士英将入柄政，而所急者大铖也。遂首为言冤，且实才，余嗫嚅未敢言。曰广奋然曰："何谬也！将为先帝报仇，而乃用仇先帝者？必也正名，非所以号召端良，激发忠义也。"诸臣相视久之。曰广复谓左都御史张慎言曰："公风纪重臣，且负天下望。今邪正大关，亦噤不声乎？"慎言曰："予初未尝言阮宜用也！"曰广曰："不然，公何不言不宜用耶？"事遂寝。及弘光登极，阁中持亦力，恩诏起废，置不列矣。有借端旁及者，弘图条旨折之，可法援笔，益以"敢引荐者，言官其力纠之"，曰："守关不得不紧！"

及士英入，浸用事。每饭，意未尝不在大铖也。以荐谋之言路，无应者。已遂具疏，得旨部覆。因私干署部事少宰吕大器，大器拒不见。越日，特疏丑诋之，语甚峻。亡几，士英复以属礼部尚书顾锡畴曰："吾善子，吾与子有言也！阮髯何用负天下，而人持之太急如是？今吾幸当事，必不以迫于党人，而弃所刎颈之交，谁能荐之？荐之，而大用可立得也。"锡畴逡巡笑。逊谢曰："公不知仆之不肖，面思宠之，幸甚。虽然，家大人老矣，此三公不易之时也。仆以初立国，忍情来，察其意甚恨。今吾魂魄已不在此，且夕差行。国之大用，愿推择可者。"锡畴且以语曰广曰："推人入溷圊中，何大用也？"曰广调之曰："子惧耳！"曰："夫何惧？"曰："益庵一炬灰，不未冷耶？"昔昆有鄙相顾秉谦者，以媚逆被焚，故曰广引调之。

自锡畴之复不应也，士英谋愈急。曰广心欲止之，未有间，而御史周元泰纠故督王永吉之疏至，先是兵部侍郎解学龙从田间书入条陈北方事宜，并才永吉。时方议用永吉援北，而元泰有言，于是曰广即疏自劾，盖以已先有揭请北援，末引学龙书故也。疏成，示士英，士英曰："赘！"曰广曰："台长言正，阁中职首用人。少差，何以对天下万世？王，吾门人也，亦实才，然且俟论定。夫丧已以徇人，智者有不为耳！"是举也，曰广可以不言而言者，将以风止士英，毋妄荐引也。每酒酣，推此类具言之，而士英弗善也，谋愈急。既度外廷终无应者，乃与大铖精心事内。久之，诸珰意得，亦思提擢大铖而恐不及矣。阴谋定，士英复疏荐大铖。旋发票，士英佯出，令一老仆叩头曰广所，乞拟"报可"。曰广曰："谁也？"仆曰："主人翁同年阮也！"曰广怫然曰："为语而公，呆矣，何至乃以名节徇人！而公常言渠脸为人画成花脸难颒，吾宁洁白去耳！安能不惜面目，使人指笑我，唾吾背乎！"

会小珰送手票，曰广即属之："为我呼韩公来！"韩珰来，曰广曰："请从此辞矣！"赞周愕然问故，曰广曰："不知贵阳荐阮耶？不去何为？"赞周曰："公人望也，如中兴何？"曰广曰："自有人在，硁硁者何能为？"赞周乃长吁久之，曰："国事至此矣，外廷终戒心，奈何！"曰广曰："否！意者公其眩听于朋党之说也。夫李绛则有言矣：'君子必合君子也。'岂必与小人合，而后谓之不党耶？"

茶至，曰广指而譬之曰："此松茗也。或欲益焉，则越之天目、吴之阳羡、闽之武夷、齐之蒙山，皆臭味也。掺之溲溺，谁不哕吐焉。不可苟合，道也；不能强同，性也。隳道乱性，人类失矣。且吾何党，亦惟史公之故，群小实有懫心。吾锐身为之救，亦实惟其人实忠勤，可属大事。专当一面，史于吾未有夙昔也。且善植党者，不时贵是党，而党一违时失势之人乎？其他不过刘念台、高碪斋、黄石斋、吴鹿友、郑玄岳四五人止矣！公亦当知数公本末也。"赞周曰："闻皆大吕也。"曰广曰："然！阮于内廷，枝连也。贵阳之荐，呼吸通谋，生诚不能默默处此，亦知言之无益，所以不惜以片肉投馁虎，一苇障狂澜者，存此，明国是，留正气，而思为先帝发愤也。"

赞周曰："公毋着相为也，不票焉足矣！"曰广曰："公不知危不扶，颠不持，焉用彼相哉？吾本无心用世，何至忍死弹冠？亦以宗社沦亡，殡宫冤酷，诚不胜热血人，遂真不自量也。始欲聚四方之力，选四镇之锋，督师仗钺而临之，朝臣缟素而送之，张义声以北伐也。而不能。继又请简偏师，给能将，拓逻北鄙，争先处强，且以为义旅援也。而又不能。继又请募润之水师、粤之火器，分泛而棋布之江，巡宣大阅，夫将次第举之。而又不能。并告以规胜之在江北也，荆承其所必争也，亦惟是左镇、刘洪起是赖，则亦惟是鼓之砺之。而又不能。继又欲使江干有蔽，口宿重师，环城于有牢，家作内政，庶几立三辅训巷战之义也。而又不能。

吾枝穷矣，而不能止，古之经也，若犹是碌碌取充位为也，将举平生而尽丧之，天下后世，其谓予何！"

赞周曰："公既有请矣，复条旨而不行，自存任其咎者，已无与公事矣！"曰广曰："公安所得谬语而称之。阁臣但司票拟，则一精灵书饶为之。古人不应云宰相之贤否，视天下之安危也。夫黄阁之条旨，亦犹黄冠之书符也。书符者，一举笔而天神听命，雷电交轰，斯足尚耳。今符悬而精魅且见，旁观者举窃笑之矣，犹不窜，而披发叩齿禹步俨然，何为也？嗟乎行矣！微智未伸，初心顿负，岂乐为此举哉？亦诚有大可惜者，以夺其情也。今外论皆以张承业望公，公贤声素著，公即不爱国家，胡不为平生少自爱？吾请以自爱者爱公何如？"赞周曰："谨受教！"于是明日□称疾不出，盖逆知召对有说故也。

越日，上果召士英、大铖，乃越次面进大铖兵部侍郎。弘图执争请下廷议，与大铖相擢。先是，曰广即具疏以去就争，疏称："是举也，先帝十七年之定案，顿付逝波；新朝数日前之明纶，竟同覆雨。梓宫未冷，增龙驭之凄凉；制墨未干，骇四方之观听。"言甚恳。疏入，上遣官宣谕，曰广附谢，并陈先朝小人通内致乱之由，语详曰广疏中，志殷鉴也。上所以答慰藉之者，亦甚温且悉。自是科臣袁彭年、罗万象、李沾等，台臣詹兆恒、郭维经、朱国昌等，群起合纠，章麋集，士英亦气沮。事复寝。

士英见时无可奈何。一日，乃佯为好语，顾曰广大笑曰："吾前荐阮髯，觉亦大高兴。今念之，殊自失。"曰广曰："无咎者存乎悔，即失途未远也。"居亡何，复谓弘图："若辈讲声气耶？虽然，孰予若？予吊张天如，走千里一月，为经纪其后事也，人谁问死天如也！"弘图曰："公亦知天如为新建公高足耶？公此意大佳，来！吾辈不错也！"曰广曰："凡吾所为者是非耳，千秋万世后，宁将以阮辈为君子耶。"士英曰："吾固知之，人言尔辈横见规图，不然，吾何以至此？"曰广曰："毋听谗言，黾勉同心，且坛坫相奉也。"

监军佥事越其杰者，士英内姻也。其人颇通明，而老于世故，数以此谏士英，良苦。士英曰："吾所以荐阮者，了情面耳！非有他，幸为我过新建所，愿言英之不敢悖正人也。"曰广闻之，喜以语弘图。

亡何，士英密疏，复他有所荐引，谋愈深。弘图笑语曰广曰："南人复反矣！"及左都御史刘宗周两疏攻击，遂咆哮无忌云。厥后曰广行，而大铖即以是日出受事。

孤忠后录

［明］祝纯嘏

孤忠后录

顺治二年乙酉，贡生黄毓祺谋复故明。

毓祺，字介之，号大愚，天启元年恩贡，家住江阴东城内。守城之役，与友人参将张宿、上舍程壁等，歃血同盟，协力拒守。至八月城破，毓祺潜渡海，谋请兵于镇南伯。有僧浪仙泄其事于武弁王珑。珑以邑人杀其家口，衔恨刺骨，嗾官兵火搜。毓祺赖先出，得免。因传檄四方，阴合同志。文云："即如江上孤城，首倡人间大义。斩馘万计，固守八旬。□□棘荆，俯视敌人如草芥；弹丸□□，至今马骨如山丘。亦可见我非脆骨柔肠、必不可扶之弱植，彼非四目两口、必不可胜之雄师。特系乎顺逆之人心，与盛衰之士气。"时旧臣遗老，所在不靖。檄至，往往响应。

三年丙戌十月，广西永明王改元永历。
十一月广东唐王改元绍武。
生员徐趋袭江阴城，兵备道徐服远却走之。

毓祺晋归营葬，约众于八月十五夜，杀入兵备者衙门，然后再守江阴。薛纯知之，私以谋反首。中表徐趋拂衣起曰："发不发，等死耳！宁制人，毋为人制！"侦知城中无备，遂不告毓祺，独以千余人袭之。时届黄昏，放炮太早。兵使徐服远赏月未卧，纠兵杀出，乃败，辟城远遁。明早毓祺闻变，心知趋所为，挺剑蹈海而去。其党又株杀二百余人，全家抄掠。

四年丁亥，楚世子监国于夔州。
黄毓祺起兵海上，谋复常州。

正月，毓祺纠合师徒，自舟山进发。常熟钱谦益，命其妻艳妓柳如是至海上犒师，适飓风大作，海艘多飘没。毓祺溺于海，赖勇士石负之，始得登岸。赋诗云："可怜上帝醉如泥，自叹愚民与石顽。纵使逆天成底事，倒行日暮不知还。"约常郡五县，同日起兵恢复，聚众数万，屯武进白土地方，五鼓薄郡北城，放火烧门。知府夏一鹗、同知黄谋驰至。门将破矣，鹗领家丁数十骑，开门杀出，冲过吊桥，众皆散走。黄系投诚参将，改文阶，开门时，黄揽舆止之。鹗曰："彼众盛，天明则势成矣！此时辨我多寡，不可也。"鹗，辽人，生长边方，故用兵如此。

此时城门洞开。徐趋固文士，不知兵，纶巾羽扇，驱兵至府署。署中出骑兵数人，挺刀逐之，众惊逸。自相蹂践，趋乃被执。趋被执，祺遁江北。吏执其子大湛、大淳、大洪，兄弟争死勿怯。

初，趋以小册注祺门下数千人。湛被执，对簿。吏根株羽党，遣役械湛归，搜名籍。湛检得，亟嚼而咽之，一无波及。

毓祺事既不就，而志不少衰，逃名潜窜，冀得将□□□。或名"张睢"，或名"赵渔"，或名"王梦白"，或号"太白行者"，甚至衣穿履决，乞食于市。至淮，索居僧舍。一日，僧应薛从周家礼忏，周闻知祺，延而馆之。周好道术，有神降于家，言祸福，颇应验。祺问之，神判云："郁仪结璘，丽天在兹。重光重轮，赖君扶持。"周有子，颇好事，心喜其说。祺有部曲张纯一、张士俊二人，向所亲信。二人从武弁战名儒转输，实无所措，谋于名儒，将以祺为奇货。名儒故与薛有隙，得此为一网打尽计。于是首者首，捕者捕，祸起仓卒矣。

顺治五年戊子，下黄毓祺于海陵狱。

是年春，执毓祺见廉使夏一鹗。四月，下海陵狱。一鹗为常州府时，治徐趋之狱，尝垂涎于祺而欲未遂，后心艳武进杨廷鉴之富，欲借此为株连。祺不应，索笔供云："身犹旧国孤臣，彼实新朝佐命。各为一事，马牛其风。"一鹗大怒，酷肆拷掠，诘以"若欲何为"，曰："求一死耳！"七日，遂囚于广陵狱。

六年己丑，黄毓祺死于金陵狱。

祺豪于文，在狱中，慷慨如平时，题咏不少辍。落笔洒然，痛所志不遂，郁伊骚屑之情，溢于辞色。三月，移金陵狱，将刑，门人告之期，祺作绝命诗，被衲衣，趺坐而逝。野史氏曰："按《殉节录》，则云戮尸。而相传则有人代死，毓祺后寿终。"

方狱之亟也，当事者欲以闻，江民恐再罹难，诸生汤林、徐时化、韩、方、沈五姓，泣跪县庭。竟日，令不能决。绅士曹玑委曲白诸上台，得邀宽宥，不复穷治，独大湛入旗为奴。野史氏曰："此事学使苏公铨之力居多，故邑人感激，建梅花书院以尸祝之。"

七年庚寅，烈妇黄周氏死难。

先是，毓祺蹈海，长子大湛挈其妻周氏，避难于浙西严禹航家。湛间归，为捕卒所得，自问必死，乃书一诗与氏。该氏得书，惊恸，引带自缢。为婢妾所觉，不得死，遂束装谋归，曰："夫子性命不可知，我妇人，奈河泊数百里外求活哉？"严氏涕泣挽留，不能止。时浙东新破，闽粤拒命，清兵往来，纵横络绎。路无行人，督仆觅一鱼艇，昼伏夜行，水浆不入者数日，始达江上。家破无所归，依其祖母姨沈氏，日挑野菜，杂糠秕以充饥。而竭十指之力，以供夫之狱食者，未尝不精腆。盖十阅月而解去。

戊子四月。毓祺事败，氏知破巢毁卵之祸，将不旋踵。依栖亲党，必致累人。乃蹴居村舍，佃田数亩，与夫俱归，端居绝粒以待尽。饿七日，不死，遂复食。竭力操家政，一切编篱墐户锄瓜刈黍之事，靡不身先，不特亲操井臼而已。

己丑三月，毓祺死于狱，律当谪家属旗下。

庚辰四月，湛与其弟赴金陵，氏与夫生诀。自誓必死，复不食。第恐死于家，为里党累。不得已乃投老姑董氏家。人定后，径投宅后池中。漏二下，始觉而觅之，尸已浮水面。董氏多方救之，呕水数斗而活。天未明，捕卒驱迫，氏遽求死不得，闻人言，服金屑能杀人，喜曰："早知有此，何不悟哉！

费我一夜熟筹！"乃扣质库，收董氏金钏归，屑三
钱，服之，盘旋肠胃，痛不可忍，竟不死。抵暮，
投湛故人杨廷玉家。廷玉闻之，甚悲。询氏求死不
得状，曰："金不赤，不得杀人。"乃脱内人指约
双环，屑之以进，亦不验。然氏已阴置利刃于怀，
以备万一之变矣。明早，太守坐堂皇，按册呼名，
氏直立不应，举右袂障面，左手引刃自刎，刃入喉
者二寸，流血冲涌而死。太守怛然失色，满堂大惊。
是日也，日正午如夜，众星灿然，阴风起于堂中，
众以为精诚所感，好事者争酿金治木，将为发丧。
明日，有持香烛来拜烈妇者。乃夜半，喉中气转，
复生矣。太守笃钦义烈，许召领放归，具文申救。
而廉使夏一鹗衔旧恨，移反严切，刻日趋上道。湛曰：
"吾固知吾妻必死，不意其能从容乃尔！"湛乃就狱。

野史氏曰："晞父子盖忠孝人，予读晞所为《先
府行略》，未尝不哀其志。顾语多触讳，文亦不能
大传，而遗志行尽，渐无有能举其姓氏者。悲夫！
予传黄烈妇，乃牵连书之，欲令后世知有毓祺、
湛名。"

氏之归江上也，负创，合户不求医药。或进鸭
血，可解金屑毒。氏曰："祸深孽重，何以生为！"
卒却之。无何，颈创复合，金屑竟不为害。越日，
捕卒扣门，声息甚恶。氏闻之，徐步堂中。捕卒见

之，不觉屈膝曰："今日之事，不惟关我辈躯命，郡县官抑且得罪！"氏直答曰："无恐，我决不累人。因觅舆返村舍，周历阡陌，谓老仆曰："比年地已垦熟，可少力矣！"检一衣授老仆曰："主人辞家，乏单衣更换。有北行者，即寄去。"遂召里胥捕卒。谓之曰："若辈少待！我死，可取结状以行！"言讫，从容合户，投环而死。

沈次山曰："毓祺一老儒，周氏一弱女子耳！卒慷慨从容，愈折愈厉，虽忠烈之性，天直使然，亦其所以养之者素也。考申酉之变，抱石者出于穷丐，进毒者见于贱娼，岂特老儒、女子哉！"

野史氏曰："乙酉拒命，已属螳臂，然有说焉：严命驱迫，铤而走险，且联络苏州、常熟蜂起之师，蔽遮绍兴、福州新造之国，使中兴可望，安知不睢阳再见也？至丙戌之事，何为者哉？拒守之艰辛，屠戮之惨酷，皆所亲历。贼□已亡，顽民犹起。官商士庶，谁为同仇？器械城池，一无藉手，欲聚四方乌合之余烬，以成一时白手之奇功，事更难于前矣。

"然有不敢妄议者，观《题阎公死守孤城状后》云：'自古奇男子抱刚肠，可生可没，此心不二。事到尽头难措手，犹是竭忠尽志。岂不知天时人事，四顾茫茫，无可共矢孤忠？吾尽吾心耳。成与败总非计！'此亦可知其心矣！

　　"说者谓毓祺才略盖世，忠义性成，家当半江城，知交遍海内。当时阎公、陈公徒以死守，无所展布，其意必不谓然也。所以城破不即死者，一点雄心，半腔热血，未尝发抒，不甘瞑目。迨至舟山战舰，适遇石尤；白土雄师，又成画饼。哀鸣铤鹿，势孤力竭，至此乃拼一死耳。此真知毓祺者矣。其词又云：'聊凭一腔义愤，壮乾坤气。况是有生必有死？君恩原未报，问臣心，如是差无愧！'其言如是，不可谓之忠乎！"

行在阳秋

［明］戴　笠

目　录

卷　上

　　隆武二年（丙戌）冬，十月十四日，丙戌，永明王监国肇庆，以明年为永历元年。（御讳由榔，神宗孙也。皇考桂端王生四子：长由□，次由□，俱为献贼所害；三由楥，封安仁王，以病薨；四永明王，即上也。天资聪明仁厚。皇考自衡徙梧，以病薨。上居苦次。会隆武蒙尘报至两广，总督丁魁楚、广西巡抚瞿式耜等谓："天下不可一日无君。"乃迎桂嗣王，至肇庆，立之。以府署为行在，颁诏楚、滇、黔、蜀。）

　　阁辅苏观生自南雄撤兵还广州，阁臣何吾驺自闽遁归青山。

　　加丁魁楚东阁大学士、兵部尚书，瞿式耜东阁大学士、吏部尚书。（魁楚原任两广总督、兵部尚书、右副都御史、兼吏部右侍郎、赐券剑、平粤侯，今以吏部右侍郎入阁，摄尚书事，兼戎政。式耜原任广西巡抚、兵部右侍郎，今以礼部尚书入阁，兼兵部尚书，掌铨事。）

　　封李明忠武靖伯，镇南韶。以许德生为浔州推官，监明忠军。（明忠，江西人，狼兵帅也。初，奉隆武诏协剿江西，八月，率浔州兵六千至肇庆，九月，至三水。闻隆武汀州之变，返肇庆，预推戴。）

原任兵部尚书，东阁大学士吕大器自闽赴行在。（仍用原官办事。旋以病致仕。）

原任兵部尚书守制李永茂赴行在。

上隆武帝尊号，曰思文皇帝，后曰思文皇后。

擢原任福建布政吴炳为户部尚书。

督师兵部尚书、右副都御史何腾蛟等公疏劝进。（隆武朝，腾蛟进定兴侯。赐剑，驻军长沙。楚抚兵部右侍郎、右副都御史堵胤锡受隆武命，督云贵师。会闻汀变，腾蛟、胤锡公疏达行在。）

补马吉翔、郭承昊、严云从、吴继嗣等为锦衣卫使。（吉翔，北直人。继嗣，涿丽人。崇祯十六年。献贼陷衡州，皇考、皇兄及上偕宫嫔自永州奔粤西，行李萧然。过道州，州人不纳，反羁縻行驾索赂。及贼入城，赖继嗣夫妻以肩舆卫上及国母于难。上失金册，继嗣亦失所佩州印。贼踞城四十余日，无兵卫，继嗣密约粤西镇杨国威引兵复城。国威过道州，觅得州印，继嗣亦获金册，献之。）

进武冈伯刘承胤武定侯，镇宝庆。

以王坤为司礼监秉笔太监。（坤故北阉，自闽来奔。）

十一月癸卯朔，日有食之。

进何腾蛟武英殿大学士，加太子太保。

得赣州败报，司礼太监王坤请驾移跸梧州。大学士瞿式耜谏止之。

唐王自立于广东，改元绍武，以苏观生为大学士。

（观生过三水，不赴肇庆，而行在诸臣以观生无推戴意，拒之。适唐王与淮王航海而至，观生遂奉唐王监国。）

遣兵科给事中彭耀入广州，谕唐王去帝号，不从，耀遇害。

故大学士陈子壮，广州人，移书瞿式耜请兴师东向，以靖唐藩，式耜以闻。上曰："先遣官谕之，俟其拒命，讨之，未晚也。"苏观生既杀耀，日集兵向肇庆，而清兵因得乘间窥潮、惠矣。兵科给事中陈邦彦同耀受命入广州，闻耀死，乃还。

以林佳鼎为总督、兵部侍郎，剿唐藩。

十八日庚申，上即皇帝位于肇庆，追尊皇考桂端王为兴宗皇帝，追尊母王太妃为皇太后，立妃王氏为皇后，大赦天下。进瞿式耜文渊阁大学士。

以朱容藩掌宗人府事。

遣锦衣卫严云从护送三宫居桂林，敕靖江王防守。

授陈子壮中极殿大学士、兵部尚书，节制两广、江西、福建、湖广军务，赐尚方剑，便宜行事。

二十日壬戌，清李成栋入潮州，遂入惠州。

进萧琦兵部尚书，晏日曙工部尚书，周光夏都御史，李用楫等为各道御史。

补原任少詹兼侍读朱天麟翰林院学士。

廿九日，总督林佳鼎捷于三水。（唐王遣督师陈际泰、欧阳□等于三水城西，将犯行在。武靖伯李明忠自韶州入援，战于三水，大捷，俘斩八百余级，际泰遁去。）

十二月初三日，总督林佳鼎兵溃于海口。监军夏四敷赴水死，佳鼎不知所在，或曰与四敷同赴水死。（三水之捷，佳鼎有骄色，督兵昼夜兼行。唐王兵伪降，诱其水师至海口。适东南风大作，唐王兵以火攻之，佳鼎等尽登岸列营。泥淖深三尺余。人马尽陷，兵大溃。李明忠二三十骑夺路去，许德生被获至广州，系狱。明忠寻降于清，后复返正。）

特授王化澄兵部右侍郎、兼都御史，总督粤师，周鼎瀚兵科给事中。（化澄原任以御史巡粤，加大理卿，鼎瀚原任户部郎中。上以林佳鼎失事也，化澄、鼎瀚皆以内批用。瞿式耜奏内批用人，非兴朝举动。上不允。）

进原任兵部尚书李永茂东阁大学士，知经筵。（永茂以守制不入直，专知经筵。永茂疏荐乡望十五人，御史刘湘客与焉。太监王坤启视，不悦于十四人，悉涂抹其名，湘客被黜。永茂怫，以去争之。瞿式耜奏："大臣论荐固其职，司礼辄去取其间，何以服御史，何以安大臣？"坤复疏荐海内名卿数十人。式耜曰："司礼抑人固不可，荐人更不可。"后湘客改官编修，充经筵讲官。）

加王化澄兵部尚书。

旨杖御史童琳，夺科臣刘栅等职，大学士瞿式耜疏寝之。（琳劾都御史周光夏私乱台规，旨下廷杖。式耜曰："新政未布，何可杖言官？"上从之。栅等以劾司监王坤落职，赖式耜疏救，得赐环。）

中允方以智弃官去。（王坤疑刘榤疏出以智手，故以智力求去。）

十五日，清陷广州。（清将佟养甲、李成栋遣游击庞起龙伪为援兵，求入城，城内信之，遂蜂拥而入。内兵登城，战一昼夜，擒斩清游击王士选。清兵欲退，会有内应，遂陷。唐王被获，自尽。周、益诸王俱遇害。苏观生自缢死，许德生降于北。绍武守臣忠惠伯王之臣、大学士何吾驺及顾元镜、洪天擢、潘曾玮、李绮、曹烨、耿献忠、毛毓祥等俱降。其在籍剃发降者，为李觉斯、王应华、梁应材、伍瑞隆等。又叶延祚、曾道唯、陈世杰、关捷先等俱降。）

清徇东莞、新会等县。

二十五日，行在得广州陷报。上乘舆出城，驾小舟如西峡，传幸梧州。大学士瞿式耜从驾而西，丁魁楚走岑溪，王化澄走浔州，（清兵薄广城且急，式耜方典选，请视师督战，驻峡口。王坤复趣上西避之。式耜夜乘小舟留驾，曰："我兵水陆凫至三水，可上下搤也。"争之不得，请身留肇庆，宗人府朱容藩奏曰："左右所恃惟式耜一人，式耜留守，则上行益孤。"上舟西，式耜部署五日，疾趋梧，上西行又五日矣。魁楚惑于奸弁苏聘，从梧入岑溪，化澄携中枢印走浔州。西上护跸者，惟式耜一人。）兵部尚书李永茂、工部尚书晏日曙、太仆卿田芳走博白。

清以降抚曹烨仍巡抚广西。（烨，歙县人，辛未进士。）

改廉州知州陆世廉于梧州。

授熊兆璧兵部主事。（兆璧，廷弼子也，原任容县知县，旋弃官去。）

授孙顺则辰州分守道。

清兵犯湖湘，命督师何腾蛟率楚师御之，命大学士瞿式耜转粤西饷济师。

驾至梧州。

封王国玺武靖侯、王维恭华亭侯，以国戚故也。

元年（丁亥）春正月癸卯朔，□驾在梧州。（时户部尚书吴炳，翰林学士方以智、朱天麟，文选司郎中吴贞毓，给事中唐诚、张起，御史程源，中书舍人吴其雷、洪士彭，锦衣卫马吉翔等俱从。）

命鲁王总理南北直省钱粮军马恢复事，文武爵赏俱听便宜行事。

封陈邦傅思恩侯、焦琏新兴伯。

驾发梧州。（上自梧州北幸桂林，阁部瞿式耜从行。上欲府江达桂林，兵卫寥寥，梧州知府陆世廉惟募舟夫以进。式耜扈驾西行，夜昭平□板滩。）

原任右都御史、兼巡抚广信张家玉起兵东莞。兵部职方司主事陈邦彦起兵复顺德县。

丁未，日食。

山东乡兵攻莒州。

十六日，李成栋陷肇庆。

驾幸桂林。（兵部主事陈邦彦招降甘竹滩余龙等水师，焚清艘百余于东莞，直抵广州境，李成栋返救，故乘舆得达桂林。）

> 刘湘客曰："上于正月幸桂林，式耜肃堂陛，敕守御，诞告楚、蜀各路征镇，粤西居山川上游，清不能仰面攻明矣。兵士云屯湖南北，立需战。粤南大通滇、柳、庆，出黔。左右两江四十五洞土狼悍勇，曹国家惠威三百年，抚粤悉受衔縻，足支内备。桂城为明辟都，疏请道里之可达行在者。"

加瞿式耜太子太保驻梧江。

廿三日，虏陷高、雷、廉三州。

东莞张家玉聚众入海。

潮、惠二州林举贤、陈耀起兵，众至万人。

二十九日，虏陷梧州。

浔州守将李明忠、平御守将李承忠俱以兵降北。（承忠或作承志。）

叛将杜永和犯岑溪，平粤公丁魁楚督战，堕水死。（魁楚有兵千余屯岑溪，李成栋遣副将杜永和招之，不至。永和水陆兼进，魁楚与战于藤江，中矢，走死。）

二月壬申朔，潮州赖天肖起兵，叛将文贵、陈虎、余成隆来战，击败，斩之。

韶州陈顺、简信起兵，惠州苏来起兵，新会乡绅黄奇策起兵。（清遣沙远勉、撒奇圣来招抚，奇策斩之。）

进吴炳、方以智东阁大学士，同入直。（以智旋罢去。）

以原任吏部侍郎王锡衮、礼部尚书文安之为东阁大学士。

以周堪赓、郭都贤、刘远生等为各部尚书，以毛寿登、吴德操等为御史，丁时魁礼科给事，金堡礼科都给事中、兼职方员外。

补万六吉为给事中，蔡之俊翰林简讨。

初八日己卯，海师攻福州，叛将张应梦出战，海师遁。

郑彩、周崔芝合兵攻漳平，不克，总兵陈国祚力战，死之。

十一日壬午，月掩岁星于东井。

孙守法屯兵长安石鳖谷。

陈邦彦师次高平。（邦彦遣马应房以舟师攻顺德。）

郑彩克漳浦，擒斩房官计国男。

海师攻兴化，叛将张应元逆战而走。

晋刘承胤安国公、曹志建永国公、焦琏新兴侯、郝永忠南安侯、卢鼎宜章伯。

十五日丙戌，驾幸全州，敕新兴侯守桂林。（上幸桂林，复谋移跸，大学士瞿式耜力争，弗听，竟出全阳。）

二十二日癸巳，海师攻福清，不克。（围城三日，叛将陈心裕出兵北门，遂走。）

二十四日乙未，林举贤、陈耀攻广州，不克，阵斩清将刘朝用、周一凤而去。

丙申，清陷长沙。（知县王宸、县丞杨日新降。）

丁酉，清陷湘阴。（王进才大掠湘阴而遁，清兵遂入城，县丞扶云凤迎降。）

督师何腾蛟师次衡上。（腾蛟檄张光璧、黄朝宣等援长沙，俱不至。朝宣走衡州。）

是月，安国公刘承胤朝行在。

诏幸永州。（驾至全州，楚将刘承胤欲拥入桂林，太后不允，遂幸永州。）

三月壬寅朔，犁房伯孙守法复宁州。

大学士瞿式耜自梧州还桂林。（时警报猝至，上念式耜元臣，谕趣治装从行，式耜谢曰："君以仁，臣以义。臣奉命守此土，得与此地共存亡！"于是从官皆行，式耜独守。）

甲辰，李成栋再陷顺德，败余龙于黄莲，焚舟数百，马应房战死。

丁未，赖熊攻复建阳。

清兵逼梧州，陈邦傅弃平乐走。

敕大学士瞿式耜留守桂林，赐尚方剑，节制诸军。（王坤趣上幸楚，式耜泣谏，不能挽。无已，请身留桂，故有是命。式耜仍疏请上暂跸全州，以扼楚粤之中，内外兼顾。）

戊申，浏阳伯董英降于清。（自浏阳出降。）

壬子，清以耿藩伯为广西巡抚。

乙卯，清兵薄桂林，攻文昌门，守将焦琏御却之。（初，平乐不守，清兵直上，至是乘虚，数十骑冲入文昌门，城中大惊。式耜急呼琏出。琏自全州归，休息未定，从数人，披弦挺刃，与清兵遇。清兵上城楼，式耜署在楼下，亟缄之。琏矢无虚发，应弦而毙者半，余者走，琏短兵接，追杀数人，且尽。清队遂不敢近城，城中始定。是时，清兵自东上昭泽，省会奔逃，虚无人迹，上在全州，念首辅，且驰驿召还，而留守坚誓与清兵角拒。尤急时，清兵冲陴，而式耜出守文昌门，调度自如也。是时督师何腾蛟治兵衡湘，老将重兵，悉屯湖南北，声援弗及。式耜独毅然誓众，婴城而守。亲帅大将焦琏，掩其不给，炮矢夹发，清锋大挫。）

安国公刘承胤遣兵援桂林。（清陷阳朔，遍野薙发。式耜与琏危城孤守，疏请征胤兵，承胤初从武冈入护，犹尊朝廷，逐司礼监王坤弄权，面叱周鼎瀚为奉奄寺鼻息，故推重式耜，发兵数千援桂。）

《杂录》云：北来高副将入桂林，掠瞿留守资装，为总兵陈邦傅、焦琏所杀，邦傅遂出兵破贵县，入浔州。明忠走，邦傅破兴业，刘鸿烈围郁林，焦琏据桂林，破阳朔。

戊午，张家玉克东莞。

己未，周崔芝攻闽安。

兵部尚书詹兆恒攻开化，叛将李荣逆战，兆恒兵败，死之。

壬戌，张家玉克新安。（家玉至新安西乡，与邦策屯兵白石。）

癸亥，督师何腾蛟破清兵于辰州。

甲子，林质破德化。

乙丑，林质破建阳。叛将蔡应科以兵逆战，质战败，被执，死之。

监军陈邦彦复清远，不守。

夏四月壬申朔，清抚耿藩伯兵入梧州。（耿至梧州，攻取阳朔，而西失藤县，北败于桂林，不敢进前。）

江西大旱。

诏进张家玉兵部尚书、提督岭东军务、联络漳潮、兼副都御史。

癸酉，清陷衡山，总兵陈四明降北。

乙亥，清陷琼州。（叛将阎可义陷之。）

封锦衣卫郭承昊、马吉翔、严云从为伯。革御史毛寿登等职。刘承胤挟上如武冈。（从刘承胤请也。御史毛寿登驳之曰："金吾无矢石功，何得援边镇例晋五等爵也？"吉翔等疑疏出刘湘客之手。周鼎瀚遂造蜚语，为董卓、催、汜之议，激承胤逼上立下廷杖旨，缚寿登、湘客及御史吴德操、给事中万六吉于行在午门外。会诸臣申救得免，寿登等俱落职。承胤自桂阳挟上迁武冈，式耜疏请留跸全阳，曰："闻郊祀礼成，即图移驾，不知将回桂林耶，抑幸武冈、辰、沅耶？夫皇上原以恢复两粤为心，则不徒西粤未恢，未可移驾，即东粤未恢，亦当驻全为得策。"故承胤等嗾杖寿登等四臣，主还跸桂林之议也。）

乙卯，清兵入兴安州，犁虏伯孙守法战死。

李明忠攻浔州。

辛巳，叛将孔有德、沈知祥、耿仲明、尚可喜兵犯湖广。（孔、耿、尚俱降清封王，是称三王。）

癸未，清兵入衡州，杀黄朝宣父子。

甲申，白虹贯日。

清兵陷永州，守将卢鼎走道州。

督师何腾蛟驻白牙市，兵部侍郎、副都御史章旷驻东安。

甲申，王允成、马进忠走辰、沅，郝永忠走道州，曹志建走永明。

癸巳，加瞿式耜武英殿大学士、少师兼太子太师、临桂伯。（以守桂功也。式耜疏辞。）

岑本高等败没于浦城。（癸巳，岑本高、王思春、江中英、江中元、张文耀、朱国贞、刘国球等同攻浦城，有原任监军吴承昊、徐元、毛文俊、张裔元约为内应。至是本高等四人败死。国贞被执，叛降。遂供承昊等谋，清皆杀之。）

己亥，叛将徐勇破安化，遂入新化。

王光泰克襄阳，擒斩虏官。

刘承胤兵掠桂林。（承胤兵至桂林，挟饷不出，与焦琏兵主客不和。哗变击斗，掠市而去。）

五月辛丑朔，清陷新安县。

高、雷、廉三州俱降于清。

壬辰，王光泰等克郧阳，擒斩伪官。

庚戌，扬州地震。

甲戌，改武冈为奉天府，以周鼎瀚为东阁大学士，同刘承胤入直。

壬午，福建，江西大水。

壬戌，郑彩破长乐县。

癸亥，清陷龙阳县，总兵杨国栋战死。（全家被杀。）

甲子，清陷常德。

乙丑，清兵攻桂林，焦琏击走之，翌日又追败之。（清侦兵变，积雨城坏，猝薄城，环攻文昌门。式耜与琏分门婴守，用西洋铳击中胡骑。琏出城战，击杀数千人，自辰抵午不及餐。琏曰："枵号奈何！"式耜括署中米蒸饭分哺，士益乐用命。向晡，雨未息，收兵。明日复出战，清众弃甲仗而奔。式耜先令路将马之骥伏于隔江，清众从栗木岭遁。之骥疾驰渡江，运槊提鞭，连毙三人，复追杀二十里而还。琏久驻桂，得桂人心。式耜国士遇琏，故得其死力。）

戊辰，清陷和平县，知县李信死之。

晋瞿式耜少师，兼太子太师，临桂世伯爵。（上赐玺书褒嘉，式耜疏辞新命，复请告自劾。）

是月，副将周金汤率壮士二百人，夜复永州城。（金汤，莆田人，武进士，原任永州都司。）

复均州。

六月，督师何腾蛟朝行在，上慰劳之。命滇将赵印选、胡一青统兵数千人从腾蛟归守白牙。敕诸镇扼守宝庆、辰、永。

晋何腾蛟世侯爵，驻衡州；堵胤锡世伯爵，驻长沙；章旷驻常德。

十七日，李成栋攻陷新安西乡。陈御策战死于白石。

是月，福建张兴龙、谢志良拥众入海。

广东英六吉、刘良机拥众入海。

海师攻破兴国州，擒斩程文袞。

秋七月初五日，督辅陈子壮率舟师攻广州，不克。

初十日，兵部尚书张家玉克复博罗、龙州等县，驻博罗。

督辅瞿式耜率宣国公焦琏攻复阳朔、平乐。

遣司礼监庞天寿催广西兵援梧州。

兵部侍郎兼金都御史章旷卒于永州。（松江人，崇祯丁丑进士。）

陈邦傅复梧州。（兴陵在梧州，督辅式耜奏：梧州既复，宜昭告陵寝，请驾还桂林。言甚切至。）

八月，给督辅瞿式耜新衔诰命。

以严起恒为东阁大学士。（起恒，浙人，面阔身高，有异相，原官户部管钱法试侍郎。）

二十日，清陷高明，督辅陈子壮、监军麦而炫被执，不屈，死之。

二十三日，驾发奉天，传幸广西。督辅瞿式耜请繇古泥，道雒容，跸桂林。

二十四日，清陷奉天，刘承胤以兵降清。（奉天之陷也，守兵先败，遂斫北关，弃壶飧而遁驾。三宫无不徒行者。中宫、嫡妹与王皇亲母肩舆出城。阁臣吴炳不及出，几被获，踉跄走庆远。严起恒、王化澄、吴贞毓、马吉翔出重赏雇三小舟，奉上宫眷西行。时乘舆闲出，不知所之，荣王在辰州督师，大学士堵胤锡、巡按御史熊□麟等共议拥戴。时隆武阁臣熊开元在保靖司，因檄保靖奉开元书，以中兴元辅相期，开元答书，略曰：“今日所急在讨贼，不在立君。乘舆所向未卜，万一或有参差，鲁、唐近辙，何可再寻？”）

廿六日，清陷博罗。

九月，李成栋破清远，陈邦彦被获，杀之。

廿五日，清陷郧阳，王光泰走竹、房。

清陷沅州，巡抚傅上瑞降于清。（后清携上瑞至江西。会金声桓起事，疑有变，杀之。）

驾幸沙泥潭。

庚申，海师破罗源县，又破连江。

是月，海师掠得山莺、龙门、高公岛。

冬十月戊辰朔，驾幸柳州，督师何腾蛟来朝。（驾在沙泥潭，督师何腾蛟率滇兵来会，遂从驾至柳州。大学士严起恒亦从万屯来会。）

督辅瞿式耜三疏请驾还桂林。（时督师何腾蛟、严起恒及刘湘客咸在桂林。南安侯郝永忠兵骤至，疑主客不相安。式耜加礼抚慰，永忠信服，为之用。宜章伯卢鼎亦至自楚，式耜因疏请跸。极言"柳州瑶僮杂处，地瘠民贫，不可久驻。庆远壤邻黔粤，南宁地逼交夷，不可远幸"，又言"桂林可都"云。腾蛟与永忠、鼎、璡等俱分防汛会。武冈之变，乘舆南粤纡道入苗蛮，朝官星散，不复存上下纲纪。式耜西望而泣，散布金钱，多遣壮士，间道迎求乘舆。适报驾抵柳城，乃益增发将吏，裹餱粮，备车马，表请上幸桂林："臣躬扫行宫以待。"于是上敦谕相国："西陲朕根本地，先生竭力守此，待朕驻车，使朕不至颠沛。异日国家再造，先生功实多。"）

庚午，王光泰奔蜀。

辛未，太白经天。

丁丑，兵部尚书张家玉兵败，死。

癸未，清陷永州，攻全州。（清帅耿仲明、佟代陷永州，遂遣将王燝、董英等攻全州，王、蒋二镇〔失其名〕御战黄沙河，失利。清兵遂渡西河浦，督师何腾蛟遣总兵何有奇援之。）

清陷全州，岳阳伯王允成、总兵唐文曜、全州道马鸣鸾俱降于清。

清攻辰州，荣王遇害。

清遣降镇田起凤、守兵千人守沅州。

甲午，清兵入兴安、白土关。

十一月丁酉朔，驾幸象州。

官军捷于全州。（土司覃裕春、子鸣珂与龙文明构兵，惊移圣驾，次象州。式耜再疏迎请，与腾蛟、起恒筹划，调和主客，集永忠、琏誓于神，刻期出师。宜章伯卢鼎与滇镇赵印选各分路驻全，式耜输饷转运不绝。全州复大捷，获名马、骆驼而还。诸师连营而军，亘三百里，清众退出楚。）

诏幸南宁。（驾自象州欲往南宁，忽为焦琏乱兵阻道，文武诸臣皆微服而行。马吉翔左右御舟，力挽浅水间。上见之挥泪。乃命阁臣王化澄、吏部尚书吴贞毓，间道护三宫往南宁。马吉翔、严起恒翼上，仍溯十八滩还桂林。）

十二月丁卯朔，日有食之。

己巳，驾幸桂林。靖江王亨歅留守，辅臣瞿式耜郊迎。（上念式耜功高赏薄，慰劳备至。进见上殿，赐坐，给赞元经体，不治细务，以比诸葛武侯、裴晋公。先是，七月，司礼监庞天寿奉敕催兵不语，久在桂林，旧司礼王坤被承胤逐，复入。自武冈至柳州、至象，票拟皆金吾吉翔手也。式耜劝上揽大权，明赏罚，威德并行，以服远近。授原任礼部右侍郎郭之奇东阁大学士。在庚寅年驾幸梧州时。）

督帅何腾蛟出师全州。（各营兵不和，焦琏走平乐，郝永忠驻兴安。）

清师孔有德等攻铜仁、思恩。（有德、沈知祥、耿仲明、尚可喜合兵而攻。）

以刘远生为刑部右侍郎，丁时魁、万六吉等为给事中。

是岁，锦江伯杨展据嘉定。

二年（戊子）春正月丁酉朔，驾在桂林。

遣大理寺评事朱宿垣赍诏宣谕粤西左右两江及云南土司，令各发兵勤王。宿垣所至谕以大义，土司无不感激愿效。复命，迁江西道御史。

封赵荣贵定随侯，驻白水。（荣贵以保宁来归故。）

以詹天颜巡抚顺庆潼绵。

以总兵皮勋守平溪。（属辰州。）

乙丑，清江西提督金声桓以南昌内附。（声桓与总兵王得仁以南昌等九郡之地来归，诏封声桓豫国公，加太子太傅，兼吏兵二部尚书、左都御史，得仁建武侯，其余大小文武进秩有差。声桓志存匡复，每就故阁臣姜曰广、进士万翔私相深计，二人极力赞成，各欲以身殉国。声桓志遂决。会清抚章于天贪虐，上下咨怨，且与声桓有郤。时以会宴演剧，声桓曰："毕竟衣冠文物，好看！"于天曰："如此，便当代为疏请。"声桓自知失言，深自引谢。翌日，于天遂上疏劾声桓有反状。而抚吏与督吏兄弟也，潜以其事告之声桓，发飞骑追获其疏，遂与得仁合谋杀于天，传檄江省州县，共图返正。）

督师堵胤锡驻申家渡，袁宗第驻松滋金家场。

二月，凤阳地震。

清广东提督李成栋以肇庆内附。（成栋遣洪天擢、潘曾纬、李绮等赍奏，请驾幸端州。）

清纛章京钱国安遣降将田起凤攻平溪。（总兵吴尚虑率副将三人迎战，三人俱败死。）

清攻永宁县。（缘国安遣徐尔先等攻永宁寨。贵溪王常彪、总兵项登韦被获，苗兵万人俱死。）

初八日，崇阳王攻黎平，败于清镇陈友龙。（崇阳王率苗兵十二营攻黎平，为清制津镇陈友龙所败。诸营俱溃降，独兴化土司迎奉国将军晖奎入寨，以兵千人守之。友龙复破寨，晖奎死。）

十五日，镇江地震。

十日，金声桓率兵攻赣州。

十九日，清孔有德入全州。

二十一日，永成伯郝永忠拥兵入桂林。

二十二日，驾发桂林。留守大学士瞿式耜次樟木港，檄各镇援桂林。（清兵薄严关，驾复南幸。镇将败逃过省，撞搪呼号，屠烧邑屋，杀贼不辜，以无礼犯式耜，式耜端坐厅事不可动。清乘间来窥，突骑薄城门，式耜率典兵宿将歃血定盟，申约束，昼则闭门固守，夜则衔枚袭杀，视丁亥春尤为奋勇，西省赖以复全。永忠营被袭，疾至关，欲撤兵。时左右近臣即劝上移桂林，式耜以为不可："若以走为上策，桂可危，柳益可危。彼今日可到桂，明日可到南太。"反复千言，泪下且沾衣。严起恒曰："迟至厥明。"式耜备御用银三百两，将进而乘舆已发。式耜疾出送驾，数千兵遮之不得行。式耜署中冠服、束带、箱籢、图书，咸被掠。闻其主将以令箭护式耜署者，反掳其署。式耜裸坐署中，持令箭逼登舟。或曰："无以复主将令，乘主将先行而乱之耳。"滇营亦自灵川撤，城内烟火高于楼橹，城外不可停泊，式耜寝一小舟，家人启舟三里樟木港。黎明，司寇远生，给事中时魁、六吉、湘客至，先以兵与民哄被杀掠闻。上命湘客安抚乱亡，及劝饷糈。出，远生、时魁以召将入，遇式耜于樟木港。远生金谓兵溃仓卒不及，瞬息难下手，请下平、朔间，催焦琏入援，檄远近无内恐。式耜然之，舟下三十里，至豆豉井。式耜入民舍，集远生等立草檄，分路四发。明日仍返桂城下，俾知留守在也，旋驻阳朔。琏兵续上援，楚镇周金汤、熊兆佐亦入桂城。式耜命简讨蔡之俊、大理寺评事朱盛濙先入桂宣式耜令，檄按察司金事邵之烨部琏兵。〔见刘湘客《纪事》。〕）

孙可望请驾幸南宁，许之。

诏封李成栋惠国公。（遣吏部侍郎兼副都御史吴贞毓赍敕入广东劳成栋，封成栋惠国公，并封佟养甲襄平伯。）

诏督师何腾蛟入守桂林，清破兴安。（时腾蛟自守岩关，遣将守兴安。及奉诏守桂林，清遂破兴安、破岩关，伤官军万人。兴安总兵三人及副将、参、游以下四百人俱死。）

是月辛卯，白虹贯日。

三月丙辰朔，督辅瞿式耜入守桂林。（时太常卿黄太玄毙于兵，式耜棺敛之。）

乙巳，驾幸南宁，大学士严起恒、王化澄同入阁办事。起恒摄吏部尚书，以庞天寿掌司礼监。

> 《两粤新书》云："随驾止严起恒，马吉翔，科臣吴其霱、洪士鹏、许兆进、尹三聘，大司马萧琦七人。"

赠陈子壮东阁大学士、忠烈侯，谥文忠，予祭葬，荫一子中书舍人、锦衣卫世袭。

赠张家玉少保、太子太师、武英殿大学士、吏部尚书、增城侯，谥文烈，予祭葬，追封三代，荫其弟家珍锦衣卫佥事。

十三日，清兵攻顺庆。

安南入贡。（报李成栋之聘也。）

十五日，大学士严起恒请开选邕城，受二十四土州贡赋，从之。（邕城属南宁。时陈邦傅守浔柳二州，不能供亿，故有是请。）

二十二日，清攻桂林，薄北门，督师何腾蛟击走之，腾蛟师攻榕江。（初，腾蛟自永宁至桂，滇镇胡一青亦统兵至桂。清人尚疑城虚，直抵桂北门。腾蛟督兵三面出，追杀三十里。清人北渡甘棠去。督师列营榕江，瞿式耜输饷百石，督师出关与留守相慰劳。）

二十三日，甘州、兰州兵起。

晋荆江伯张先璧为侯。

督辅瞿式耜檄诸镇攻取全州。

督辅瞿式耜檄广西巡抚鲁可藻下梧州。（可藻衔自署两广。旧例：东抚称制，兼粤西；西抚称抚。式耜曰："方今武人多自署，抚军辄自命，贻远人笑。"因代疏请改衔。）

大学士周鼎瀚罢。（当武冈之乱，言官弹鼎瀚以附承胤入直，式耜司票拟，独不可，谓："鼎瀚既系大臣，应听自谢免。"）

赐督辅瞿式耜银币、金图书。（篆曰："精忠贯日。"）

清攻潼州、绵州。

以朱天麟为大学士，晏清为吏部尚书，张起为户科给事中，张凤翼以兵科掌翰林院，张佐辰掌文选司，童云骧为行人，潘骏观为职方郎中。守制御史顾之俊亦随驾。

陈邦傅自请世守粤西，督辅瞿式耜奏止之。

闰月丙戌朔，皇子生，册为太子，颁万喜诏，大赦天下。

督辅瞿式耜进八箴。（式耜以经筵无讲官，无由闻得失，书八箴于扇，进之。）

十八日，荆江侯张先璧克靖州，遂克沅州。清沅州道戴国士以沅州来归，先璧题授都御史、巡抚偏沅。召四川巡抚毛芝瑞为吏部左侍郎，芝瑞旋卒。（初，芝瑞留，刘承胤谋立武冈，芝瑞力折之，几被害，走广东。病逾年，渐剧，而所善黄嘉卿知养利州，以书迎之，遂移居万年城。至是，行在以吏部右侍郎召之。既拜命，遽卒。）

五月乙丑朔，日有食之。

二十日，清陷潼州。

二十二日，清陷绵州。

二十七日，督师何腾蛟复全阳。（腾蛟奏捷疏归之留守，曰："为□皇上以信臣用臣者，式耜一人也。"）

陈友龙以奉天来归。

清援江西。（五月七日，清谭泰兵至石头，分其兵，一路从饶州，一路从九江，一路从进贤，并入围进宝，顺化二门。十七日，声桓等兵自赣州下，越二日入城。先是声桓命大厅宋弘宇以兵三万守南昌，十三日，战败谭泰兵于铁绵巷七里街。〔在德胜门内。〕泰兵于廿三日接战，声桓败，守德胜、章江、广顺，王得仁守进贤、顺化、澹台。七月，清筑长围，二十以后，以浮桥栅断章江。）

六月甲子朔，有流星入于箕尾。

督辅瞿式耜劳师全阳。

遣刑部侍郎刘远生入粤东劳师。（初，成栋表至，举朝欢呼。科臣张起请先遣方正大臣观其虚实，吏部侍郎吴贞毓拜命行。使还，力言成栋忠诚迎驾，初无虚伪，因请幸广。远生秦人，久节钺，有威名，为成栋所重信，式耜请充此选。）

督辅堵胤锡兵入常德、辰、沅。（清官程时登、余必跃逃。）

清副将马进忠以兵来归，屯守芦溪。（进忠故流贼，号"混十万"。）

官军复均州。（清官李鸣谦走脱。清官之守衡、永、宝庆、柳、郧者，多遁。）

是月，驾发南宁，幸浔州。

秋七月，晋陈邦傅庆国公，留守浔州，兼守南宁等郡。（驾至浔州，适宫眷有疾，留数日。邦傅以扈从新功，擅札授官。始于庆国自札，继而部札，后则御札，亦曰钦札，钦札与吏、兵部不相涉。其银则分散兵需，及沿途赏赉，取足于此。邦傅浙人，原任广西总兵，隆武二年，挂征蛮将军印，永历改元，封思恩侯。）

庆国公陈邦傅请世守粤西，如黔国故事，阁臣朱天麟票拟，不允其请。邦傅恚甚，令武康伯胡执恭至天麟舟中传语云："勋公欲将剑印掷公舟，令各营兵听公发付"等语，词甚厉，天麟不为动。

佟养甲伏诛。成栋遣养甲代祭兴陵，密令李元胤杀之。（元胤，成栋养子，本姓孙。）

八月□□朔，驾幸端州，赐惠国公李成栋建元勋府第，以元胤为左都督。（式耜面奏："驾勿东。兴陵两载风尘，成栋令地方官修葺，陵殿巍然。天寿展谒毕，龙舟宜即返漓滩而上。成栋备法驾，进御用，严护卫，甚威。具移山超海之力，非有所疑。但事权宜专，号令宜一。兹军功爵赏，文武署置，决于成栋。若归之朝廷，徒虚拱。且楚黔雄师百万，腾蛟翘首威灵，驾既东，军中将帅谓皇上乐新复之地，成栋亦有邀驾之嫌。号令既远，则人心涣散。请上一幸粤东，俾瞻仰天子音容，面为慰劳指属。然后责其尽意于东，刻期出师，一切决于外，不中扰也。"式耜先后遣简讨蔡之俊、给事中蒙正发迎驾，上竟由梧入肇。式耜再疏言："前日粤东未复，上宜住桂以视楚；今日江广反正，则宜住桂以出楚。事机所在，毫厘千里。"吏部侍郎吴贞毓请上幸广城，式耜乃促远生入朝。远生见朝后，成栋适自岭还师，修行营，迓乘舆。上命远生诣广，劳成栋。远生谓成栋曰："今乘舆驻北，爵赏征伐，人疑有私，不可不嫌。"成栋然之。遂罢修行宫，止遣官迎驾。盖远生承式耜意，欲驾返桂林也。）

召大学士瞿式耜赴行在，式耜疏辞。

戊戌，督辅何腾蛟复衡州、永州，师次湘潭。

庚子，复宝庆。（张先璧、唐姚、陈友龙等所复。）

以袁彭年为都察院左都御史，洪天擢为吏部侍郎，潘曾纬为大理寺正卿，李绮为提学副使。（从李元胤荐也。）

补陈世杰翰林学士，吴以连验封司，李贞给事中，高赍明御史，王应华光禄卿，杨邦翰太仆卿，唐元楫职方司。（从元胤荐也。世杰等皆广人。）

升曹烨兵部尚书，耿献忠、毛毓祥通政使。（从洪天擢荐也。）

大学士严起恒、王化澄、朱天麟，吏部尚书晏清，吏部侍郎吴贞毓，科臣吴其雷、洪士彭、雷得复、尹三聘、许兆进、张起等俱赴行在所。

副都御史刘湘客、礼部侍郎吴璟、吏科给事中丁时魁、户科都给事中蒙正发、兵科都给事中金堡、礼科都给事中李用楫、文选司郎中施召征、光禄卿陆世廉、太仆卿马光、仪制司徐世仪等皆赴行在所。

以上八则见《两粤新书》，事多未核处。刘湘客撰《瞿留守传》，实未尝赴行在。

九月癸丑朔，有火星自东陨，有声。

清陷宝庆。（陈友龙复降。）

冬十月壬午朔，惠国公李成栋入朝。（成栋五日一朝。时政无巨细，上悉委之，成栋亦必请旨后行。）

督辅何腾蛟檄马进忠、李赤心会师取长沙。

南雄知府凌犀渠遇害潮州。

二十二日，清再陷常德。

左都督李元胤署吏部尚书。（元胤既杀佟养甲于德庆道上，威权愈赫，会其诞日，馈送称觞，达于冬杪。通政司疏陈乞官，日以千计，阁臣票拟，只有"着议具奏"四字。文选虽掌铨衡之权，空名而已，广省非从元胤转奉成栋札咨，不得擅为除授；桂林、平乐，则瞿守为政；广远、柳州，则焦新兴为政；浔南、思泰则陈庆国为政。庆国先有降表至广，为成栋所鄙。承成栋旨，咸思击之。）

洪雅兵乱。（是冬，洪雅镇汤国聘与团练花汉将、熊振生治兵相攻。洪雅之境无宁宇。）

十一月□□朔，李成栋请出师南雄，与金声桓合攻赣州。

督辅何腾蛟遣兵复安化、醴陵、益阳、湘乡、攸县。

初二日，马进忠、李赤心兵至长沙。

清大同镇姜瓖以大同内附。

二十六日，清吴三桂兵至保宁。

永国公曹志建驻永州。

十二月□□朔，李成栋师次南雄。

清援长沙，李赤心大掠湘潭而遁。

三年（己丑）春正月□□朔，驾在端州。

罢大学士朱天麟，召旧辅黄士俊、何吾驺入直。（科臣金堡等疏劾陈邦傅，邦傅疏请"即用堡为监军，以观臣十万铁骑"，十一日，大学士朱天麟票拟有"金堡从来朕亦未悉"之语。十二日早朝，科臣丁时魁等率科道十六人进丹墀，挂冠而出。上不得已，赐谕帖于李元胤，收回原旨，天麟即日放还田里，金堡、丁时魁等仍旧供职。时魁等又劾天麟："结太监王坤求陈邦傅特荐，得以入阁。又令其长子为御史，掌河南道，次子为中书，弟为行人。"得旨，一门尽黜。）

十九日，清再陷南昌，金声桓败没。（一作廿九日。

南昌有汤副总守进贤门，献城，王得仁被执，死之。姜曰广自经。）

二十一日，清再陷湘潭。督师定兴侯何腾蛟被获，不屈，死之。马进忠走靖州。（诸帅望风奔溃，却地数百里，省会震撼。老幼窜走，内外数十万，不复举烟火。）

清陷衡州。

廿八日，大学士黄士俊、何吾驺乞罢，许之。

严起恒、王化澄同入阁办事。（诏敕中书张立光，昆山张鲁传之子，陈邦傅致金珠，祈改敕中一字。因去秋驾过浔州，邦傅留守浔州，如瞿相例。中书写敕，遂以"世"字易"居"字，科道疏论立光，拟罪。）

袁彭年求入相，不得，上疏云："倘臣向者以三千铁骑西来，今日君臣安在。"上持其章示群臣，举朝大骇。（时肇庆有假山五虎图，为元胤以贾冒李也。元胤本姓孙，又姓贾。五虎者，为总宪袁彭年为虎头；丁时魁为虎尾；户科蒙正发为虎脚；兵科金堡，浙人，隆武初，为延平知府，疏激上杀同卿尹文烨、施琥二人，人畏之，号为虎爪；副都刘湘客，陕西布衣，来自瞿相，又为成栋同乡，号为虎皮。〔见《南粤新书》。〕）

二十八日，定随侯赵荣贵战殁龙安柏峪口。（随，一作"远"。）

二月□□朔，张先璧率水陆兵数万攻辰州，不克。

初五日，清入抚州，次日破建昌。

初九日，乐安县杀姚大使。

二十五日，破蠡县。

陷长沙。

破嵊县。

晦日，赖熊等复建阳。

是月，清陷信丰，惠国公李成栋殁于阵。（正月，成栋逾岭攻赣州，适金声桓战不利，全师退去，成栋势单。清将高进库乘机拒战，成栋复不利，退至信丰。兵溃不可制，成栋亲为断后，乘马渡河，负铁甲。马不胜水，溺，成栋遂卒。时中军杜永和代领其众，清兵复追败之。兵部侍郎张调鼎、监军道姚生文为乱兵所杀。）

三月初七日，行在得督师何腾蛟、惠国公李成栋败报。（方中湘之报陷也，羽檄达行在，公卿震骇。会政事堂议所以代定兴侯者，金曰："惟留守公望尊德钜，足以节制诸将。议欲举大事，招讨湖南北，莫留守公宜。"奏上，上曰："俞。惟留守式耜，作朕柱石。朕悉其才，是必能为朕任阃外，释北顾忧者。"于是赐式耜彤弓、斧、钺，特遣郎官一员捧诏，诏式耜，从此沅湘永宝鄂岳上下三军之在行间者，皆得生杀予夺惟命。式耜辞不获，乃戒期誓众，建元帅旗鼓，申号令，亲出入行间。令且环师全、永，跳荡捷击，刻日可献俘馘。）

初八日，兵至湘潭。

夏四月初三日，清再陷宝庆。

初五日，太白入月。

初八日，犁庹伯孙守法败殁于兴安。（没于药箭寨。）

十四日，故科臣沈迅自焚于莱阳。

二十六日，清破长山。

孙可望据云南，自疏求封秦王，不允，以安东封之，可望不受。（可望遣龚彝之弟鼎献南金三千两，名马四匹，求封亲王名号。金堡以祖制无有，阻之。广西南宁府与滇之广南府接壤，龚彝来书有"不允即杀出"等语，陈邦傅大惧，即具疏为可望请封秦王，大学士严起恒以为不可，止封安东王，可望因拒命。未几，可望密遣人击起恒于邓州之滨，几殆。）

五月□□朔，以兵部侍郎张同敞总督湖广军务。

授瞿昌文中书舍人。（昌文，式耜孙也，自海至。）

督师堵胤锡辞朝，旋病卒于浔州。（胤锡将滇南过宜章，图入粤东，因割据者强触相凌，乃不果行。遂以偏师会曹志建于永明。孤军无援，遂为所制。兵将瓦解，胤锡单骑夜遁走。间道觐阙，至浔阳卒。）

刘湘客曰：胤锡移瞿公书云："上有密敕云：'东人握君于掌，一朝不戒，生劫入舟，朕不复有中土之望。唯卿与瞿先生图之。'"瞿公得书大惊，知斯语非出上意，卤簿诸臣欲外镇与东诸侯衅，则从中可揽权，故诡为上敕，使胤锡闻于诸镇，上方畔东，鼓厉征讨，讵意内外生衅，书四年朝事始末致胤锡："我辈不力视封疆，听人皋牢而启衅，非社稷之福也。"忠贞营勋国公高必正诸勋咸伟其议。

六月□□朔，左都御史袁彭年以忧去。

自五月乙亥雨，至于六月乙丑，大水，寒。

秋七月□□朔，遣内侍持敕奖南雄守将阎可义、杜永和。（副将杨大甫与李元胤不协，先烧营东下，南雄单弱。可义断指自誓，军心始固。）

十四日，杨展破遂宁，旋溃回嘉州。

永州再陷，兴宁侯胡一青退守榕江，督辅瞿式耜檄一青出兵屯全州。

召廷臣集议于慈宁宫，发东饷万两。

八月□□朔。初八日，以督辅瞿式耜生日，遣官赐金币。

十八日，姜瓖败没于大同。

袁韬、武大定等诱杀杨展，遂据嘉、眉。（明年春，葛佐明倚九溪之险，纠众与袁、武相拒，期年始定。）

是秋，清帅尚可喜攻陷潮州。（大学士郭之奇、礼科都给事中郭朝荐相传殉节。）

冬十月，赠何腾蛟中湘王、李成栋宁夏王、金声桓南昌伯，设坛祭之。

大学士王化澄致仕，严起恒入直。（自黄士俊、何吾驺去位，有疏未拜，而先商票拟，落旨不符，则与化澄相仇，故化澄罢去。惟起恒耐之，故得独相。）

十一月□□朔，德化王被获，遇害。（郑芝鹏踞石榴城，清兵至，随遁去。刘中藻在福宁，势穷自缢，福建尽失。唯延、漳、汀三郡界连江西，而延平所属，皆处万山中。清兵既去，德化王慈烨踞将军寨，先陷大田，继破龙溪，攻顺昌、将乐。十一月，清兵复陷之，王被获，兵部尚书罗茂生等降。）

十六日，清入□□州，巡抚郑爱阵殁于燕子窝。（副将陈胜、彭昌、高胜、谈玉等战于白虎关，俱被获，死。）

十一月十二日，兴宁侯胡一青率粤兵数万攻永州，不克，退入山。

曹志建复永州。（并复桂阳，擒清官李亨。）

潮州守备郝尚文降清。

孙可望大掠贵州，杀富顺王平鼎。

是岁，封李建捷安肃伯。（建捷，北直真定人，成栋养子，从信丰归守广州。）

四年（庚寅）春正月，驾在端州。

清陷南雄，屠之。阎可义力战而死，杜永和以余兵守清远峡。

初六日，清陷韶州。（宝丰伯罗成耀预遁。）

赐李元胤复姓为孙。（上以成栋死难，晋元胤车骑将军，封南阳伯。元胤力辞，诏固不许，乃勉受车骑印，而章疏多不改元衔。去冬，清以精骑破南雄，韶镇罗成耀弃城走，元胤声其罪，与苍梧弃督师镇杨大甫咸伏诛，人咸服其纪律。时督广州杜永和退走海外，保琼州。）

初七日，复以王化澄为大学士。

初九日，驾发端州。十三日，命李元胤留守。（上闻韶镇罗成耀遁去，遂戒舟西上。驾至德庆。）

二月□□朔，驾至梧州。（戎政刘远生奏自请行，守清远峡，给事中金堡奏留驾，争之不得。适大学士瞿式耜疏至，言："粤东难得易失。且韶去肇数百里，强弩乘城，坚营固守，亦可待勤王兵至，何乃朝闻警而夕登舟？"疏再上，而跸移德庆，向梧州矣。）

下给事中丁时魁、金堡、蒙正发，詹事侍郎刘湘客诏狱。从御史程源奏也。大学士瞿式耜七疏救金堡等。（时上至梧州，百官请修行台。上欲以舟为家，有旨命陈邦傅统兵护驾，马吉翔护三宫舟先行。五虎失势，报仇者群起，独袁彭年以忧去，得免。）时魁等奉旨逮问于梧州，照厂卫故事榜掠，招赂以数十万计，尽以充饷。拷讯时，惟堡大呼二祖列宗，余则乞哀殊甚。

十五日，清攻奉天。总督刘禄，监军御史毛养登战死，马进忠走靖州。

二十六日，清攻广州。

清陷惠州。（惠州总兵黄应杰、道臣李士琏、知府林宗京等以惠州降清，并执赵王由棪以献。）

三月廿四日，清破永州铁柱关，次日破龙虎关。总兵向明高、姚得仁阵殁。永国公曹志建奔灌阳。

廿八日，朱敕发内阁，榜袁彭年、金堡、丁时魁、刘湘客、蒙正发等罪于朝堂，追赃遣戍，以昭法纪。

夏四月□□朔，再行考选。（朱士焜考选第一〔常州靖江县人〕，补吏科给事中，以代丁时魁。补童云骧御史，潘骏观职方主事。云骧谢恩时，伏地不能起，殒于御舟。）

初八日，清兵至黔阳。

二十日，王光恩驻巫、夔间，行屯政。

清兵至郴州兴宁县。巡抚黄顺祖、总兵林国瑞战死，其众二千人被屠。

二十四日，兴国侯李赤心擒永州清官李茂祖、余世忠，送行在诛之。（茂祖，陕西布政，署巡抚事。世忠乃镇将也。）

六月□□朔，清入清远峡。清远参将郦文龙、东莞总兵张道瀛、参将张善、南雄副将覃养志等俱降。

秋七月□□朔，湖南巡抚□□□、总兵白文明，自郴、桂出降于孔有德。

八月十五日，御舟泊系龙洲。（在梧州之东。）

　　自春至秋，王严二相，随驾逍遥河上。有民谣云："汉宫秋也，昭阳愁也。"起恒字秋冶，化澄字昭阳。上与太后，三宫置酒，楼船箫鼓于梧州系龙洲之上下。起恒手书"水殿"二字，挂小牌于御舟前。上饮至中宵，不乐而罢，以清远峡及惠、莞间有败报也。

九月，清破灌阳。知县李遇昇被获，死。

曹志建奔恭城。

冬十月□□朔，日有食之。（上不怡。严起恒疏请修省。）

大学士瞿式耜遣其孙昌文入觐于梧州，授昌文翰林院简讨。

十一月，驾幸藤县，陈邦傅自浔江迎驾。

初二日，清陷广州，屠之。（李元胤携重资入广州，城中人亦婴城自守。男子上城，妇女馈饷。清兵环围城外，自八月至十一月初二日五鼓，北门观音山扎云梯，遂入城。城中惊惶相蹂践，炮铳相击，城门筑塞难开，百万人民，尽死于内。杜永和自清远败后，退还端州，尚有兵万人。知不能守，遂奔恩平、高、电以扼高、雷、廉。上与太后、三宫移驾西上，至藤县，遂分为两。陈邦傅自浔州来迎驾，诸臣与之合者，皆往右江。不入者，则入容县沟，赴北流、陆州、高化境。兵多散败，肆行劫掠。户部尚书吴贞毓失一妾。刑部尚书毛毓祥子身遁。闻上往南宁、向交趾、反二十四土州为援，相随有王化澄、严起恒、马吉翔、庞天寿等，陈邦傅尚据浔江为殿后，其兵尚万余。）

初三日，清孔有德入全州。卫国公胡一青撤守榕江兵。

初四日，孔有德犯兴安。（四日，有德兵至兴安，次日辰刻，大举入岩关。开国公赵印选、卫国公胡一青、宁远伯王永祚，俱以分饷入桂，榕江空壁。武陵侯杨国栋、宁武伯马养麟方驰出小路，军榕江，兵未战而自溃。发使趣印选，印选已出城。城中大乱，沿道驱掠。式耜令戢之不得，城中溃兵各鸟兽散。一青、永祚从城外去。式耜衣冠危坐署中。适总督张同敞自灵州回，过东江，不入，泅水过江，入桂林，愿与式耜同殉国。）

初六日，孔有德破桂林。（刘湘客作初五日，用历异也。）

清江王及其世子、长史李□□，被获，不屈，死。

留守大学士瞿式耜、兵部侍郎张同敞被执。不屈，羁于别室。

大学士王化澄、户部尚书董天阅、广西布政朱□，俱降于清。

桂林、平乐、全州、□□、东安、永宁、临桂、灵川、兴安、义宁、昭平、灌阳、永福、恭城、阳朔、荔浦、修仁、富川等十八州县俱陷。

闰十一月十七日，留守大学士瞿式耜、兵部尚书张同敞死之。

　　刘湘客曰："瞿公执去，见有德，公云：'事已至此，一死足矣，夫复何言？'有德雅重公，安于别所，防卫严而不失礼焉。公赋诗与张公赓和，逻卒得公与胡一青书，知公死心社稷，而志未灰也。十七日辰刻，请公出，公笑谓张公曰：'我二人多活了四十日，今日事毕矣！'张公亦谓曰：'今日得死所矣！'遂南面被害。十六日之夕，十七日之辰，雷霆冬发，远近皆曰：'征在公也。'瞿公绝命诗云：'从容待死与城亡，千古忠臣自主张。三百年来恩泽久，头丝犹带满天香！'时给事中金堡已为僧，上书有德，请葬二公，遂瘗北门园。"

十二月，驾幸南宁，入土州。朱天麟、严起恒、王化澄、马吉翔、庞天寿等俱从行。

擢兵科给事中张起为副都御史，巡抚南宁。

南阳伯孙元胤被获于钦州，赴广州。（五日之内，两广连陷，驾离梧州，为陈邦傅所劫，百官星散。元胤身率散卒护跸憩南宁，身至南海檄旧旅。至钦州，为土兵王胜常所劫，械送广州。见有德，不屈膝。有德不遽杀，留之以招杜永和。）

是冬，高、李二将率众数千渡泸，自黎州，出掠嘉、眉。

五年（辛卯）春正月□□朔，驾在南宁，寻幸安隆州。

二月十五日，清陷梧州及苍梧、藤县。

二十五日，清陷柳州及象平、马平。

三月，端州、罗定州降于清。

清陷高州。（高州提督李明忠兵溃圩口，清兵追至电白县，明忠预遁，清遂陷高州。道臣郭光祖、吴人龙、知县文振义、副将王邦友等俱降清。）

新泰伯镇守潮州总兵郝尚文、潮州道沈时、知府王朝鼎俱降于清。（尚文寻内附。）

夏五月，秦王孙可望遣将贺九仪、总兵常荣将兵至南宁护驾，并请移跸云南。（上亟召随从诸臣议之。时阁臣吴贞毓，御史王光廷、徐极等劝驾幸钦州，依李元胤。阁臣朱天麟力请幸滇，言："元胤屡败之余，众不满千，栖依海滨，其不足恃明矣。云南山川隐阻，雄师百万，北通川陕，南控荆楚，亟宜移跸，以坚可望推戴之心，以慰中外臣民之望。"吴贞毓、魏光廷等坚执不可，遂寝其议。）

秋八月，庆国公陈邦傅与其子文水伯陈曾禹遣将至梧州，降于孔有德。

浔州总兵李时、方有声，副总兵邓景、监军道杨兆文，浔州知府何允中，俱降于清。

陈邦傅杀宣国公焦琏。（琏与邦傅有儿女戚，邦傅说降，不屈，遂为所诱杀。又宁端伯茅守宪为邦傅所胁，缴印降。守宪寻悔恨，遂卒。）

冬十月，抚南王刘文秀率兵五万攻保宁，不克。（文秀自滇入蜀，与袁韬、武大定等相拒数月。）

十四日，靖南侯于大海率兵于荆州降于清。（大海初据夔州之巫阳，为孙可望所败，故降。）

定川侯李占春被执。（占春伪降，即为僧遁去，寻复被执。）

是岁，永州诸生邓光远不屈，死之。

孙可望杀大学士杨畏知。（畏知，故衡沧道也。永历改元，擢部院。是年，入觐安隆，晋大学士。还滇，可望忌而杀之。）

卷　下

六年（壬辰）正月□□朔，驾在安隆州。

二月二十五日，吴三桂破嘉定州，总兵白文选预遁。

清耿继茂兵入钦州，开国公赵印选预遁。

杜永和守琼州，降清。

三月初八日，湖北昼晦，大风扬沙，至持烛而行。

官车复沅州，又复平遂卫、蓝田县。

清破佛图关，遂陷重庆。

夏四月二十日，清入叙州，总兵王俊臣、白文选退守永宁。

故四川提学任佩弦降于吴三桂。

十一日，德州雨雹，大者如瓜，杀三人，沉漕舟一。

十三日，清杀南阳伯孙元胤、安肃伯李建捷。（元胤闻杜永和之降，恸哭三日夜，清遂杀之，投尸江中。时，前锋将周彩、安肃伯李建捷，亦成栋养子，与元胤义兄弟也。建捷尝从杜永和先登广州，败走苍梧，与元胤同护跸，亦随海内。钦州作难，已登舟出海。闻元胤被执，遂愿与同死。）

十八日，官军复靖州，擒斩清总兵杨国勋。

廿一日，孙可望自靖州率众攻湖南，清帅沈永忠遣张国柱御战，可望击败之。

六月，荆江侯张先璧朝行在，封沅国公。

晋马进忠鄂国公。

吴三桂破石泉县，巡抚詹天颜及曹淇等俱被获。（天颜，福建人。）

秋七月庚午朔，复宝庆。

初四日，安西王李定国、平东王孙可望复桂林，孔有德、陈邦傅、曾盛、祖秘希、孔承先、孙龙、孙延世、董英、袁道先等伏诛。（可望自行在出宝、沅，定国帅偏师轻骑扼有德于桂林，旬日下数十城。有德自刭。已获其幼子置军中，至十三年己亥春，杀之。）

十一日庚辰，黄雾四塞。

复永州。（擒斩清纪国相、邓胤昌、姚杰等数十人。）

八月十六日，复夷陵。

十八日，建极殿大学士朱天麟卒于广南府，予祭葬，荫一子中书舍人，谥文靖。

孙可望败清于靖州。（可望驻长沙善安县。）

博兴侯张月降于清。

九月，清再陷梧州。

杜永和、张月执提督李明忠，降于清。

诏授文日章为攸县知县。

吴三桂兵至龙安边堡。

冬十月，抚南王刘文秀攻保宁，不克。（文秀自绵州出攻保宁。十日，吴三桂至，文秀撤围退。）

十一月十三日，官军复衡州，擒清辰州总兵徐勇及刘升祚等。

十九日，清兵至湘潭，马进忠退守宝庆。

二十三日，清再陷衡州。（总兵马□败死。）

十二月初五日，清陷藤县，总兵罗超战殁，再陷贺县。

二十九日，清兵入平乐县，守将彭俊阵殁。

是岁，封莫宗文安仁伯。

七年（癸巳）春正月□□朔，驾在安隆州。

二月，李定国、马进忠兵入永州。

二十八日，永州陷，李定国走龙虎关。

孙可望驻靖州，总兵冯壮力驻奉天。

清帅耿继茂破廉州，道臣王道光被执，死。（道光，江西庚午举人，初任云南太和知县。）

三月，武陵侯杨国栋、安仁伯莫宗文攻常德，不克。

十七日，孙可望御清兵于周家堡，败回宝庆。

安西王李定国败于肇庆，退驻柳州。

夏四月，郝尚文复以潮州内附，斩清知府薛信辰。

五月，封杨时清征定侯。

六月初四日，潮阳再陷。

闰月初九日，安西王李定国出师广州，攻肇庆。

二十六日，总兵周金汤攻复遂溪，降其守将陈琪。

秋七月，李定国复化州、吴川、信宜、石城、定国，以施尚义守化州。

初九日，李定国离肇庆。

十三日，李定国遣兵入贺县、乐平。

二十一日，李定国率兵二万攻围广西贼，不克。（定国围七昼夜，清兵自奉天至，定国解围。）

总兵王之邦、卜宁、张盖阵没于阳朔。

叛将赵文贵执四川道孙胤乾至保宁，献于清。

孙可望驻奉天。

李定国兵擒斩清广西巡抚王荃可。

八月初五日，石城、遂溪陷。

化州陷。

九月十四日，潮州再陷，新太侯郝尚文父子投井死，潮州道李兆京被获，死。（以王立功内应也。尚文〔一作“尚久”〕以功历升总兵，守潮州，清至，以城降附。戊岁，李成栋内附，尚文复正朔。诏以为将军，仍驻潮州。李败，复降清，为潮州总兵，寻加衔管水师，中疑，不肯越省城。癸巳，复奉正朔，自称复明将军，挟诸乡绅入城，尽反清所署官属，愿从者仍与原衔，不愿者拘留之，唯教官以下听。下各邑追印，多挟印去，空城以待。惟龙溪知县焦某举城归之。至是，清以重兵压之，尚文父子投井死。〔一曰自缢死。〕）

冬十月，清帅尚可喜陷吴川县。（陈彝典、陈其策被杀。）

十一月二十日，清督祖泽远援郧阳。

十二月十三日，清破郴州桂东县黄蜡潭。巡抚朱俊臣陷阵死，总兵罗念等降。

是岁，官军擒斩清广西右江道参议金汉蕙、乐平知府尹明廷。广西副将温如珍降清。

八年（甲午）春正月□□朔，驾在安隆府，以吴贞毓为大学士。

孙可望驻靖州。

二月，安西王李定国帅兵入高州，张月来归。

夏四月初十日，李定国兵至雷、廉，遣将攻复罗定、新兴、石城、电白、阳江、阳春等县。

六月，李定国遣将攻梧州，不克。

官军擒斩清湖广湖北道右参议刘鼎祚、辰州知府王仕玭。

秋七月，遣内臣至厦门岛，册封朱成功为延平王。

二十六日，平远再陷。

冬十月初三日，官军攻围广州。

十一月，诏改安隆州为府，改都康、万承、安平、龙安诸州为府。

十二月□□朔，延平王克复漳州。

初六日，李定国攻新会县。

十四日，清援广州，官军解围。

十六日，李定国攻肇庆，不克，还广西。

南宁巡抚张起致仕。（起与孙可望标将贺九仪不和故也。）

是岁，予大学士吴贞毓自尽，杀张镌十余人。（诏曰："朕以藐躬，缵兹危绪。上承祖宗，下临臣庶，阅今八载，险阻备尝，朝夕焦劳，罔有攸济。自武、衡、肇、梧以至邕、新，播迁不定。兹冬濒湍，仓卒西巡，苗截于前，虏迫于后。赖秦王严兵迎扈，得以出险。定跸安隆，获有宁宇。数月间，捷音叠至，西蜀三湘，以及八桂，浑归版图。忆昔封拜者累累若若，类皆身图自便，任事竟无一人。惟秦王力任安攘，毗于一人，二年以来，渐有成绪，朕实赖之。乃有罪臣吴贞毓、张镌、张福禄、全为国、徐极、郑光元、蔡宿、赵赓禹、周允吉、易士佳、杨钟、任斗枢、朱东旦、李颀、蒋乾昌、朱议昶、李元开、胡士瑞包藏祸心，内外联结。盗宝矫敕，擅行封赏，贻祸封疆。赖祖宗之灵，奸谋发觉，随命朝廷审鞫，除赐辅臣吴贞毓死外，其张镌、张福禄等同谋不法，蒙蔽朝廷，无分首从，宜加伏诛。朕以频年患难，扈从无几，故驭下之法，时从宽厚，以至奸回自用，盗出掖庭，朕德不明，深自劾责。此后凡大小臣工，各宜洗涤，廉法共守，以待升平。"）

附孙可望奏："为行在诸奸矫敕盗宝，擅行爵赏，大为骇异。随奉皇上赐书，将诸奸正法，仰见乾纲独揽，离照无私。首恶，吴贞毓、张镳、张福禄也；为从者，徐极、蔡宿等也。皇上立置重典，以彰国法矣。盖李颀，臣弟也，剿虏失律，法自难宽，方责图功以赎前罪，而敢盗宝行封，是臣议罚，诸奸反以为应赏矣。且臣所部诸将士，比年来艰难百战，应赏应罚，惟臣得以专之。故名器宜重，早已具疏付杨畏知奏明。即畏知之服上刑，亦以晋中枢，旋晋内阁之故。原疏具在，可复阅也。因忆两粤并陷时，驾跸南陵，国步既已穷蹙。加之叛爵焚劫于内，虏首弯弓于外，大势岌岌，卒令锐喙潜迹，宴然无恙，不谓非贺九仪等遵王朝令，星驰入卫之力也。又忆濑湍移跸时，危同累卵，诸奸恶力阻幸黔，坚请随元胤败死。使果幸防城，则误主之罪，寸磔遂足赎乎？兹跸安隆三年矣，才获宁宇，又起风波，岂有一防城、一元胤可以再陷圣躬乎？臣累世力农，未叨一命之荣、升斗之禄，亦非原无位号不能自雄者也。沙定洲以云南叛，臣灭定洲而有之，又非无屯兵难于进攻退守者也。总缘孤愤激烈，冀留芳名于万古耳。即秦王之宠命，初意岂能觊此哉？故杨畏知之赍奏疏中有云：'今之奏请为联合恢剿之意，原非有意以求封爵也。'臣关西布衣，据弹丸以供驻跸，愿皇上卧薪尝胆，毋忘濑湍之危。如皇上以安隆僻隅，钱粮不敷，欲移幸外地，惟听睿断。自当备办夫马钱粮，护送驾行。断不敢阻，以蒙要挟之名。"

前南宁知府顾祖奎卒。（祖奎，吴江人，祝发为僧，卒于肇庆之白云寺。）

九年（乙未）春正月□□朔，驾在安隆府。

二月，孙可望驻贵州，以部将朱养恩守南陵。

安西王李定国自宾州入南宁。

抚南王刘文秀驻川南。三月二十九日昭平陷。（属平乐。倪志伦、欧光大、袁启秘、徐麟俱降清。）

夏四月二十六日，李定国兵败于新会。（标将王成、张士禄、岭西道陆士瑞、□道李升、东安知县罗大经俱降清。）

五月二十三日，刘文秀、马进忠与武大定等攻常德，不克。

冬十月，蜀镇胥登荣降于吴三桂。（一作"胥发荣"，明年正月降。）

十年（丙申）春正月□□朔，驾在安隆府。

夏四月，安西王李定国迎驾入云南。（定国兵至□州，诡为清兵，战败孙可望部将关有才之兵，遂奉诏入安隆州，执可望家属以去。）

六月，浔、南、恩、恭俱降清。

秋七月，义宁伯龙韬驻柳州。（韬与李定国为应援，旋被获，死。）

十八日，延平王攻福京。

九月十九日，清入辰州。

冬十月，夔州巡抚邓希明、总兵张元凯降于吴三桂。（希明自献贼乱后，与元凯同屯垦开县，入觐安隆，授官。）

十一年（丁酉）春正月甲辰朔，驾驻滇都。

进李定国为晋王。

秋九月，秦王孙可望谋叛，移师犯滇。晋王李定国、蜀王刘文秀奉命讨之。师次曲靖府，十九日战于交水，可望奔溃。

廿一日，叛藩孙可望遣贼将张胜间道袭滇，中书科中书舍人朱斗垣遇贼不屈，死之。（先是，可望谋逆，其部将白文选将所属来归。上嘉之，封文选为巩昌王，遣尚宝司杨桢干、中书朱斗垣赍敕往曲靖军，中途遇贼兵，遂为所害。）

二十二日，晋王李定国班师援滇，击张胜于浑水塘，擒之，斩于市。

保国公王尚礼卒于滇中。

以马吉翔为大学士，李国泰为司礼监。

进抚南王刘文秀为蜀王。（是年，文秀遣总兵王俊臣、姚之贞等统兵三万人攻保宁，为吴三桂所败。俊臣、之贞俱死，丧卒千余。）

万翱、彭万夫、李春秀等降于清。（翱原任兵部尚书，万夫为某官，春秀举人，降于清偏沅巡抚袁廓宇。）

冬十一月十五日，孙可望降于清。（可望为定国所败，率家卒数千人诣保庆降于清，清封可望为义王，后随出猎，被射死。初，可望部将桑某者降归定国，故可望穷蹙奔降。桑某后为清兵获，械至北京，入见。桑慷慨自若，竟释之。）

十二月，清兵攻云贵。（泗城州土官岑继禄降清为响导，引清兵从间道直抵安隆。时晋王李定国守盘江，闻报，自统精兵三万人，倍道趋战，我师败绩。）

十二年（戊戌）春正月□□朔，驾在滇都。

二月，原任总兵邓凯朝行在。（凯，江西吉安人。初，同杨廷麟、刘同升、万元吉、龚棻等奉隆武正朔，起兵江西，其父某死国事。）

夏四月，官军克横州。

秋八月十七日，延平王克复台州。

授邓凯为随扈总兵，守大明门。（是年冬十月初七日，上遣内臣李崇贵召凯入朝。上曰："尔忠义老成，可即随护东宫。"赐银一百两，赐银鼎杯一只。）

冬十二月十五日，驾离滇都，传幸永昌。

新津侯谭宏，仁寿侯谭毅，总兵谭宪、谭大图俱降于清。（文臣方峙等同降。）

巩昌王白文选以兵二万人守贵州七星关，败于清。

曲靖知府盖世禄降于清。（世禄，贵州毕节卫选贡生也。）

十三年（己亥）春正月□□朔。初三日，清兵入滇都。（提督总兵刘之扶、许大元，总兵王宗臣、王有德，副将朱文彩、朱文盛，提学道徐心箴，光禄寺少卿、管云南分巡洱海道黄复生等俱降于清。复生仍管洱海道，心箴署临沅道。）

初四日，驾幸永昌。（吴兵已入贵州。上在云南，仓卒闻报，群臣束手无措。太仆寺正卿辜延泰〔仁寿人〕请驾即日幸蜀，开荒屯练以图便利。上意未决，晋府中书金公祉〔云南人〕极言入蜀不利。时文武臣僚滇人居多，皆思保妻子，弗欲迁，劝上寝之。吴兵分道前进，一从火洪、龙元、安龙入，一自率诸将从乌蒙入。上闻警，卒起行，先至永昌。沅江知府那焘起兵战败，登楼自焚。父子夫妇，阖门皆殉义死。）

泰安伯窦民望力战不克，死之。（时晋王兵驻磨盘嘴，先遣大定营泰安伯窦民望领步兵三百人前行，与吴兵遇，民望誓将士为殊死战，自持双刀，杀吴骑将数十员、骑步兵三十余人，益畏缩欲退。是夜民望复谋乘胜捷击吴军，将行，为小子所泄，吴知之，别遁得免。明日民望复殊死战，三百人且尽，尚存一小子，奔吴营降。吴询知民望，令枪炮齐发。民望受数百枪弹，从胁穿透，战如故。持刀溃围走，寻上所在。行三十里，血涌，仆地死。吴遂整兵前进。）

晋王李定国退入交趾。

闰月十八日，驾幸腾越州。二十日遂行，以靳统武为护驾总兵。（其兵即孙可望之众也。廿一日，统武宵去。）

二十八日，驾入缅关，缅人来迎。

二十九日，驾留蛮莫，次日遂行。（初，上在永昌，大学士马吉翔、编修贵州涂敷功、吏部左侍郎四川邓士廉、大理寺正卿齐环、沐国公天波、左卫将军四川徐凤翙等二百余员，及家口二十余人，不俟大军齐发，先入缅界。）

是月，雅州伯高承恩及诸土司据兵守境。

二月□□朔，文武诸臣自腾越齐奔缅境。

初四日，马吉翔、李国泰弃太后、东宫，先奔井梗。

初五日，巩昌王白文选遣兵至喱哇城迎驾，不值而去。

礼部侍郎潘琪卒。

十七日，清兵入永昌、腾越州。

十八日，驾幸井梗。是晚文武诸臣会于御舟前，议遣总兵邓凯、行人司任国玺使缅，马吉翔止之。（吉翔恐二臣先行，言其过也。）

二十八日，遣马雄飞、邬昌琦使缅。（缅王请大臣过河相议，乃遣二臣，惟通事传说皆神宗时事，所去敕书，彼出神宗敕相对，分寸不符，疑以为伪。出沐国公印相对，乃信。缅因神宗二十二年因乱来滇请救，本朝不允，遂绝贡。）

三月，通政司朱蕴金、总兵姜承德自缢死，总兵潘世荣降于缅。（沐国公天波、绥宁伯蒲缨、晋王总兵王启隆等集于大树下。天波曰："缅酋待我日疏，可就此处走护勒撒、孟艮等处为善。"吉翔与李定国有约，力阻之。十七日，陆行者到喱哇对河，离城五六里而营，缅酋疑我图其国，发兵围之，有被伤者，余各星散。晋王总兵潘世荣即降于缅，通政朱蕴金、吉翔中军姜承德各缢死。）

夏四月，马吉翔举锦衣卫丁调鼎、考功司杨生芳使缅国。

二十六日，大理寺卿徐环卒。

安隆所总兵周文龙降于清。（文龙自田州遣弁赴肇庆纳降。）

光禄寺少卿卢桂生降于吴三桂，授大理府知府。（时晋王遣应奇说桂生归正，应奇被执，送吴三桂，杀之。）

五月初四日，缅王遣官以龙舟迎驾。

初五日，驾离井梗。

初八日，缅王羁驾于孟坑城外，地名者梗。（缅王接驾，见中国男女财帛，心利之。欲图害上，遂谋奉驾安置孟坑城外，四面皆海，人不得通。初七日，驾至哩哇城对河结营，初八日进者梗，即前陆行者所札地也。构草房十大间，上居依然以竹为城，每日百余兵守护。）

初九日，缅人进贡，上优赐之。（相传缅妇每日贸易如市，诸大臣皆短衣跣足，混入缅妇贸易，据地杂坐笑谈。缅官乃曰："天朝大臣如此规矩，安得不亡？"）

行人司任国玺请设厂卫。

十六日，仪制司□□朱冲卒。（朱冲系江西宗室。）

以使缅功，杨生芳文选司郎中，加丁调鼎五级，又敕缅隘官截止追驾官军。（马吉翔与缅隘官敕一道，内云："朕已航闽，后有一切官兵，都与截杀。"）

六月，安德侯狄三品执冯双礼献于清，授抒城侯。

（三品，云南建昌总兵，双礼已封郡王。）

二十一日，安南臣武公姿降于清。（武公姿官宗国公，遣人至云南献降表。）

二十二日，延平王舟师克镇江，围南京，旋退入海，总兵甘辉等死之。

高承恩为弟承裔所杀。（部将争立，自相攻击。）

清陷马湖、叙州，宜宾伯、提督总兵陈希贤等降。

郧中郝永忠等固守。

秋七月，清陷成都，总兵赵友鄢等降。御史庞之泳、主事贺奇，俱缴印降。

清遣川南道高毓苔招降原任四川巡抚万任。

八月，滇国公沐天波使缅甸，入其城。（缅俗以八月十五日各蛮来贡，欲张大声势，天波至彼，令跣足，以缅臣礼见。天波不得已，从之。归而泣告于众曰："我故屈者为保全皇上计耳。"礼部杨在、行人司任国玺各疏劾天波屈节于缅夷。疏留中。）

上不豫。（以患足故。）

九月，缅人进稻谷。（缅进稻谷，给各官窘迫者。吉翔据为己物，私其所爱者。邓凯不平，于朝内大骂之。时有吴承爵者，乃吉翔之旗鼓，猝仆凯于地，损一足。）

光泽王俨铁、大学士郭之奇、总兵杨祥被获，不屈，死之。（时云南既陷，之奇等避入交趾。交夷惧，缚送广西，被害。之奇绝命诗云："十载艰虞为主恩，居夷避世两堪论。一声平地氛尘满，几叠幽山雾雨翻。晓涧哀泉添热血，暮烟衰草送归魂。到头苦节今方尽，莫向西风洒泪痕。""成仁取义忆前贤，异代同心着几鞭。血比苌弘新化碧，魂归望帝久为鹃。曾无尺寸酬高厚，惟有孤丹昭简编。万卷诗书随一炬，千秋霜管俟他年。"祥，蜀人，不识字，以忠义自许，临难神色不变。望西叩首谢恩，危坐就刑。观者无不流涕。）

命造历日。（从邓凯请也。）

冬十月，郝承裔以嘉定、邛、眉等州叛降于吴三桂。（未几，承裔反正，至辛丑年被获，死。）

蜀镇宁侯王友进遣官降于吴三桂。

安南都统使莫敬耀入贡于清。

是冬，嘉靖州陷。

十四年（庚子）春正月。驾在孟坑城外。

德阳王至潽降于清。（至潽初奔交趾，与太监王应遴同匿高平境内。自安南莫敬耀入贡于清后，势益孤危，故至潽亦降。）

三月初一日，颍国公杨武叛降于吴三桂。（三桂令杨武招降贵州布政使朱企㷛、武靖侯王国玺、兵部侍郎尹三聘、编修刘茝、尚宝司杨桢干、知府范春鳌等六人，六人遂缴印降，赴北。）

大学士方端士降于清。

礼部司务王应伟卒。

秋七月，缅人邀滇国公沐天波再入其城，不允。

（缅使曰："此番可冠带而去。"天波终不允。）

八月，郝承裔以雅州内附。

九月，晋王李定国出孟艮，与白文选入缅关，次日同具疏请迎驾，不果。（定国迎驾疏内言："前后三十余章，不知曾到，今与缅王相约，何地交递？"而诸臣在内，只图安乐，全不关节出险。缅官求敕一道去了。外俟久无消息，乃拔营而去。）

以湖广道御史邬昌琦改升河道，掌六科。（从马吉翔所荐也。）

授乌撒知府王祖望礼部主客司。（祖望，晋王藩前人，能医。中宫有疾，用其药而愈。）

太常寺博士邓居诏疏陈时事。（居诏疏为停止不急之务、仰祈修省等事，内侵吉翔，及"各员自谋自衔"等语，盖指行人任国玺欲转江西道而言也。吉翔怒，奉旨："该衙门知道。"旨方下，而国玺回道及各升转旨旋下矣。居诏不平，即劾国玺，国玺亦劾居诏。一日，上召面质，不果，惟吉翔、国泰传旨云："邓某当学好，免杖！"）

碎国宝以给各员。（吉翔奏外有大臣三日不举火者。上不信。次日，吉翔、国泰复合奏。上怒，掷皇帝之宝，命掌库太监李国用碎之。国用叩头，辞不敢。又次日，吉翔、国泰碎之，以散给各员。上怒曰："你们要收门生，特把朕作人情耳！"）

十五年（辛丑）春正月，驾在孟坑城外。

二月，吴三桂破为乃麻衣。（庞吉兆、吉佐等俱被获。）

咸阳侯祁三升降于吴三桂。（三升与定国不和，独走户腊，三桂遣官招之，遂率兵七十余人涉远而降。孟津伯魏勇，总兵刘芝林、王有功、邵文魁等俱降。勇旋病殁。）

巩昌王白文选赍奏迎驾。（廿八日，白文选遣缅民赍奏至，云："不敢速进者，恐为所害，必令彼送出为上策。"玺书答之曰："不五六日，离本处止有六七十里，已搭浮桥来矣。"数日后，缅兵断浮桥而去。吉翔、国泰挟驾自重，不思出险。或欲暗相纠结拥东宫，因杀吉翔、国泰，夺路而出，即为吉翔、国泰所觉，密奏其结盟投缅，旨命锦衣卫搜获为首者，杀之。）

夏四月，郝承裔被获，死。

御前总兵马宝降于吴三桂。

五月朔，大学士马吉翔、司礼监李国泰入宫讲书，赐之坐。（江西道御史任国玺奏为时事三不可，解谓："上年本请开讲，期年不行。今势如累卵，不思出险，尚然如此，讲书必须科道侍班，议军务则有沐勋臣、王皇亲等，岂翔、泰之独君也！"言词切直，次日旨下："着任国玺献出险策。"国玺奏："能主入缅者，必能主乎出缅。今日事势至此，尚卸肩于建言之人乎？"时王祖望、邓居诏各疏劾翔、泰，有内官曰："尔上千本万本亦何用？"其擅权若此。）

礼部杨在讲书，赐之坐。（典玺李崇贵以为非礼。次日亦赐崇贵坐。崇贵辞曰："今虽乱世，礼不可废。"每讲，崇贵出外。一日，东宫问杨在曰："哀公何名？"在不能对。）

初五日，瑞昌王薨于缅甸州。

二十二日，缅酋莽猛白弑其兄。（先是，御前总兵马宝降于吴三桂，即使为间至缅王，备言吴三桂所以遣之故，且曰："苟能送帝出，则富贵可立至也。"缅酋于是令宝至孟坑，居上左右。上以宝为旧臣，弗之疑也。缅酋既受三桂命，搜决计出献，其亲兄知之，谓曰："不可，因人之危，而为之利，不义。且彼兵至也，天之所立，中土之所戴。我不能助，而反为之害，是逆天也。逆天不祥，不如且全之，任彼后图。"缅酋即缚其兄，弑之。）

六月十八日，缅酋伪请盟，马吉翔、李国泰等从之。（缅使来云："我王初立，怕你们立心不好，请去吃咒水。等你众人走动，好去做生意，不然日用亦难。"云。）

十九日，缅酋杀我文武官僚三十余人。（吉翔、国泰听信缅酋之谋，不论大小官员，俱携去与缅酋盟。已刻缅酋以兵三千围所扎处，乃曰："尔等大汉，可出吃咒水，一个不出来，即乱枪杀死！"诸臣良久乃出，出俱被执而死。松滋王已下，马吉翔、马雄飞、蒲缨、邓士廉、邓居诏、杨在、邬昌琦、任国玺、王祖望、裴廷谟、杨生芳，学录潘璜、郭磷，典簿齐应选，总兵王自金、安朝位、陈谦、龚勋、吴承爵、张宗位，锦衣卫大堂任子信、张拱极、刘相来，冢宰刘广银、宋国柱、丁调鼎，司礼监李国泰，秉笔李茂芳、杨宗华、李崇贵，又周某、卢某、曹某、沈某，俱失名。）

驾幸黔国公沐天波署，缅僧进食。

黔国公沐天波、靖来将军魏豹、总兵王启隆等俱遇害。（上与中宫将自缢，邓凯劝之曰："太后年老，将谁为依？"上乃止。缅兵入宫，搜取财币，贵人、宫女及各官妻孥自缢者甚众。上与太后等二十五人俱聚于一小房，经险二时。忽通事引守护缅官至，乃喝曰："不可害皇上与沐国公！"彼时尸横遍地，缅官请上移出。沐国公房内大小二百四十余人，恰住一楼，母子啼哭，声闻里外。阅三日幸有缅僧私进饭食，且悲哀不已，乃知早去各臣悉被杀。时有沐天波、王升、魏豹、王启隆各伤缅兵数人而死。有皇亲家小子名来安，年甫十三，兵擒之，乃曰："有银与你！"抵腰，假作取银，乃拔小刀刺伤缅兵而死。）

吉王自缢薨。（吉王同妃入宫自缢。皇亲标下总兵姚文相、黄华宇、熊惟宝、马某、秦某，锦衣卫赵明鉴、王大维、王国相、吴承胤、朱文魁、郑文远、李既白、凌云、尹褒、朱议添，千户吴某，百户严某，内官陈德远，刘杨二贵人，松滋王妃，皇亲王国玺，姜承德妻杨氏，俱于十九日自缢死。又起陆诸人先后遇害者，通政，朱蕴金、姜承德、潘世荣、向鼎忠、范存礼、温如珍，副总兵高升、李胜，岷王，马九功，王皇亲标下刘典隆、戴某、张某、陶某，内府刘九皋、刘衡、汪国泰、段能忠、谢安祚。）

施氏曰：缅酋既弑其兄，遂以次杀上左右从官，缅酋将天波至城上，木板锯解，以示城外。上遣人登城遥谕曰："事已不可为矣！从朕文武各官各已见害，城上所锯解者，即沐上公也。朕亦万无生理。可致谢晋王，各自为计，否则城外当有变矣。"王及诸将士皆下马罗拜。大呼痛哭，声振天地。上遥闻亦哭。次日，晋王愤恨悲号，遂大剿孟坑城外，鸡犬不留而去。自是人心无主，兵多散去。

秋七月，缅人贡物。（廿一日，缅人乃修原所，请众人安住，贡米、铜器等物。廿五日，又进献铺盖银布等物，甚厚。乃曰："我王子实无他意，因尔各营在外，杀害地方，遂恨入骨，乃众民所为也。"）

上不豫。

冬十一月初八日，吴三桂兵至木邦。（白文选遣副将冯国恩至木邦，侦之，中伏被获。国恩遂降于三桂，为向导。）

十八日，上召总兵邓凯入宫。（是日午刻，召凯入宫，谕曰："太后病矣，而贼言又急，为之奈何？白文选，朕欲封他为亲王，马宝，欲封他为郡王。"）

吴三桂兵至锡波，白文选奔茶山。（二十日，三桂发兵追文选于茶山。）

二十四日，吴三桂入缅甸境。（初，三桂在腾越、宋腮，两遣人通缅酋，使送驾出降，否则加兵，缅酋益决计谋逆。）

十二月□□朔，吴三桂兵驻旧晚坡。（旧晚坡在缅城之东。是日，缅相锡真持贝叶缅文降于三桂，其文有"愿送驾出城，但祈来兵退扎锡坡"，犹虑三桂之袭其城也。）

初三日，缅酋内叛，挟上及皇太后、皇后、皇太子、公主如旧晚坡。缅酋杀华亭侯王维恭。（是日未刻，二三缅官来见曰："此地不便，请移别所。你们兵将近我城，我处发兵，必由此过，恐为惊动。"言未毕，数蛮子将上连杌子抬去。太后等悲声震天，行至二百步，乃有轿三乘至。太后等上轿，大小男女毫未收带。步行约五里，渡河到岸，暗黑不识何地。二更到营，始知为吴三桂营矣。初四日，归老营。初五日晓，邓凯匍匐上帐前曰："今日事至此，皇上当行一烈，使老臣得其死所！"上曰："固然！有太后在。且洪某、吴某世受我家恩，未必毒及我母子。"初六日，拔老营，复转喡哇，欲攻缅城，未遂。初九日，长发还滇，一路大小俱与马匹，进御膳用金碗，不用银碗。上与东宫俱进鲜服铺盖，内官宫女、各官妻妾，均与衣被。）

吴三桂以车驾还南。

施氏曰：吴三桂兵亦出境，将入缅，路遇巩昌王白文选。是时文选兵尚强，因山路穷僻，斥堠不通，猝遇无计，不敢战，遂降。自是三桂无所忌惮矣。缅恐，遂令马宝诱上曰："晋王兵去此未远，臣欲间道奉驾奔其军。"上从之，缅使人从，上所至则吴军矣。

十六年（壬寅）春正月十三日，驾还滇都。（三桂日进膳服等物俱倍前。）

夏四月，太皇太后王氏不食，崩。（三桂令人奉上居滇故都督府，严兵防守，八旗兵皆集。上屡欲见三桂，三桂不肯见。皇太后不食，□日遂崩。）

原任户部尚书龚彝死之。（彝，永州人，天启乙丑进士也。具酒肴进谒上所，守者不许。彝厉声曰："此吾君也！我为其臣。君臣之义，南北皆然。我只一见耳，何拒我为？"守者往启三桂，三桂许之，彝遂入堂上，设宴，请上出。朝礼毕，进酒。上稍谢，痛哭不能饮。彝伏地痛哭，亦不能起。再劝上饮，上勉饮三爵。彝再拜不止，遂触地而死。上抚之恸，几仆。）

上崩。皇太子遇害。

施氏曰：从官扶上进，八旗诸将士皆望而呼"万岁"，曰："此真主也！我等虽有主，今知其安在，不如奉此以成不世之功！"事将成，满汉诸大臣皆割辫而起，为下所泄。三桂知之，大惊，即令辇上及皇太子出，以弓弦绞于市。时，太子年十二，临难大骂曰："黠贼！我朝何负于汝，我父子何仇于汝，乃至此耶！"是日天大昏黑，风霾并作，人影不见。上既遇害，三桂使人炙尸扬灰，传赐诸将。前所谋奉上八旗诸将，共二千余人，皆杀之，令没其妻子。

《杂录》曰：吴三桂标将有商于吴者，问以旧晚坡之事。据云：十二月初二日，三桂至旧晚坡，檄缅送驾，缅亦遣人相闻。薄暮，缅人送人首十七至三桂营，营中讹言驾崩。及三鼓，欢言驾至矣，随众出迎，见二艘渡江来，一为上及太后中宫、东宫、公主，一为遇害诸臣家属。有缅相及蛮兵二百余人俱至。三桂送上及宫眷于公所。上南面坐达旦，三桂标下各官相继入见，或拜或叩首而退。少顷，三桂进见，初甚倨傲，见上长揖。上问为谁，三桂噤不敢对，再问之，遂伏地不能起，及问之数至，始称名应诏。上切责良久，三桂缄口伏地若死人。上卒曰："今亦已矣！朕本北京人，欲还见十二陵死，尔能任之乎？"对曰："臣能任之。"上令之去，三桂伏不能起，左右挟之出，则色如死灰，汗浃背，自后不复敢见。

吴三桂以总兵邓凯隶满洲镶黄旗，不受，为僧去。

秋七月，吴三桂遣藩下虾护送皇后、公主至北京，奉旨命礼部养赡于别室，仍拨宫女二人奉侍。

是月二十九日，晋王李定国薨于景线。定国薨后，以世子嗣典托靳统武，统武奉嗣典为晋王。有马斯良者，定国之表弟，心忌统武，遂劝嗣典降于三桂。

附记

壬寅随驾回滇诸人：吴师相炳一子一女同妾，子名宏猷，南京人；邬昌琦一子，三岁；魏豹一子宗皋，南京人；姜承德三子，北京人；丁调鼎二子；赵明鉴一子一仆；黎应祥，千户，广东人；王祖望小子新儿；邓居诏家丁邓玉；前府都督康晋生一子；总兵邓凯。

东昌李君调云："缅酋送驾旧晚坡，在庚子十二月，而龙驭宾天，皇太子遇害，则辛丑三月十八日也。"君调时在三桂营中目击者。此云壬寅，未知何据。

跋

　　右《行在阳秋》二卷，不著撰人名氏，《小腆纪年》引是书，以为刘湘客著。按：书中屡引湘客说，上卷二年二月瞿式耜檄各镇援桂林条云："见《刘湘客纪事》。"八月刘湘客赴行在所条云："见《两粤新书》。"事多未核。刘湘客撰《瞿留守传》，实未尝赴行在。四年十一月初六日孔有德破桂林条云："刘湘客作初五日，用历异也。"则非湘客所著明矣。今据乾隆《苏州府志》定为戴笠撰。笠字耘野，吴江人，亦明季遗老也。《府志·列传》称其乙酉后入秀峰山为僧，久乃返初服，教授自资，勤于著述。谓明亡于流寇，综其始末，作《寇事编年》。采辑明末死义诸臣事迹，作《殉国汇编》。别纪烈女为《骨香集》，后死者为《耆旧集》，为《发潜录》。又有《圣安书法》《思文纪略》《鲁春秋》《行在阳秋》等书，共数十卷。惜多散佚不传。《艺文》载《寇事编年》十卷，一作《流寇志》，杨凤苞《秋室集》载《殉国外编》，一名《则堂记事》，今皆未见传本。独是书体仿《纲目》，纪载详核。考桂藩事实者，必于是取资焉。原本多讹文夺字，今据《小腆纪年》厘正十之七八。每月朔必书甲子，大半亡阙，不据《纪年》订补者，当时颁历或有异同，如顺治五年闰四月而明历则闰三月是也。故悉仍旧贯，以存其真云。

剑心跋